인문의 힘 시리즈③

인문의 귀로
세상을 듣다

염 철 현

박영story

머리말

저자는 〈인문의 힘 시리즈〉를 오감(五感) 인문학으로 규정하고 인간의 동선을 중단 없이 좇으며 배움의 여정을 계속하고 있다. 지금과 같은 마음으로는 저자가 보고 듣고 느낄 수 있는 한 인문학도로서 배움의 목마름은 지속될 것이라고 생각한다. 인문학이 샘물이라면 그 샘물은 마르지 않을 정도로 깊고 넓다. 그런 샘물에서 길어 올리는 인문의 주제는 차고 넘친다(시리즈 ②에서 소재를 염려했는데 이는 저자가 인문의 본질에 대해 얼마나 무지한가를 자백하는 모양새가 되었다). 인문의 샘물에서 길어 온 주제들을 나열하며 빈 여백에 한 자 한 자 채워나가는 즐거움은 그 무엇으로 비교할 수 있을까 싶다.

　이번에 출간된 〈인문의 힘 시리즈 ③〉《인문의 귀로 세상을 듣다》는 총 3부 30개의 주제로 구성되었다. 제1부 '고진감래(苦盡甘來)'편에서는 자신에게 주어진 역경과 도전을 극복하고 우리에게 본보기가 된 인간의 동선을 좇아가고자 했다. 특별히 저자는 임진왜란 중에 《조선왕조실록》을 지켜낸 선비 안의와 손홍록에 대한 기록을 통해 남다른 감명을 받았다. 그들은 전란으로 화재, 도난의 위험에 처한 실록을 내장산에

i

숨겨두고 밤낮으로 불침번을 서며 조선왕조의 역사를 지켜냈다. 역사는 단지 기록으로 완성되는 것이 아니라 지키는 것까지 포함한다는 사실을 깨닫게 했다. 수은(睡隱) 강항(姜沆) 선생의 일대기를 통해서는 이국에서 포로생활을 하면서도 조국에 대한 애국심을 견지하고 지식인으로서 지행합일(知行合一)을 실천에 옮긴 조선 선비의 고고한 품격을 확인하는 뿌듯함과 자긍심을 만끽할 수 있었다.

제2부 '사필귀정(事必歸正)'편에서는 오늘날 우리 사회가 안고 있는 핵심 아젠다인 고령 문제, 교육 문제, 직업선택, 이기주의, 다문화사회 등을 주제로 실었다. 관련 주제를 다루면서 한 가지 확신이 들었다. '모든 일은 결과적으로 반드시 바른길로 돌아온다'라는 사필귀정의 정신이다. 그런 정신과 원칙으로 오늘날 우리가 직면한 문제와 맞닥뜨린다면 바른 해결책을 찾아낼 것이라는 위안을 가질 수 있었다. 특히 다문화사회는 서로 다른 조각을 맞춰 그림을 완성하는 모자이크처럼 우리에게 기회이면서 도전이라는 관점에서 몇 가지 성찰을 제공했다.

제3부 '온고지신(溫故知新)'편에서는 호학(好學)을 상징하는 공자(孔子)를 비롯하여 오래전부터 호남에서 명촌(名村)으로 이름난 마을을 직접 방문하여 보고, 듣고, 느낀 것들을 공유하고자 했다. 명촌의 조건에는 주목할 만한 몇 가지 요인이 있었지만, 무엇보다 지식층이 솔선수범을 보여준 백성에 대한 애민(愛民) 정신의 실천이야말로 명촌의 명맥을 유지하는 핵심 요인이라고 생각한다. 교육구국(教育救國) 이전에 교육구촌(教育救村)이 선행되어야 함이다. 또 한 영국의 엘리자베스 2세 여왕이 남긴 유산을 리더십의 관점에서 조명해보았다. 여왕과 관련된 글은 30개 주제 중에서 가장 긴 여백을 차지했는데 여왕이 남긴 유산의 목록은

왕위에 앉은 햇수에 비례한 듯 보였다.

이번 책은 인문의 귀(耳)로 듣고 지은 인문의 소리(聲)이다. 인문의 깊고 넓은 샘에서 길어 올린 이 한 권의 책이 독자의 삶에 녹아들어 인문의 귀로 세상의 소리를 잘 들을 수 있는 반향이 일어나길 기대한다. 인문학 출판 시장의 한계와 어려움에도 불구하고 독자에게 인문의 힘과 가치를 확산시키기 위한 여정을 멈추지 않는《박영story》의 노현 대표님과 전채린 차장님 그리고 관계자 여러분께 진심으로 감사를 드린다. 독자 여러분의 일상에서 인문의 소리가 메아리로 울려퍼져 충만한 삶으로 이어지길 바란다.

2023년 9월
북촌 화정관에서 염철현 드림

차례

제1부 | 고진감래(苦盡甘來) 고생 끝에 낙이 온다

교사_사랑하고 기다리는 사람   3
공선사후(公先私後)_① 프로레슬러 김일(金一)의 고향 사랑   8
공선사후(公先私後)_② 이스라엘 초대 대통령 차임 바이츠만   17
아버지의 유산_당신을 그리며 닮으며   27
미처 몰랐습니다_① 조선왕조실록 지킴이, 안의와 송흥록   35
미처 몰랐습니다_② 조선의 왕인(王仁) 박사,
           강항(姜沆)의 유산과 교훈   43
미처 몰랐습니다_③ 파란 눈의 성자(聖者), 리처드 위트컴 장군   60
학습예찬_인간은 학습동물이다   67
나의 영어공부_외국어 정복에 왕도는 없다   75
〈브런치〉 200 게재 회고_〈이상한 변호사 우영우〉의 고래점프가
           필요한 이유   82

제2부 | 사필귀정(事必歸正) 모든 일은 결과적으로 반드시 바른길로 돌아온다

고령 장수사회_기대수명 vs 건강수명 91

만남은 교육에 선행한다_내 인생의 터닝 포인트 99

직업선택의 조건_거창고등학교의 직업선택 십계명 108

생명을 예단하지 마라_진리는 겉에 있지 않다 117

깨진 유리창의 법칙_방심(放心)하기 쉬운 인간의 마음 122

한국과 피를 나눈 형제, 튀르키예_역사 교육의 힘 128

반려동물_가족 이상의 존재 135

다문화사회의 성공 요건_① 종교에 대한 수용성 143

다문화사회의 성공 요건_② 문화에 대한 역지사지(易地思之) 152

다문화사회의 성공 요건_③ 타자에 대한 편견 혹은

고정관념과의 싸움에서 승리하는 것 159

제3부 | 온고지신(溫故知新) 옛것을 익혀서 새것을 안다

평생학습사회의 롤모델, 공자_호학(好學)의 아이콘 167

호남 3대 명촌_① 전남 나주시 노안면 금안동(金安洞) 174

호남 3대 명촌_② 전북 정읍시 칠보면 원촌(院村)마을 184

호남 3대 명촌_③ 전남 영암군 군서면 구림(鳩林)마을 191

엘리자베스 2세_유산과 리더십의 교훈 199

정치 9단 vs 정치 10단_국민 앞에선 정치 초단 217

무등산 평전_지극히 덕이 높은 산 223

여수 다시 보기_beyond a harbor 231

baker's dozen_세상을 따뜻하게 하는 보너스 241

진달래꽃_한(恨)을 사랑으로 승화시킨 꽃 245

참고자료 250

v

제1부

고진감래(苦盡甘來)
고생 끝에 낙이 온다

교사
사랑하고 기다리는 사람

인도 영화 〈블랙(Black)〉을 봤다. 보지도 듣지도 말하지도 못하는 선천성 중증장애를 앓는 여자아이와 교사의 이야기다. 영화는 제목이 함축하고 있는 것처럼 어둠 속에 갇혀 고통 받는 아이 미셸 맥널리(Michelle McNally)와 그녀를 밝은 빛으로 인도하는 헌신적인 교사 데브라지 사하이(Debraj Sahai)가 만들어낸 인간 승리를 담고 있다. 허구가 아니라 실화라고 하니 더 진한 감동으로 다가왔다.

이 세상에는 많은 사람이 다양한 유형의 장애로 고통을 받고 있다. 미국만 해도 5,400만 명의 장애인이 있다고 한다. 우리나라 인구보다 많은 숫자다. 장애에는 다양한 유형이 있다. 우리나라에서는 장애 유형을 신체적 장애와 정신적 장애로 대분류하고 15가지 유형으로 소분류하고 있다. 모든 장애 유형이 안타깝지만 앞을 보지 못하는 시각장애는 더 안타깝다는 생각이 든다. 저자도 시각장애에 대해 특별한 연민과 관심을 갖고 있다. 저자는 장애인 중 우리나라 출신으로 미국 연방정부 차관보에 올라 장애인의 인권 신장을 위해 많은 기여를 한 강영우 박사

(1944~2012)를 깊이 존경한다. 강 박사는 중학생 때 친구들과 축구를 하다 망막을 다쳐 시력을 잃었다. 고인이 한 말 중 인상 깊었던 말이 있다.

> 인간에겐 보는 것(sight)과 비전(vision)이 있다. 육안의 시력은 눈에 들어오는 것만 보지만, 비전은 눈에 보이지 않은 더 높고 넓은 세상을 볼 수 있게 한다.

강 박사는 눈으로 보는 대신 마음으로 상상하고 시각화하는 훈련을 끊임없이 되풀이해 미래를 보는 인생의 비전을 더 명확하게 할 수 있었다고 한다. 시각장애라는 고난과 시련은 그가 더 큰 비전을 갖도록 단련시켰다.

다시 영화로 돌아가 보자. 미셸은 태어난 지 얼마 되지 않아 듣지도 보지도 말하지도 못하는 삼중 장애로 고통을 받았다. 부유한 그녀의 부모는 백방으로 미셸을 돕기 위해 노력했지만 수포로 돌아갔다. 부모는 미셸을 장애시설로 보내기 전 마지막으로 특수교사 사하이를 초빙한다. 엄격함과 세심함을 갖춘 사하이는 장애는 단지 불편할 뿐 극복할 수 있다는 투철한 사명감을 가진 교사다. 사하이도 장애를 가진 누이를 잃은 동병상련의 아픔을 갖고 있었다.

영화의 클라이맥스는 온갖 어려움을 이겨낸 미셸이 대학에 입학한 뒤 낙제를 거듭한 끝에 친구들이 4년 걸린 졸업장을 12년 만에 받는 장면이다. 미셸은 사하이로부터 강의 내용을 수화로 전달받으면서 대학 공부를 했다. 사하이의 손가락은 강의실이든 집에서든 미셸을 향해 있었는데, 그의 손가락은 무(無)에서 유(有)를 만들어내는 마법의 손이었다. 사하이가 손가락을 들어 보이며 한 말이다.

> 이것은 보이지 않는 사람에게는 '눈(目)'이며, 말 못 하는 사람에게는 '목소리(聲)'이며, 귀가 들리지 않은 사람에게는 '시(詩)'다. 저 아이에게 가르쳐주지 않았던 유일한 단어는 '불가능'이다.

그러나 하늘도 무심하다. 무려 18년 동안 오직 미셸의 개인교사로서 헌신한 사하이는 알츠하이머 기억상실증에 걸린다. 대학 졸업식에서 연설 기회를 얻은 미셸은 장애인에게 졸업의 의미를 되새기면서 졸업의 영광을 사하이에게 돌린다. "어릴 때 전 항상 뭔가를 찾아 헤맸습니다. 그러나 매번 잡히는 건 어둠뿐이었습니다. 어느 날 엄마가 저를 낯선 사람 품에 안겨줬습니다. 세상 누구와도 다른 그분은 마법사였습니다. 바로 그분이 저를 어둠에서 빛으로 이끌어 주었습니다." 마법사 사하이는 어둠의 터널에 갇힌 미셸의 마음을 세상의 밝은 빛으로 인도했다. 그러나 과거의 기억을 송두리째 잃어버린 사하이는 미셸의 졸업조차 모른 채 자신과의 치열한 싸움을 벌이고 있었다.

저자도 학생들을 가르치는 선생으로서 이 영화를 보고 많은 생각을 했다. 교육의 의미를 다시금 생각해 본다. 교육학에서 '교육'의 개념은 사람을 바람직한 방향으로 이끌며 내면에 잠재한 능력과 가능성을 계발시켜 준다는 뜻이다. 사람의 잠재성과 가능성을 키워주는 것을 바다에서 진주를 캐내고, 지하 깊은 곳에서 보석을 발견해 내는 일에 비유하면 어떨까 싶다. 교사 사하이는 나 자신을 진지하게 뒤돌아보게 하는 거울이 되었다. '나는 학생 모두를 편견 없는 시선으로 바라보면서 그들의 잠재력과 가능성을 최대한 끄집어내려 하고 있는가?', '그들을 끊임없는 사랑과 진심 어린 관심으로 대하고 있는가?'

미셸의 졸업 연설에는 가슴을 찡하게 울리는 대사가 있다. "신 앞에서 우리 모두는 장님이고 귀머거리일 수밖에 없습니다." 보는 것과 들리는 것만 믿으려는 사람들의 어리석음을 탓한 말일 것이다. 이 세상에 진짜 장님은 누구이고, 진짜 귀머거리는 누구인가? 강영우 박사의 말처럼, 시력은 있지만 비전이 없는 사람이 진짜 장님이 아닐까. 자기에게 필요한 말만 듣고 싶어 하는 사람이 진짜 귀머거리는 아닐까.

교사에 대한 정의를 내린 사람 중에 아리스토텔레스의 정의만큼 넓고 깊은 울림을 주는 말도 없을 것이다. "영혼을 낳아 키워주는 교사는 육신을 낳아 준 어버이보다 더 귀하다." 교사는 아이의 영혼을 담당하는 신성한 사람이다. 아무나 교사를 하는 것은 아닐 것이다. 교사야말로 교육의 알파이자 오메가이다. 사하이가 그런 교사다.

미셸은 사하이를 마법사라고 부르지만, 사실 모든 교사가 학교에서 마법사의 역할을 하고 있다. 마법이란 불가능을 가능하게 만드는 것이다. 마법은 '불가능'을 뜻하는 영어 'Impossible'에 아포스트로피(')를 붙여 '나는 할 수 있다(I'm possible)'로 만든다. 저자에게 아포스트로피는 마치 교사 사하이가 미셸의 손바닥에 글을 쓰는 손가락 모습과 비슷하게 보인다.

또 다른 한편의 마법 같은 이야기가 있다. 대학교수 산드로 산드리와 제이슨 아데이의 만남이 빚어낸 마법이다. 아데이는 세 살 때 발달 지연 장애와 자폐 스펙트럼 장애 진단을 받고 11세가 돼서야 처음으로 말을 했다. 18세까지 문맹이었다. 산드리 교수는 가정 형편이 어려운 아데이에게 밤에 글을 읽고 쓰는 법을 가르치면서 매일 "넌 훌륭하고, 넌 해낼 수 있을 것"이라는 문자를 보냈고, 아데이는 반복되는 그의 말을 믿고 따랐다. 2023년 3월 영국 케임브리지대 최연소 흑인 교수(37세)로 임용된 아데이는 "산드리와 했던 유일한 약속은 그가 나를 위해 해준 것처럼 나도 다른 사람을 위해 똑같이 하겠다는 것이었다"라고 말했다. 사랑의 선순환이다

교사가 무슨 마법을 부리냐고 반문할 수 있지만, 교사가 사용하는 마법은 아가페적 사랑과 기다림이다. 그 마법의 효험이 곧바로 나타나는 것은 아니다. '아이들은 열두 번 변성한다'는 말이 있다. 한창 자라나는 아이들은 언제, 어떻게 변해갈지 모른다. 마법의 효험이 어떤 아이에겐 학교 다니는 중에 나타날 수도 있고, 또 다른 아이에겐 한참 시간이 지난 후 어른이 되어 나타날 수 있다. 교육의 지효성(遲效性)이다. 저자에게 '교육적 사랑이란 무엇인가?'라고 질문한다면, 서슴지 않고 그것은 바로 진심으로 사랑하고 진심으로 기다려주는 것이라고 말할 것이다.

📖 주삼환. (2021). 《감동의 영화로 배우는 교육》. 파주: 교육과학사.
　 김선미. (2023). 《중앙일보》. 〈11세에 말문 연 자폐소년 케임브리지대
　　　　 교수 되다〉. 7월 13일.
　 〈블랙〉. (2009). 영화.

공선사후(公先私後)
① 프로레슬러 김일(金一)의 고향 사랑

60, 70년대 우리나라는 가난했지만 '잘 살아보자'는 결기가 있었던 시기였고 독재와 권위주의에 맞서 민주주의 제단에 피를 바친 시기이기도 했다. 사람들은 흑백텔레비전이나 라디오의 스포츠 중계방송을 듣거나 보면서 일상의 암울함과 삶의 고단함을 잠시 잊었다. 권투의 김기수, 유제두, 홍수환, 프로레슬링의 김일, 장영철, 천규덕, 축구의 이회택, 김재한, 허정무, 차범근 그리고 농구의 신동파 등 이름만 들어도 얼굴이 떠오르는 걸출한 스포츠 스타들이 국민에게 위안을 선사했다. 어떤 경기종목이든 한·일전은 장안의 화제가 되었고 일본과의 경기에 출전하는 선수는 몸이 으스러지도록 뛰었다. 특히 프로레슬링은 쇼가 아니냐는 비판을 받으면서도 온 국민의 사랑을 독차지했다. 우리나라 텔레비전에 얽힌 이야기를 해보자.

우리나라에서 텔레비전은 1950년대 중반 서울을 중심으로 반경 16~24km에서만 볼 수 있었고 방송이 나오는 지역은 극히 한정되어 있었다. 17인치 수상기의 보급 대수는 250여 대에 불과했으며, 1대 가격이 그해 한국의 1인당 GNP 7만 환의 5배가 넘는 37만 5,000환으로 일반 국민은 꿈도 꾸지 못하는 거금이었다. 1960년대 텔레비전 방송국이 잇달아 설립되면서 외국산 및 국산 흑백텔레비전 보급이 본격화되었다. 1961년 국영방송국인 KBS, 1964년 TBC, 1969년 MBC 등 텔레비전 방송국이 연이어 개국하였다. 1966년 8월 금성사(현재 LG전자)에서 19인치 국산 흑백텔레비전을 처음으로 출시하면서 본격적으로 텔레비전 보급의 길을 열었다. 국산 흑백텔레비전은 수입 텔레비전보다 저렴하였지만 한 대 가격이 6만 8,350원으로 당시 대졸자 초임 1만 5,000원의 4배, 쌀 27가마에 상당하는 금액이었다(한국민속대백과사전).

텔레비전이 보급되면서 성인은 〈아씨〉(1970년), 〈여로〉(1972년)와 같은 드라마에 푹 빠져들었고, 청소년은 〈마징가 Z〉(1975년)와 같은 만화나 〈타잔〉(1970년대)과 같은 권선징악형의 프로그램을 선호했다. 저자도 집에 텔레비전이 없던 시절 주말과 공휴일에는 또래와 타잔이나 수사반장을 보기 위해 면 소재지로 원정을 가곤 했다. 감수성이 민감하고 모방 심리가 활발한 십대의 저자와 친구들은 타잔놀이를 하면서 타잔이 동물들을 불러들이면서 질러대는 "아으아으아~" 괴성 소리를 따라 하곤 했다. 타잔이 얼마나 인기가 높았던지 타잔의 여자 친구 '제인'은 소꿉놀이에서도 여자아이들의 애칭이 되었다.

정확한 기억은 나지 않지만 초등학교 4, 5학년이 되었을 즈음 우리 집에 흑백텔레비전이 들어왔다. 삼성전자의 흑백 이코노 TV였다. 나중에 알고 보니 '이코노' TV라는 명칭은 전원을 켜면 예열 없이 화면이 바로 켜지는 순간 수상(瞬間受像) 방식 브라운관을 채택한 절전형 제품이었다. 석유파동 이후 에너지 절약 캠페인을 벌이는 분위기를 적절하게 활용한 판촉 전략이었다. 우리 집에도 저녁 시간에는 드라마를 보기 위해 이웃들이 몰려들었고 주말에는 동네 꼬마들까지 인산인해를 이루었다. 집성촌으로 이루어진 마을에서 텔레비전을 얼마만큼 주민들에게 개방하느냐는 곧 인심이 후하냐 박하냐의 척도가 되었다. 어떤 집에서는 텔레비전의 문을 닫고 자물쇠를 채워놓고 외출했다.

비싼 돈을 주고 집안에 텔레비전을 들여놓는다고 다 되는 것은 아니었다. 전기가 일찍 들어온 내륙 지역과 전기가 늦게 들어간 섬 지역은 또 다른 풍경을 연출했다. 섬 지역에서 텔레비전을 보려면 배터리에 충전을 해야 했다. 무거운 배터리를 리어카에 싣고 면 소재지의 충전소까지 갔다 와야 했다. 김일 선수의 레슬링이나 홍수환 선수의 권투를 보는 날이면 면 소재지 배터리 충전소는 각 마을에서 온 손님들로 장사진을 이루었다. 텔레비전을 보다 배터리가 약해지면 화면이 줄어들었다. 중계방송을 하는 날에 자녀들은 학교에 가면서 부모에게 몇 번이고 확인을 한다. "아부지!! 꼭 배터리 충전시켜 와!!" 지금 생각하면 문명의 이기는 덜 발달되었지만 공동체에는 따뜻한 정감이 넘쳤고 소박한 인간미를 나눈 시기였다.

프로레슬러 김일(1929~2006) 선수 이야기를 시작하려다 서론이 길어졌다. 우리나라에서 프로레슬링이 흑백텔레비전의 보급과 함께 선풍적인 인기를 끌었던 스포츠라는 점을 강조하기 위해서다. 권투나 축구는 라디오 중계방송으로 들어도 감이 잡히지만 레슬링은 텔레비전으로 보는 재미가 있었다. 김일 선수는 전남 고흥 거금도(居金島) 출신이다. 거금도는 우리나라 섬 중 열 번째로 큰 섬이다. 거금도를 글자 그대로 풀이하면 '거대한 금맥이 있는 섬'이다. 거금도의 유래에 대해서는 조선

중기의 문헌에 '거억금도(巨億金島)'라고 기록되어 있는 것으로 보아 결코 지명과 무관하지 않을 듯싶다(한국민족문화대백과사전). 지금은 고흥반도에서 자동차로 소록도를 거쳐 거금도로 갈 수 있다. 2011년 연륙교를 놓았다.

많은 사람은 김일 선수라 하면 반칙을 일삼는 얄미운 일본 선수를 박치기 한 방으로 링에 눕히는 박치기왕으로 기억하고 있겠지만, 저자는 그를 다른 방식으로 기억하고 있다. 1960년대 말 김일 선수는 박정희 대통령의 초청으로 청와대를 방문했다. 박 대통령도 프로레슬링의 열렬한 팬으로 알려졌다. 박 대통령이 김일 선수에게 "소원이 있으면 말해 보라"고 했다. 김일은 "고향 마을에 전기가 들어오지 않아 주민들이 김 수확에 어려움을 겪고 있고 저의 레슬링 경기를 텔레비전으로 볼 수 없다"라고 대답했다. 김일은 야간에 등잔불에 의존해 김을 따며 생계를 이어나가는 지역 주민들이 마음에 걸렸던 것이다. 6개월 뒤 거금도에 전기가 들어왔다. 거금도는 전국의 섬 중 제주도를 제외하고 전기가 맨 처음 들어왔다(조홍복, 2021). 대통령이 김일 선수의 부탁이라면 무엇이든 들어줄 것 같은 분위기에서 그는 개인적인 보상이 아닌 자신이 태어나고 자란 고향의 지역 주민들을 생각했다. 공선사후(公先私後)의 모델이라고 생각한다. 국어사전에서 공선사후는 '공적인 일을 우선시하고, 사사로운 일은 나중으로 미룬다'고 정의하고 있다. 사람에 따라서는 선공후사(先公後私)라고 말한다.

김일 선수가 자신이 한 일을 공선사후라고 표현한 것을 알면 손사래를 칠 수 있을 것이다. 대통령의 질문에 평소 마음에 두었던 생각을 이야기했던 것뿐인데 공선사후의 모델인 양 거창한 표현을 사용하면서 자신을 영웅시하는 것에 부담을 가질 수 있다고 본다. 생각해보자. 사람이란 자신에게 조금이라도 이익이 돌아오는 상황에서 그 본질이 드러나기 마련이다. 김일 선수 역시 후배 운동선수들을 생각하면 체육관을 짓는 것이 먼저일 수도 있겠지만, 당시 어촌 그것도 육지에서 멀리 떨어진 거금도와 같은 섬 주민들의 생활을 생각하면 자신의 고향에 전기개통을 요구하는 것이 인지상정이 아니었을까 싶다. 한 걸음 더 들어가 생각해보면 거금도에 전기를 개통하는 일은 김일 선수가 낳고 자란 지역 공동체의 많은 사람을 위해 한 일이고, 체육관은 김일 선수를 포함하여 개인의 이익이 걸린 사사로운 일이 될 수도 있다. 생각하기에 따라서는 저자가 김일 선수의 선행을 공선사후로 과대 포장하는 것이 아닌가 싶겠지만 대통령과의 면담에서 지역 공동체를 위해 필요한 요구를 하는 것은 쉽지 않은 일일 것이다.

공선사후는 논어나 맹자와 같은 성현들의 문헌에 나온 사자성어가 아닌 조어다. 요즘 공직자들 사이에서 널리 회자되고 있는 것 같다. 그만큼 공(公)을 우선시해야 하는 공복(公僕)들이 사적인 이익을 앞세워 국민의 혈세를 가로채거나 남용하는 일이 많다는 방증이기도 하다. 우리 사회에 공적 지위를 이용해 공적 가치를 훼손하고 사적 이익을 취하는 공직자가 얼마나 많은가.

공선사후를 아예 학교의 인재상(人材像)으로 규정하는 대학도 있다. 고려대학교는 '공선사후의 애국 애족적 지도력'을 갖춘 인재를 양성하고자 하는 포부를 밝히고 있다. 공선사후를 평생의 좌우명으로 삼고 실천하는 데 앞장선 인촌(仁村) 김성수(1891~1955)와 무관하지 않을 것이다. 인촌이 보성전문을 인수하고 오늘의 고려대학교를 세웠으니 고려대는 설립자의 건학 의지를 계승하고자 하였을 것이다. 설립자의 뜻도 중요하지만 공선사후할 수 있는 인재라면 환영하지 않는 곳이 있겠는가 싶다.

　다시 김일 선수의 이야기로 돌아가자. 김일 선수는 고흥에서 씨름으로 이름을 날렸지만 레슬링 선수가 되고 싶었다. 그는 일본에서 활약하는 함경도 출신 역도산(본명 김신락, 1924~1963)의 문하생이 되기 위해 일본 밀항을 시도하던 중 경찰에 체포되어 구치소에서 1년을 살았다. 구치소에서 김일은 역도산에게 매일 편지를 보내 문하생으로 받아달라고 간청을 했다. 1년 동안 하루도 거르지 않고 편지를 받은 역도산도 마음을 열고 김일을 제1기 문하생으로 받아들인다. 김일의 문하생 동기로는 2m 8cm의 거인 자이언트 바바(1938~1999)와 정치인, 엔터테이너로 변신한 안토니오 이노키(1943~2022)가 있다(정영재b, 2018). 세 사람은 한국과 일본에서 프로레슬링의 전성기를 열었으며 세계적인 대선수로 성장하였다. 역도산 문하생 중 김일 선수가 가장 연장자였고 이노키와는 룸메이트로 서로 친했다고 한다. 이노키는 말년 투병 생활하는 김일 선수의 병원비를 전달하기도 했다(정영재, 2022). 링 위에서는 맞수였지만 링 밖에서는 같은 스승을 둔 문하생으로서 우의를 나누는 절친이었다.

　김일이 역도산의 문하생으로 입문하는 과정에서 보여준 일화와 훈련 과정을 보면 그가 프로레슬러로서의 투지와 성실성 그리고 강인한 정신력의 소유자라는 것을 알 수 있다. 스승 역도산은 김일에게 혹독한 수련을 시켰고, 자신의 필살기인 박치기를 전수했다. 이마에 피가 나도록 머리를 나무에 문지르고, 멀리서 뛰어가 벽에 부딪히게 했다(정영재

b, 2018). 김일 선수가 우리 국민에게 즐거움을 주었던 주특기 박치기는 혹독한 훈련으로 다듬어졌다. 오늘날 이와 같은 훈련 방식은 비윤리적, 반인권적이라는 비난을 피할 수 없을 것이다.

김일이 감옥살이까지 하면서 문하생이 되고자 했던 역도산에 대해 잠깐 설명하자. 함경북도 홍원군 출신의 역도산은 씨름 장사였다. 1938년 단오절에 스모 선수를 발굴하러 온 일본인 스카우트의 눈에 들어 일본에서 스모 선수로 활약하다 프로레슬링으로 전향했다. 역도산은 우리나라보다 일본에서 더 잘 알려져 그의 기량이 절정에 달했던 1960년대에는 '천황 다음에 역도산'이라는 말이 나올 정도로 유명인사였다. 역도산은 제2차 세계대전에서 원자폭탄을 맞고 패전한 일본인에게 용기를 심어준 대스타였다. 일본인들은 역도산이 링 위에서 미국의 거구 선수를 쓰러뜨릴 때 환호했고 감격에 겨워 눈물을 흘리기까지 했다. 역도산은 미국 악당을 응징하는 정의의 주먹이었고 일본인들은 대리 만족을 느꼈다.

김일 선수와 관련된 영화가 〈반칙왕〉이다. 영화는 고흥 거금도 소재 김일기념체육관의 백종호 관장이 실제 주인공이다. 백 관장은 고흥 출신이자 씨름선수 출신으로 김일 선수와는 선후배 사이였다. 1972년 당시 은행원이었던 백 관장은 김일 선수가 박정희 대통령 하사금으로 받은 3억 5천만 원을 은행에 예치하기 위해 김일 선수를 찾아갔다가 레슬링의 매력에 빠졌다고 한다. 백 관장이 김일 선수에게 레슬링을 해보고 싶다고 하자 김일은 "몸부터 만들게"라고 말하며 헬스클럽을 소개해 주고 자신은 해외로 갔다(정영재b, 2018). 6개월 후에 나타난 김일 선수는 박 관장에게 박치기를 한 방 먹였다고 한다. 대개 박치기를 한 방

먹은 레슬링 지망생들은 나가떨어지고 말지만, 박 관장은 꿋꿋하게 버텼고 결국 김일 문하생이 되어 프로레슬링 선수가 되었다. 박치기를 견디느냐의 여부가 문하생이 되느냐를 판가름했다. 백 관장은 거액의 하사금도 예치하는 일거양득의 성과를 올렸다.

김일 선수는 은퇴 후에 고흥의 수산물을 일본으로 수출하는 사업을 했지만 재미를 보지 못했다. 그는 변함없이 고흥의 지역 주민과 고흥을 위해 베풀기를 좋아했고 그런 그를 고흥 사람들은 영웅으로 대접했다. 그가 거금도에 전기를 들어오게 한 것만 해도 고향을 위해 큰일을 했음에도 평생 고향에 대한 사랑 또한 잊지 않았다. 어렵고 힘든 시절 국민은 김일 선수의 박치기를 보면서 시름을 잊고 즐거워했지만 정작 그는 그 박치기 후유증으로 노년에 병원 신세를 지면서 지냈다.

김일 선수의 수제자이면서 그를 가장 가까이에서 모셨던 이왕표 한국프로레슬링연맹 대표는 스승의 박치기에 대해 이렇게 회고했다. "제대로 받히면 안 넘어가는 선수가 없었다. 링을 지탱하는 쇠기둥을 받으면 기둥이 '딩'~하고 울릴 정도로 엄청난 위력이 있었다." 그렇게 엄청난 위력을 지닌 박치기를 한 장본인인 김일은 이렇게 말했다. "나도 박치기를 하기 싫다. 팬들이 원하니까 하는 거다. 박치기 한 번 하면 머리에서 종소리가 난다."(정영재a, 2018). 김일 선수는 목숨을 걸고 박치기를 했다. 국민이 열광하고 즐거워하는 모습을 보기 위해 박치기를 했다고 한다. 김일 선수에게 박치기가 재능이라면 그 재능을 살려 공선사후의 미덕을 발휘했던 것이다. 김일은 임종하기 이틀 전에 백종호 관장에게 "백군아, 나 머릿속에 큰 돌멩이가 있는데 그거 좀 빼주라"고 말했다. 이 말을 듣는 순간 큰 돌멩이가 저자의 머리를 때리는 것 같은 느낌이다. 얼마나 많은 박치기를 했기에 머릿속이 큰 돌멩이로 변했을까 싶다. 박치기를 할 때마다 얼마나 아팠을까. 김일 선수는 1958년 프로레슬링에 데뷔하여 3,000여 차례 경기를 치렀다. 김일 선수에게 박치기는 개인적으로 타이틀을 획득하고 그 타이틀을 지켜내는 영광의 징표였지만, 그 자신은 죽음을 무릅쓰고 대한민국 국민을 위해 박치기를 한 것이다. 김일의 박치기를 공선사후로 평가하고 싶은 이유다.

📖 다나카 게이코. (2004). 《내 남편 역도산》. 한성례 옮김. 파주: 자음과 모음.

손원천. (2012). 《서울신문》. 〈'박치기왕' 김일의 고향 전남 고흥 거금도〉. 8월 23일.

정영재a. (2018). 《중앙선데이》. 〈"종합격투기 원조는 프로레슬링 … 지금 환생하면 UFC에 적수 없을 것"〉. 1월 7일.

정영재b. (2018). 《중앙선데이》. 〈박치기왕 임종 이틀 전 … "내 머릿속 큰 돌멩이 좀 빼줘"〉. 1월 28일.

정영재. (2022). 《중앙선데이》. 〈'역도산 사단' 룸메이트 김일과 혈전, 알리와 세기의 대결도〉. 10월 15일-16일.

조홍복. (2021). 《조선일보》. 〈'박치기왕' 김일 동상, 고향 고흥 거금도에 세웠다〉. 12월 30일.

〈반칙왕〉. (2000). 영화.

〈역도산〉. (2008). 영화.

〈텔레비전〉. 한국민속대백과사전.

공선사후(公先私後)
② 이스라엘 초대 대통령 차임 바이츠만

　제1차 세계대전(1914~1918)은 인류 역사에서 그 어느 때보다 대량 살상을 가능하게 한 신무기들이 선을 보인 전쟁이기도 했다. 독가스, 철조망, 기관총, 포탄 등. 산업혁명의 원동력이 된 과학기술이 가공할 전쟁 무기를 만드는 데 동원되었다. 기관총만 해도 발전을 거듭해 나갔다. 기관총은 1800년대 중반 개발될 때만 해도 분당 300발 정도를 발사되었는데, 1800년대 후반에는 분당 600여 발을 발사하게 되었다. 몇십 년 사이에 두 배가 넘는 위력을 지니게 되었다. 저자는 기관총을 생각하면 동학농민항쟁(1894년)의 우금치 전투에서 농민군들이 일본군 기관총 앞에 쓰러져 가는 모습이 선명하게 떠오른다.

　우금치는 공주에서 부여로 넘어가는 견준산(233m) 기슭의 고개다. 충청감영이 위치한 공주는 동학농민군과 관군·일본군에게 모두 중요한 전략적 요충지였다. 동학의 남·북접 연합군은 감영을 공격하기 위하여 공주로 진격하던 중 우금치 고개에서 관군·일본군과 맞닥뜨렸다. 일본군은 기관총 등 근대의 신식 무기로 무장했지만 농민군은 죽검과 죽창을 들었다. 우금치 전투는 동학농민군이 벌인 전투 가운데 최대 규모였으나 패배로 끝나면서 농민항쟁이 실패로 이어지는 결정적 계기가 되었다.

'우금치 전투'는 '우금치 학살'로 표현하기도 한다(김종회, 2019). 왜 전투가 아니라 학살이라는 표현을 사용할까. 동학농민군이 조선의 관군과 일본군을 상대로 벌인 우금치 전투는 관군과 일본군의 일방적인 승리였기 때문이다. 전투란 어느 정도 전력이 팽팽한 가운데 밀고 밀리는 긴장감이 있어야 하는데 농민군은 절대적인 수적 우세에도 불구하고 성능이 우수한 무기를 갖춘 일본군의 상대가 되지 않았다. 드라마 〈녹두꽃〉에서는 우금치에서 일본군이 농민군을 어떻게 학살하는가를 잘 보여주고 있다. 일본군은 수만 명의 농민군을 미국제 개틀링 기관총으로 도륙했다. 농민군은 추풍낙엽이 되어 산을 덮었다.

포탄 역시 제1차 세계대전의 양상을 바꾼 게임 체인저였다. 포병의 공격 규모는 상상을 초월했다. 제1차 세계대전 중 영국군은 1억 7천만 발 이상의 포탄을 발사했다. 영국군이 발사한 포탄은 하루 평균 10만 발이 넘었으며 1917년 9월 어느 날, 영국군은 100만 발 이상의 포탄을 발사하기도 했다. 제1차 세계대전은 쌍방이 지루한 참호전을 펼치게 되는데 참호 속의 적을 공격하고 밖으로 끌어내기 위해서는 포탄으로 상대의 진지를 포격해야 했다. 영화 〈참호전〉과 〈서부 전선 이상 없다〉는 제1차 세계대전의 실상을 그리고 있는데 병사들에게 가장 무서운 것은 포격이었다. 전쟁이 교착상태에 빠지면서 양측은 상대방에게 수시로 포격을 가했다. 적군이 보이지 않은 상황에서 포격을 하는 것 말고는 별다른 수단이 없었다. 영국이 포탄을 제조할 수 없다는 것은 적군에게 일방적으로 공격을 당한다는 의미다.

영국은 포탄 제조에 필요한 핵심 원료인 초석(硝石, saltpeter)을 칠레에서 수입하여 사용했다. 영국은 독일이 무제한 잠수함 작전, 즉 독일이 영국의 해상봉쇄 작전에 맞서 잠수함을 이용하여 연합국과 중립국선박에 무제한의 공격을 펼치게 되면서 초석 수입을 할 수 없게 되었다. 국가 초유의 비상사태였다. 포탄 제조 원료가 없다면 전쟁에서 이길 수 없을뿐더러 전쟁을 지속할 수도 없는 노릇이었다. 대안이 없는 것은 아니었다. 아세톤을 사용하면 포탄을 제조할 수 있었다.

이때 유대인 출신 생화학자 차임 바이츠만(1874~1952) 박사가 주목을 받게 된다. 바이츠만은 1910년 영국 맨체스터대에서 설탕을 이용한 인조고무 제조 실험을 하던 중 우연히 아세톤의 제조 방법을 발견하였다. 수년 동안 주목을 받지 못하던 아세톤 제조 방법은 영국이 국가적 위기에 처했을 때 빛을 발휘했다. 영국의 군수부 장관 데이비드 조지는 아세톤의 군사적 가치에 주목하고 바이츠만에게 아세톤의 생산을 의뢰했다. 바이츠만은 아세톤을 대량 생산하는 기술을 개발해 영국을 전쟁 위기에서 구하는 데 커다란 기여를 했다(홍익희, 2022).

조지는 제1차 세계대전 중 총리(재임 1916~1922)가 되어 전시내각을 이끌었는데 종전 후 영국이 절체절명의 위기에 놓였을 때 큰 도움을 준 바이츠만에게 적절한 보상으로 보답하려고 했다. 바이츠만은 개인적인 보상이 아니라 팔레스타인 지역에 유대인 국가 건설을 지원해 달라고 요청했다. 오래전부터 시온주의 운동, 즉 유대인이 팔레스타인에 유대 민족국가를 건설하는 것을 목표로 한 유대 민족주의 운동에 참여해 온 바이츠만은 아세톤 개발의 공헌을 통해 얻은 정치적 발언권을 유대 국가 재건에 적극 활용하려 했다. 그는 영국 외무장관 아서 벨푸어(벨푸어는 1902년부터 1905년까지 총리를 역임)에게 '팔레스타인에서의 유대인 국가의 재건'을 영국이 지지해줄 것을 요구했다. 1917년 벨푸어 선언(Balfour Declaration)이 나오게 된 결정적인 배경 중 하나이다.

벨푸어 선언은 팔레스타인에 유대 국가를 건설하려는 유대인을 지지하는 내용의 편지이다. 1917년 11월 2일, 벨푸어 장관은 유대계 라이어닐 로스차일드 남작의 집에 들러 편지를 손수 건넸다. "본 정부는 팔레스타인에 유대인의 민족적 고향(national home)을 세우는 것에 대하여 지지를 표하며 이를 성취하는 데 최선의 노력을 기울이는 한편, 팔레스타인에 거주하는 비유대인의 시민적, 종교적인 권한에 대해, 또는 타국에 거주하는 유대인의 정치적인 상태에 대해 아무런 편견을 갖지 않을 것입니다."(1917년 벨푸어 선언) 편지의 내용이 국가의 중요한 선언이 되고 이 선언을 토대로 국제질서가 요동친 사례도 드물 것이다. 영국 정부를 대표하는 외무장관이 로스차일드 사택에 방문하여 편지를 직접 전달했다. 영국이 전쟁을 수행하는 과정에서 얼마나 중차대하고 긴급한 사태에 직면하였으면 그런 행동을 했겠는가 싶다.

사실 영국은 밸푸어 선언이 나오기 전 '후세인—맥마흔 서한'을 통해 전후 아랍인의 독립 국가 건설을 지지하기로 비밀리에 약속했다. 비밀 서한은 영국 정부가 1915년 1월부터 1916년 3월까지 10차례에 걸쳐 이집트 주재 고등판무관이었던 헨리 맥마흔을 통해 아랍의 성지 메카의 부족장인 후세인 빈 알리에게 전달한 전시 외교정책의 기조였다. 서한에는 오스만튀르크제국의 영토인 팔레스타인에 아랍인의 국가 수립을 지지한다는 내용을 담았다. 아랍도 영국의 제안을 쉽게 받아들일 형편이 아니었다. 아랍은 오스만튀르크제국과 같은 이슬람 형제 국가로서 영국에 성전(지하드)을 선포한 상태였다. 아랍은 종교적으로는 영국을 돕기 힘든 형편이었지만 종교적으로 동일시하는 국가의 식민지로 사는 것보다 독립해서 사는 것이 낫다는 판단에서 영국을 돕기로 결정하였다(이희수 외, 2004).

심지어 영국은 1916년 러시아의 동의하에 프랑스와 비밀리에 '사이크스 피코 협정'을 체결하여 아랍에서 오스만튀르크제국이 멸망하면 어떻게 땅을 분할·지배할지에 대해 결정하기도 했다. 이 협정에 따르면 팔레스타인, 즉 현재의 이스라엘 지역을 공유하고 그 밖의 지역을 영국과 프랑스가 직접 지배하기로 했다(안남식, 2021 참조). 강대국들이 벌였던 이중, 삼중의 밀약외교는 오늘날 중동 국가에서 벌어지는 혼란과 난맥상의 근인(近因)을 제공했다. 국가의 외교정책이 눈앞의 이익을 차지하고 보자는 극단적인 이기주의를 보여주었다.

영화 〈아라비아의 로렌스〉에서는 제1차 세계대전 당시 영국군 장교 토마스 로렌스(1888~1935)와 아랍 유목인인 베두인족이 오스만튀르크제국을 상대로 함께 싸우는 장면을 보여준다. 실화를 바탕으로 한 영화다. 로렌스는 아랍의 독립을 위해 싸워 아랍 민족으로부터 '아라비아의 로렌스'라는 영웅적인 칭호를 받게 된다. 그를 아랍 민족운동의 원조로 부르는 이유다. 그는 아랍 전사들을 이끌고 튀르크군과 싸워 승리를 쟁취했다. 베두인은 10만 명의 전사자를 내면서까지 영국에 협조했다. 전쟁이 끝난 후 아랍 국가를 세우는 데 지원하겠다는 영국의 약속을 철석같이 믿고 목숨을 아끼지 않고 싸웠다.

영국은 불리한 전쟁에서 아랍인의 협력을 이용한 뒤 '후세인-맥마흔 서한'에서의 약속을 손바닥 뒤집듯 번복했다. 국제 관계에서 토사구팽의 전형이다. 왜, 영국은 국제 외교에서 신뢰를 저버리고 두고두고 비난받을 짓을 했을까?

첫째, 영국은 전쟁이 장기화되면서 금융계의 큰손이었던 로스차일드를 비롯한 유대계 자본이 영국의 전쟁 공채를 사주지 않는다면 독일과 전쟁을 수행하기 어려웠다. 영국의 외무장관이 로스차일드의 사택에 직접 찾아가 편지를 전달한 이유를 가늠해볼 수 있다. 1917년 영국은 전비가 바닥났다. 믿었던 러시아조차도 볼셰비키 혁명으로 독일과 강화조약을 맺고 연합전선에서 이탈하면서 설상가상의 상황에 놓였다. 1917년 4월 미국이 독일에 선전포고는 했지만, 미국 병사들도 유럽에 도착하는 데 시간이 걸렸다. 영국 정부는 유대인에게 팔레스타인 지역에 유대인 정착지 건설을 약속하는 대가로 유대계 금융인들에게 자금 지원을 요청할 수밖에 없었다(김현민, 2019).

둘째, 포탄 제조에 필수 원료인 칠레산 초석의 수입이 막혔을 때 포탄 제조에 들어가는 아세톤의 대량생산기술을 유대인 과학자 바이츠만이 갖고 있었다(권홍우, 2016). 현대 자본주의 사회에서도 자본과 기술을 가진 국가와 개인이 갑(甲)이 아니겠는가.

셋째, 영국은 전쟁에서 고전하면서 항복까지 고민할 지경에 이르렀다. 미국의 참전을 학수고대했지만 불간섭주의를 내세운 미국은 참전할 기미가 보이지 않았다. 영국은 미국 금융계에서 절대적인 영향력을 행사하는 유대인이 미국 정부를 움직이도록 동기를 부여하기 위해서는 아랍에 유대 국가 건설, 즉 시온주의라는 미끼를 던져야 했다. 영국은 전쟁을 계속 수행하고 승리하기 위해 자본, 기술, 미국의 참전이라는 세 가지의 열쇠가 필요했지만 이 열쇠는 유대인이 가지고 있었다. '해가 지지 않은 제국'을 거느린 영국은 자존심도 명예도 헌신짝 버리듯 하면서 국익을 앞세워 밀약 외교를 서슴지 않았고 국가 간의 신성한 약속은 안중에도 없었다.

여기서 유대인의 시오니즘을 실현하도록 지원한 최고의 공로자 중 한 사람인 에드몽 로스차일드를 빼놓을 수 없을 것이다. 그는 1887년 팔레스타인 땅을 비밀리에 사들여 이주 유대인이 농사를 지을 수 있도록 했다. 이스라엘 영토의 80% 이상은 에드몽이 사둔 땅이었다(홍익희, 2021). 국가를 위한 개인의 기여로는 믿을 수 없을 정도로 대단하다.

제1차 세계대전 중 유대인은 그들이 가진 자본과 기술을 시오니즘을 실현하기 위한 거래로 삼았다. 영국은 유대인과의 거래를 수용하고 유대인을 위한 요구에 따라 움직였다. 금융계를 휘어잡고 있는 유대인의 영향력은 영국이 아랍 민족과의 약속을 뒤집게 할 정도로 막강했다. 특히 포탄 제조에 필요한 아세톤 기술을 개발한 바이츠만의 기여는 영국이 벨푸어 선언을 하게 만든 결정타가 되었다고 할 것이다.

바이츠만은 영국 총리의 보상 계획을 듣고 개인적인 요구를 말할 수 있었겠지만, 그가 생각하는 최우선 과제는 팔레스타인에 유대 민족국가를 세우는 시오니즘(Zionism)을 실현하는 것이었다. 유대인이 영국으로부터 맥마흔 서한을 포기하고 벨푸어 선언을 이끌어낸 것은, 금융계의 큰 손이었던 로스차일드 못지않게 아세톤의 대량 생산기술을 보유한 바이츠만의 공선사후에 있었다. 영국은 유대계가 가진 막대한 자본의 영향력과 바우츠만의 원천 기술 때문에 국가의 외교정책을 변경했다.

전해지는 일화가 있다. 벨푸어와 바우츠만은 오래전부터 친밀한 관계였다. 1906년 벨푸어가 총리직에 물러난 뒤 바우츠만이 시오니즘의 열렬한 지지자라는 점을 의식하면서 이렇게 말했다. "현실적으로 영국 식민지 우간다에 유대민족 국가를 세우는 방안은 어떻습니까?" 이 말을 들은 바이츠만은 "모세가 그 얘기를 들었다면 십계명 판을 깨트렸을 겁니다. 누군가 선생께 런던 대신 파리를 준다면 받으시겠습니까?"라고 답변했다. 벨푸어는 웃으면서 "바이츠만 박사, 우리에겐 이미 런던이 있소"라고 되받았다. 바이츠만이 바로 반박했다. "그렇지요. 한데 우리에게는 예루살렘이 있었죠. 런던이 늪지대였을 때 말입니다."(권홍우b, 2016) 벨푸어와 바이츠만 사이에 오간 농담조의 대화를 되새겨보았을 때 이 대화가 오간 지 11년 후에 벨푸어 선언이 나온 것도 우연이 아니라는 생각이 든다. 영국은 국가의 위기에서 절대적인 공헌을 한 바우츠만에게 그가 진심으로 원하는 것을 보상하고 싶어 했다. 농담이 진담이 되고 우연이 필연이 된다.

영국의 모순된 외교정책은 전후 아랍에 대파란을 몰고 왔다. 영국은 무력으로 아랍계 팔레스타인 주민을 추방하고 그 자리에 유대인이 이스라엘을 세우는 것을 도왔다. 물론 벨푸어 선언에서처럼 제1차 세계대전 직후 시오니즘이 실현된 것은 아니었지만, 1948년 이스라엘이 팔레스타인 지역에 세워질 수 있는 토대는 벨푸어 선언에서 비롯되었으며 그 중심인물에는 생화학자 바우츠만 박사가 있었다.

벨푸어 선언은 유대인과 아랍 민족 간에 분쟁의 씨앗이 되었고 오늘날까지 중동 지역은 전운(戰雲)이 감도는 적대적 대치 상태에 놓여 있다. 팔레스타인은 '후세인-맥마흔 서한'을 근거로 이스라엘 건국을 부정하기까지 한다. 영국이 팔레스타인에 거주하는 아랍인을 전쟁에서 이용한 뒤 토사구팽 한 사건은 국제 외교의 나쁜 사례로 기록된다. 국익을 놓고서는 어제의 아군이 오늘의 적군이 된다. 이스라엘 건국 후 국민은 차임 바이츠만을 시오니즘 실현의 공로를 인정해 초대 대통령(재임 1949~1952)으로 추대했다. 바이츠만은 자신의 회고록에서 "내가 없었다면 시오니즘은 성공하지 못했을 것이다. 하지만 시오니즘이 없었다면 나의 사업은 수포로 돌아갔을 것이다"라고 했던 에드몽 로스차일드의 말을 상기하며(김현민, 2019) 로스차일드에게 공로를 돌리는 겸허함도 잊지 않았다.

📖 이희수 외. (2004). 《이슬람》. 파주: 청아출판사.

권홍우a. (2016). 《서울경제》. 〈중동 비극의 씨앗, 벨푸어 선언〉. 11월 2일.

권홍우b. (2016). 《서울경제》. 〈'초대 대통령' 바이츠만〉. 11월 9일.

김종회. (2019). 《전북도민일보》. 〈1894 우금치전투는 학살이었다〉. 7월 11일.

김태우. (2021). 《자유아시아방송》. 〈이스라엘-하마스 충돌과 이어언돔〉. 5월 19일.

김현민. (2019). 《아틀라스》. 〈로스차일드의 비밀⑨ 팔레스타인 건설하다〉. 12월 1일.

박홍수. (2014). 《프레시안》. 〈자본주의의 '장자', 1차 세계대전〉. 12월 28일.

안남식. (2019). 《시사인》. 〈중동 분쟁의 뿌리, 사이크스-피코 비밀협정〉. 2월 21일.

이춘근. (2014). 《미래 한국》. 〈참호전, 인류 최초 과학전쟁이 시작되다〉. 5월 22일.

하채림. (2017). 《연합뉴스》. 〈'이스라엘 건국 실현 방아쇠' 밸푸어 선언 100년, 극과 극 평가〉. 11월 1일.

홍익희. (2021). 《조선일보》. 〈미국 움직여 1차 대전 참전시키고, 이스라엘 세운 땅 80%를 샀다〉. 11월 2일.

_____. (2022). 《조선일보》. 〈1차 대전 때 영국 구하고, 이스라엘 건국 지원 받아냈다〉. 10월 4일.

〈녹두꽃〉. (2019). 드라마.

〈서부 전선 이상 없다〉. (2022). 영화.

〈아라비아의 로렌스〉. (1998). 영화.

〈참호전〉. (2014). 영화.

아버지의 유산
당신을 그리며 닮으며

8월 이맘쯤에는 아버지에 대한 그리움이 더 커진다. 아버지는 한여름에서 초가을의 문턱을 넘던 2015년 8월 29일 저녁 10시경에 별세하셨다. 향년 96세였다. 어머니가 별세한 지 2년 뒤였다. 이로써 저자는 엄부자모(嚴父慈母), 즉 엄한 아버지에 자애로운 어머니와 이별했다. 말이 이별이지 부모님을 가슴에 묻고 항상 함께한다고 해야 할 것이다. 사실 그리움을 양으로 셀 수만 있다면 아버지에 대한 그리움은 어머니에 대한 그리움보다 적을 것이다. 지금도 돌아가신 어머니는 하늘을 올려다보아도 길거리에서도 연구실에서도 환하게 웃고 계신다. 간혹 꿈속에서도 나타나 이야기를 나누기도 하시고 어떤 때는 모습만 보여주시고 사라지곤 하신다. 희한하게도 아버지가 돌아가신 뒤에는 꿈에 나타나지 않으셨다. 아버지에 대한 그리움이 간절하지 않은 것도 아닌데 꿈으로는 보여주시지 않았다. 부모님을 꿈에서 보면 며칠 동안 기분이 좋은데 꿈에서도 엄부자모인가 싶다. 그리움의 양으로만 따지면 아버지가 서운해하실지 몰라도 알고 보면 그렇지 않다. 아버지는 아버지대로 남겨주신 값없는 거룩한 유산이 저자의 혈관을 타고 다니며 말초신경에 이르기까지 삶에 커다란 영향을 미치고 있다.

아버지와 관련하여 웃지 못할 해프닝으로 시작하자. 중학교 2학년으로 기억된다. 나는 아버지 앞에 무릎을 꿇고 앉아 "그동안 키워주셔서 감사합니다. 이제 하직 인사를 드리려고 합니다"라고 말씀드렸다. 아버지는 당황해하시면서 막내가 도대체 왜 그런 말을 하는지 의아해하셨다. 저자는 그동안 경험했던 여러 가지 이야기를 말씀드렸다. 저자를 다리(橋) 밑에서 주워왔다는 말을 여러 번 들었고 동네 친인척에게도 확인했다는 점, 형들의 이름은 돌림자인데 나만 그렇지 않다는 것, 형제들도 눈치를 주는 것 같다는 느낌 등등의 말씀을 드렸다. 이런저런 말을 들은 아버지는 파안대소하시면서 이렇게 말씀하셨다. "네가 태어났을 때 하도 순둥이로 생겨 그것을 보완하기 위해 부족한 쌀을 팔아 작명소에서 이름을 지었다. 너는 아버지와 어머니가 낳은 귀한 자식이다. 네게 그런 오해를 하게 하였다니 미안한 일이구나. 다리 밑 운운하는 것은 어린애에게 하는 농담이란다." 지금도 그렇지만 저자는 사람의 말을 곧이곧대로 듣고 받아들이는 경향이 있는 것 같다. 당시만 해도 어른들의 말을 흘려듣지 않고 곧이곧대로 받아들이고는 적당한 시기를 보아 집을 떠나려고 했던 것이다. 사춘기의 민감했던 시절에 일어난 웃어넘길 수 있는 해프닝일 수도 있겠지만 당시 저자는 매우 심각했다.

8월 기일에 맞춰 형제들과 부모님 묘소에 참배하기 위해 미리 벌초를 해야겠다는 생각을 하면서 언뜻 아버지가 저자에게 남겨주신 유산에 대해 구체적으로 정리하는 것도 의미 있는 일이라는 생각에 이르게 되었다. 나의 아버지라서 그런지 저자에게 물려주신 유산이 참 많았다.

양파 껍질처럼 하나를 생각하면 연달아 또 다른 생각이 줄을 이었다. 유산은 유형적인 것과 무형의 정신적인 것으로 크게 나눌 수 있다. 아버지가 남겨주신 유산은 주로 무형적인 것이다. 여기에 일일이 다 열거할 수 없어 몇 가지만 정리해본다.

첫째, 아버지는 덕을 많이 쌓았다. 덕승재(德勝才)다. 공자도 덕을 강조하여 덕불고필유린(德不孤必有隣), 즉 '덕'은 외롭지 않으며 반드시 이웃이 있다고 하지 않던가. 우리 집은 할아버지부터 접골(接骨), 즉 뼈를 맞추는 가문이었다. 아버지 역시 접골 능력이 뛰어나셨다. 동의보감을 손에서 놓지 않으셨다. 개구쟁이 시절 뼈마디 한두 군데 부러지지 않은 사람이 누가 있겠는가. 어른이 되어서도 사고로 뼈는 금이 가거나 부러지기 십상이다. 집 앞에 접골원이라는 간판을 내걸지 않았지만, 인근 지역은 물론 멀리 광주에까지 소문이 났다. 대중교통이 발달되지 않고 개인 승용차도 일반화되지 않은 시절이었다. 사람들은 환자를 업고 왔다. 아버지는 바쁜 일상에서도 환자를 지극정성으로 돌보고 완쾌시켰다. 어떤 환자는 집에 온 지 얼마 되지 않아 삐었던 손이나 발이 정상으로 돌아왔는가 하면 어떤 환자는 며칠을 집에서 지내면서 치료를 받았다. 환자 보호자는 답례의 표시로 소주, 담배, 계란 등을 내놓았다. 보호자들은 아버지가 애주가라는 정보를 공유하면서 주로 술을 가져왔지만, 어머니는 나중에 술을 되돌려 보냈다. 우리말에 '받은 것이나 진배없다'라는 말이 있다. 어머니는 아버지의 건강도 생각하면서 주는 사람의 마음도 함께 헤아리셨다.

아버지는 뼈를 맞추는 것 말고도 토목과 건축 분야에서 일가견이 있어 집을 짓고 다리와 도로를 놓는 등 지역과 인근에서 많은 일을 하셨다. 나주 지석천(砥石川)의 발원지로 영산강으로 흘러가는 화순 이양천의 제방 조성공사(하천정비사업)도 아버지의 업적 중 하나다. 지금도 하천 둑을 걸어갈 때면 젊은 시절 아버지의 활약상을 보는 것 같아 흐뭇하고 지금처럼 중장비도 없었던 시절에 사람의 근육에 의지하여 공사를 할 때의 어려움이 느껴졌다. 둑이 조성되기 전에는 여름 홍수에 하천이 범람하여 천변 농작물이 엄청난 수해를 입었다. 어디 농작물뿐이던가. 하천 대로에는 가재도구며, 가축이며 사람까지 떠내려갔다. 주민들은 아무 대책도 없이 수마(水魔)가 할퀴고 간 현장을 지켜보면서 하늘만 원망했다. 그러니 아버지가 제방 조성에 기여한 공로를 생각하면 자긍심을 가질 만도 할 것이다. 형들의 말을 들어보면 아버지가 토목건축으로 한창 잘나가던 시절에는 품삯을 주는 날에 집 앞은 인부들로 인산인해를 이루었고 돈 보따리가 방안에 가득했다고 한다. 아버지는 임금을 체불하지 않았고, 인부들에게도 하대(下待)하지 않으셨다.

2016년 8월 첫 기일을 앞두고 벌초를 하려고 마땅한 사람을 알아보는 중에 나보다 서너 살 후배에게 이런 말을 들었다. 같은 마을에 살지만 성씨가 다른 그가 하는 말이다. "어렸을 적 어르신으로부터 격려를 많이 받았어요. 예뻐해 주시고 따뜻하게 말씀해주셔서 은혜를 어떻게 갚을까 생각하고 있었어요. 벌초는 제가 해드릴게요." 아버지가 어떻게 사람을 대했는가를 알 수 있다. 사람은 살았을 적에 베푼 대로 거둔다는 말을 실감했다. 아버지는 지역의 아이들에게도 늘 격려하고 따뜻하게 대하셨다. 그들이 자라 그 은혜를 갚겠다는 것이다. 얼마나 감동적인가. 후배의 말을 듣고 돌아가신 아버지가 그렇게 존경스럽고 나의 아버지인 것이 자랑스러웠다. 그 후배는 지금까지 한 해도 거르지 않고 부모님 산소에 벌초를 하고 있다. 다재다능하셨던 아버지가 덕을 베풀고 나누었기에 가능한 일이다. 아버지가 남겨주신 첫 번째 유산은 재승덕(才勝德)이 아니라 덕승재다.

둘째, 아버지는 기록하여 남기셨다. 아버지는 농촌의 일도 바쁜 데 토목건축까지 관여하면서 발이 두 개여도 모자랄 판이었다. 힘들고 바쁜 중에도 아버지는 일기를 꼼꼼하게 기록하셨다. 납덩어리 같은 몸은 일찍 잠자리에 들어 피곤함을 달래고 새벽에 일찍 일어나 맑은 정신으로 일기를 쓰고 동의보감을 보셨다. 가끔 아버지의 일기를 읽어볼 기회가 있었는데 한자와 한글이 뒤섞여 가독성은 떨어지지만 대개 그날의 날씨, 주요 일과들을 기록하셨다. 기분 좋은 날은 시를 짓기도 하셨다. 어릴 적 선잠을 깨어 아버지가 밝음보다 어둠이 더 많은 새벽에 한 자 한 자 일기를 써 내려가는 모습을 곁눈으로 볼 때면 저절로 나의 아버지가 존경스러웠다. 저자가 일기를 쓰고 기록하여 남기는 습관이 생긴 것은 아버지의 모습을 본받았기 때문일 것이다. 칸트는 "인간은 학습동물이다"라고 주장했는데 새벽녘 아버지가 자신만의 삶을 기록하는 습관은 훗날 저자에게도 중요한 습관이 되었다. 나도 모르게 학습이 되었다.

셋째, 아버지는 건강관리에 철저하셨다. 아버지의 건강관리는 아버지 혼자만으로는 힘들었을 것이다. 자애로운 어머니의 헌신적인 내조가 있었기 때문에 가능했다. 두주불사형인 아버지는 친구 또는 비즈니스 관계로 어울리면서 대취(大醉)하는 일이 많았다. 만약 어머니의 현명하고 헌신적인 내조가 아니었다면 100세 가까운 천수를 누리지 못했을 것이다. 어머니는 대취한 아버지에게 반드시 꿀물, 동치미 등으로 속을 달래게 한 후 주무시게 했고 다음날 아침에는 날계란에 소금과 참기름을 넣어 드시게 했다. 날계란에 소금과 참기름 혼합액은 저자도 애용하는 숙취 해소 식품이다. 저자는 술에 약하지만 간혹 아버지를 생각하며 대취하면 늦은 밤이라도 날계란을 먹는다. 이렇게라도 아버지가 하셨던 습관을 따라하게 되면 아버지에 대한 그리움이 부자(父子) 간의 일체감으로 상승작용을 하게 됨을 느낀다.

무엇보다 아버지는 타고난 건강체에 가리는 음식이 없었다. 어머니가 해준 음식 그대로 타박 한 번 하지 않으시고 맛있게 드셨다. 어머니도 항상 아버지의 소탈하고 음식을 가리지 않는 성품을 높이 평가하셨다. 마을에서 단체관광으로 배를 타고 홍도를 갔을 때 대다수 사람이 뱃멀미에 고생할 때 아버지만은 끄떡없었다고 한다. 이점은 저자가 닮지 않았다. 저자는 비위가 약해 부산에서 오륙도에 가는 배를 3, 40분 타고서도 멀미를 심하게 하여 응급실 신세를 진 적이 있을 정도다. 지금도 어릴 적 먹어보지 못한 음식은 잘 먹지를 못한다. 특히 젓갈 종류는 젓가락이 거의 가지 않는다.

어느 때인가 아버지의 식습관에 대해 여쭤볼 때가 있었다. "아버지는 아무 음식이나 다 잘 드시는데 정말 맛이 있어 그렇게 드세요?", "음식이 다 맛있는 경우가 어디 있다던. 해준 사람의 성의를 생각해서 맛있게 먹는 거지." 이런 경우를 우문현답이라고 하던가. 아버지는 음식을 만든 사람의 성의를 생각하여 맛있게 먹는 것이 양심 있는 사람이 할 노릇이라는 삶의 철학을 가지고 계셨다.

무쇠처럼 강한 아버지는 세월 앞에선 어쩔 수 없었다. 어머니가 먼저 가시고 큰형 내외의 보살핌을 받던 중 그만 방문턱에 발가락 끝이 부딪

혔는데 이 타박상이 다리 괴사로 이어져 3개월 병원 신세를 지시다 돌아가셨다. 면역력이 떨어지게 되면 조그만 상처도 큰 화를 부르는 법이다. 저자도 손이며 발이며 이리저리 다칠 때는 아버지를 생각하여 소독하고 약 바르고 붕대까지 감아 맨다. 유비무환이다.

금년은 아버지와 이별한 지 8주기가 되는 해이다. 아버지에 대한 글을 쓰고 나니 아버지를 더 사랑하고 존경하게 된다. 작년에 환갑을 맞이한 저자는 아버지의 회갑연을 떠올린다. 그날도 아버지는 대취하셨다. 흥에 겨워 한잔, 친구가 반가워서 한잔, 자식들이 따라줘 한잔, 건배사로 한잔하다 보니 아무리 술에 강한 아버지여도 연회가 끝나기도 전에 인사불성이 되셨다. 아버지 세대는 회갑연이 마을 잔치였고 생애사적으로도 큰 사건이었다. 저자는 술이 약하다고 하지만 마음먹고 먹으면 꽤 마신다. 그러나 아버지가 빈번하게 대취한 모습을 보면서 절주 (節酒)의 미덕을 가슴 깊이 새기고 있다. 아버지가 남겨주신 유무형의 유산들을 이 아들이 잘 분별하여 삶에 긍정적으로 활용한다면 하늘에 계신 아버지도 기뻐하실 것이다. 아버지를 그리며 하늘나라에서 어머니와 영생복락을 누리시길… 이번 추석 명절 벌초도 후배에게 부탁을 했다. 후배는 흔쾌히 그렇게 하겠다고 한다.

2009년 11월 2일(음력 9월 16일)은 부친의 구순(九旬)이었다. 슬하의 6남매는 일가친척과 마을의 주민을 초청하여 본가에서 버스로 30, 40분 거리에 있는 읍 소재 식당에서 구순 잔치를 열었다. 저자는 하객을 위해 인사말을 작성하고 부친과 가족을 대신하여 낭독했다. 그때의 인사말(발췌)을 회상하며 부친을 그리는 마음을 다잡아본다.

여러 어르신께 삼가 인사드립니다. 이맘때는 일 년 중 가장 바쁜 시간을 보내시면서 씨 뿌리고 땀 흘려 가꾼 곡식들을 수확하느라 여념이 없으실 것입니다. 가을은 수확의 보람과 기쁨을 선사할 뿐 아니라 겨울의 문턱을 넘어가는 뜻깊은 계절입니다.

오늘 이렇게 뜻깊은 시간에 저희 부친께서 구순을 기념하게 되었습니다. 부친께서는 지난 구십 성상의 세월을 살아오시면서 많은 분께 헤아릴 수 없는 신세와 마음의 빚을 졌다는 말씀을 누누이 하셨습니다. 저희는 부친께서 많은 분의 사랑과 배려를 받으면서 이렇게 건강한 모습으로 생신을 맞이하게 되었고, 여러 어르신의 축하를 받을 수 있게 된 것에 머리 숙여 감사의 인사를 드립니다.

어르신들께서도 그동안 숱한 고난과 우여곡절을 겪으셨지만 부친께서도 일제강점기, 광복, 전쟁 그리고 근대화, 산업화, 민주화 등 우리나라 근현대사의 굴곡과 부침(浮沈)을 함께 하셨습니다. 부친이 겪었던 어려움도 여러 어르신과 이웃의 따뜻한 격려와 도움이 없었다면 극복하기 어려웠을 것입니다. 진심으로 감사의 마음을 전해드립니다.

저희가 부친의 아흔 번째 생신의 의미를 새기기 위해서는 보다 격식을 갖춘 자리에 어르신들을 모시는 것이 마땅하다고 생각하지만, 그보다는 저희의 정성스러운 마음과 소박한 뜻을 모아 평소 부친과 교제를 나눈 어르신들께 따뜻한 진지를 대접하는 것으로 갈음하기로 했습니다. 이 점 너그러운 마음으로 이해하여 주시기 바랍니다.

앞으로도 부친께서 남은 생애를 건강하고 다복하게 천수를 누릴 수 있도록 변함없이 격려해주시고 인간적으로 따뜻한 교제를 나누시기 바랍니다. 거듭 감사드리며 어르신과 가족 모두 건강과 행운이 함께 하시길 기원합니다.

미처 몰랐습니다
① 조선왕조실록 지킴이, 안의와 송홍록

《조선왕조실록》(별칭은 《조선실록》)은 우리나라 국보이면서 유네스코 세계기록유산(Memory of The World)이다. 고문서로서 국내외에서 역사적, 사료적 가치를 인정받았다. 《조선실록》은 태조(1392년)부터 철종(1863년)까지 470여 년에 걸친 조선 왕조의 역사적 사실을 연월일(年月日) 순서에 따라 편년체로 기술한 역사서이다. 《조선실록》은 총 1,894권 888책으로 이루어져 있으며, 총 49,646,667자의 방대한 내용을 포함하고 있다.

인류 역사를 놓고 볼 때 단일 왕조의 기록으로는 가장 길고 가장 규모가 큰 기록 문화의 정수다. 길이와 규모로 따지자면 중국엔 만리장성, 우리나라에는 《조선실록》이 있다고 할 것이다. 왕조사를 기록했다고 해서 실록이 되는 것은 아니다. 객관성과 공정성이 지켜져야 한다. 일제강점기에 편찬된 〈고종실록〉과 〈순종실록〉은 《조선실록》의 범주에 포함되지 않는다. 일본 학자의 간섭 아래 편찬돼 실록의 가치를 잃었을 뿐 아니라 일본제국의 관점에서 서술되었기 때문에 포함하지 않는다는 견해가 지배적이다.

《조선실록》의 편찬 원칙은 제3대 임금 태종 대에 정립됐다. 조선을 개국한 태조 이성계가 1408년(태종 8년) 승하한 이듬해 태종은 하륜에게 〈태조실록〉을 편수(編修, 책을 편집하고 수정함)하도록 명한다. 하지만 태조와 함께 활동한 신하들이 생존해 있는 당대에 실록을 편찬하라는 임금의 명령에 춘추관 기사관(春秋館 記事官) 등 여러 신하의 반대가 잇따랐다.

춘추관 기사관 송포(宋褒) 등이 상소를 올렸다. "오늘날 전하의 문무 신하들이 모두 태조 때의 신하들인데, 태조의 신하로서 태조의 역사를 편찬하면, 후세에 태조를 의논하는 자들이 그 공렬(功烈, 드높고 큰 공적), 덕업(德業)의 성(盛)함과 규모(規模), 강기(綱紀)의 큰 것을 보고 반드시 말하기를, '한때의 신하가 포미(褒美, 포장하고 아름답게 꾸밈)하였기 때문에 믿을 글이 아니다'라고 할 것입니다. 이와 같다면, 태조의 혁혁한 공렬로써 장차 후인의 이목에 의심을 남기게 되니, 어떠하겠습니까?"(태종실록 18권, 태종 9년 9월 1일)

예조 판서 이응(李膺)도 "같은 때의 사람이 같은 때의 일을 찬수(撰修, 책이나 문서 따위를 저술하고 편집함)하면, 어느 누가 갖춰 쓰고 곧게 써서 화(禍)를 당하려 하겠습니까? 신도 또한 하지 못하겠습니다."(태종실록 18권, 태종 9년 9월 8일) 신하가 자신이 모셨던 국왕의 명예를 훼손하는 글을 쓸 수 있겠으며, 설령 기록으로 남겼다고 하더라도 세상 사람들이 그것을 믿겠느냐는 것이다. 인지상정의 인간 감정을 헤아려 경계하자는 말이다.

조선 왕조에서 역사에 관한 기록만큼은 국왕의 뜻대로 되지 않았다.

공정성과 객관성을 담보하기 위한 갑론을박 끝에 《조선실록》의 편찬 원칙이 정해졌다. 세 가지 원칙을 세웠다. 첫째, 사관(史官)은 항상 임금 곁에서 국정에 관한 모든 일을 꼼꼼하게, 소신껏 기록했다. 절대 권력을 행사하는 국왕도 역사 기술에 관해서 만큼은 사관의 독립적 지위를 보장하였다. 사관은 자신의 목숨을 내놓고 왕조사를 기록했다. 둘째, 왕이 승하하면 다음 왕이 즉위한 후 임시로 실록청을 만들어 실록편찬 작업에 착수했다. 셋째, 국왕일지라도 선왕(先王)의 기초자료인 사초(史草)에 함부로 손을 댈 수 없었고, 사관 이외에는 실록을 볼 수 없도록 했다. '사화(史禍)'가 일어날 것을 우려했기 때문이었다. 조선실록은 비장한 숭고미(崇高美)를 간직하고 있다.

사초가 사화로 이어진 역사를 연산군의 무오사화(戊午士禍)에서 보았다. 무오사화는 《조선실록》의 사초 문제로 많은 관리와 선비가 숙청당한 사건이다. 연산군은 '당대 국왕은 사초를 볼 수 없다'라는 《조선실록》 편찬의 원칙을 어기고 판도라의 상자를 열었다.

1498년(연산군 4년) 7월 〈성종실록〉을 편찬하기 위해 실록청이 설치되었다. 당상관에 임명된 이극돈(李克墩)은 김일손이 작성한 사초 중에 김종직이 지은 〈조의제문(弔義帝文)〉이 실린 것을 발견했다. 조의제문은 김종직이 1457년(세조 3년) 항우에게 죽임을 당한 초회왕(楚懷王) 의제(義帝)를 조문하는 내용을 담고 있었다. 이것은 세조를 항우에, 단종을 의제에 비유한 것으로 세조가 단종을 죽이고 왕위를 찬탈한 것을 은근히 비난하는 내용이었다(연산군일기 30권, 연산 4년 7월 17일). 세조의 자손인 연산군이 세조를 왕권 찬탈자로 비유한 것을 기분 좋게 생각할 리없다. 국왕이 사초를 열람한 순간 파국은 예상되었다. 김종직은 부관참

시(剖棺斬屍, 죽은 뒤에 큰 죄가 드러난 사람을 극형에 처하던 일로 무덤을 파고 관을 꺼내어 시체를 베거나 목을 잘라 거리에 내걸었다)를 당했다. 역사는 연산군을 폭군으로 단죄하지만 진즉 더 큰 죄는 지켜야 할 《조선실록》의 편찬 원칙을 지키지 않았다.

오백 년 가까운 왕조의 역사를 기록한 《조선실록》이 오늘날 후세에까지 전해지게 된 과정을 알면 나도 모르게 숙연해진다. 조선의 역사는 기록의 역사였으며 더욱더 놀라운 것은 그 장구한 역사의 기록을 편찬 원칙을 지키면서 해냈다는 것이다. 세계사적으로도 결코 그 유례를 찾아보기 어렵다.

조선은 실록을 안전하게 보관하기 위해 각 지역에 사고(史庫)를 설치했다. 조선 초기에는 경복궁 내 춘추관과 충청도 충주에 사고를 설치했다. 세종 때에는 경상도 성주와 태조 어진(御眞)을 모시는 전주 경기전 내에 실록각을 추가로 설치했다. 그러나 임진왜란 때 전주사고를 빼고 경복궁, 충주, 성주의 사고는 모두 불타버렸다. 사고가 병화(兵火)로 불탄 것은 조선의 역사가 사라져 버린 것과 같은 엄청난 사건이었다. 다행히 전주사고에 보관된 조선실록만은 전란 중에도 지켜졌다. 어떻게 지켜냈을까?

《조선실록》을 지켜낸 주인공은 전라도 정읍의 유생 안의(安義, 1529~1596)와 손홍록(孫弘錄, 1537~1610)이다. 안의는 1592년(선조 25년) 임진왜란이 일어나자 손홍록과 함께 의곡계운장(義穀繼運將, 전란 중에 쌀과, 의복 등 군량품을 모아 임금과 의병들에게 가져다주는 일을 총괄하는 직책)이 되어 곡식과 포목을 행재소(行在所, 정궁 외에 왕이 임시로 정무를 볼 수 있는 장소)로 수송하였다.

흥미로운 점은 안의는 이순신과도 가깝게 지냈다고 한다. 이순신은 전라좌수사로 부임하기 전에 정읍 현감을 지냈다. 이순신은 1589년 12월부터 1591년 3월까지 1년 4개월간 정읍 현감으로 재임하며 선정(善政)을 베풀었다. 그때 이순신은 지역에서 학식과 덕망을 갖춘 안의와 자주 만나 국내외 정세에 대해 이야기를 나누었던 것 같다. 안의는 이순신과의 대화를 통해 왜(倭)가 곧 침략하리라는 것을 확신하고 은밀히 곡식을 모아 두었다고 한다. 안의의 우국충정과 유비무환을 짐작하게 한다.

그들은 전쟁으로 국토가 유린되는 가운데 전주사고(史庫)가 소실될 것을 우려하여 전라감사 이광의 재가를 얻어 《조선실록》을 정읍 내장산으로 옮기기로 했다. 태조에서 명종까지 실록이 47궤였고, 《고려사》와 《삼국사기》, 《삼국사절요》, 《동국통감》 등 모두 합해 60여 궤로 총 1,300여 권의 엄청난 분량이었다. 일행은 왜의 첩자들의 눈을 피하기 위해 곡식과 짐을 잔뜩 싣고 피란을 가는 호족(豪族)처럼 위장을 했다. 내장산(內藏山)은 글자 그대로 '산 안에 숨겨진 것이 무궁무진하다'라고 해서 붙여진 이름이다. 전란 중에 내장산은 산 이름값을 톡톡히 한 셈이었다.

《조선실록》을 산으로 옮긴 그들은 실록을 지켰던 사실을 기록한 《임계기사(壬癸記事)》를 남겼다. 《임계기사》는 임진년과 계사년 2년 동안의 기록을 의미하는데 '수직상체일기(守直相遞日記, 안의와 손홍록이 서로 번갈아가며 불침번을 서면서 쓴 일기)' 또는 안의의 '난중일기(亂中日記)'로 불린다. 일기에 따르면 안의 혼자 수직한 날은 174일, 손홍록 혼자 수직한 날은 143일, 두 사람이 함께 수직한 날은 53일로 모두 370일 동안 혼자 또는 함께 실록과 어진을 지다고 날짜별로 빠짐없이 기록돼 있다. 《임계기사》는 안의와 손홍록이 조선의 역사를 지키기 위해 풍찬노숙(風餐露宿)하며 기록한 위대한 서사이다. 이 기록물은 임진왜란 초기부터 1592~98년까지의 임진(壬辰), 정유(丁酉) 두 왜란(倭亂) 동안 어진과 실록이 지켜졌던 이안(移安, 신주나 영정 따위를 다른 곳으로 옮겨 모심)의 역사 전반을 기록한 국보급 기록물이다.

《조선실록》을 지키려는 자와 빼앗으려는 자와의 싸움은 지키려는 자의 간절함과 비장함이 한 수 앞섰다. 내장산 깊숙이 숨겨졌던 《조선실록》은 국왕의 명으로 충청도 아산으로 이안 되었다가 정유재란(1597년)이 발발하자 아산에서 해주, 강화를 거쳐 평안도 안변의 묘향산 보현사에 이안하여 전쟁이 끝날 때까지 보관되었다. 전세에 따라 안전한 보관처를 찾아 옮겨 다녔다. 《조선실록》은 전쟁 후 다시 배행(陪行)에 나선다. 묘향산에서 영변을 거쳐 강화도로 이안하여 봉안되었다. 10여 년 동안 무려 2천여 리를 옮겨 다녔다. 배행 과정에서 안의는 병으로 죽지만, 손홍록은 끝까지 《조선실록》의 이안 임무를 완수하며 초심을 지켰다.

조선은 왕조실록이 멸실할 위기에서 전주사고에 보관된 《조선실록》을 천신만고 끝에 보존할 수 있었다. 전쟁 후 조선은 실록을 복인(複印)하게 되는데, 전주사고 실록을 저본으로 하여 방본(傍本) 1질과 신인본(新印本) 3질 등 모두 5질을 마련하였다. 실록의 안전한 보존을 위한 이중화 내지는 삼중화 조치다. 전쟁 후 실록을 보관하는 사고(史庫) 선택에도 변화가 생겼다. 이전과 달리 읍치(고을 수령이 일을 보는 관아가 있는 곳)가 아닌 산중과 섬을 선택했다. 임진왜란 이후 설치된 외사고는 조선 전기의 읍치와는 달리 산중과 섬에 위치하였고, 수호와 관리는 관원이 아닌 승려에게 맡겨졌다. 숭유억불(崇儒抑佛)을 국시(國是)로 삼았던 조선왕조의 커다란 변화가 아닐 수 없다. 명분보다는 안전하게 사고를 보존할 수 있는 장소를 물색하고 관리 책임자를 두고자 했다. 사고 보존의 임무를 승려에게 맡기고 이들의 각종 부역을 면제해 주었다. 결과적으로 다섯 곳에 보관해 온 실록 중 춘추관사고본을 제외한 네 곳의 실록을 보존할 수 있었다

왕조시대나 현대 사회에서도 중요한 자료 또는 기술의 이중화, 삼중화는 반드시 필요하다. 2022년 10월 카카오에 문제가 생겨 대한민국 국민은 큰 불편을 겪었다. 초연결사회 대한민국이 초먹통사회가 되어버렸다. 문제는 일어날 수 있지만 진즉 더 큰 문제는 페일오버(failover)의 실패에 있었다고 한다. 페일오버는 컴퓨터 서버, 시스템, 네트워크 등에서 이상이 생겼을 때 이와 동일한 예비시스템으로 자동 전환하는 기능을 말한다. 페일오버에 실패한 부가통신서비스 플랫폼을 보면서 《조선실록》을 이중화, 삼중화했던 선조들의 유비무환의 정신을 되새김질해본다(정진홍, 2022).

우리나라는 매년 6월 22일을 '문화재 지킴이의 날'로 선포했다. 6월 22일은 안의와 손홍록 등이 《조선실록》을 전주사고에서 내장산으로 이안한 날이다. 문화재청과 (사)한국문화재지킴이 단체연합회는 《조선실록》을 내장산으로 옮겨 전란의 위기에서 보호하고 후세까지 온전하게 전해질 수 있도록 한 6월 22일을 '문화재 지킴이의 날'로 제정했다. 2018년 6월 경복궁 수정전에서 선포식을 가졌고, 내장산에서 기념식을 열었다. 내장산 용굴(龍窟) 입구에는 '《조선왕조실록》 내장산 이안 사

적기(朝鮮王朝實錄 內藏山移安事績記)'라는 긴 표지석이 있다. 1991년 정주 시장 명의로 《조선실록》이 내장산에 이안되기까지의 과정을 상세하게 기술하고 있다.

기록된 왕조의 역사, 그것도 국왕조차 볼 수 없었던 《조선실록》은 조선의 얼과 혼이 담긴 우리 민족의 소중한 문화유산이다. 21세기 대한 민국에서는 그 기록의 대역사가 드라마, 영화, 판타지, 뮤지컬, 웹툰 등 수많은 콘텐츠로 탈바꿈하여 우리의 상상력과 창의력을 자극하고 있다. 유생 안의와 손홍록과 같은 무명의 문화재 지킴이가 아니었다면 조선 역사의 숨결은 끊어지고 말았을 것이다. 민족의 문화와 역사가 없다면 나라를 지켜야 할 이유도 없다. 우리의 문화재를 지키고 보존해야 하는 이유를 《조선실록》에서 다시 확인한다.

📖 송기동. (2022). 《광주일보》. 〈생생한 조선시대 역사 '타임캡슐'이 열리 다. 〈제3부〉 전라도, 문화예술 꽃 피우다⑤ 조선왕조실록〉. 11 월 8일.

정진홍. (2022). 《조선일보》. 〈카카오 사태와 조선왕조실록〉. 10월 19일.

〈조선왕조실록은 어떻게 보존되었나〉. https://www.archives.go.kr

미처 몰랐습니다
② 조선의 왕인(王仁) 박사, 강항(姜沆)의 유산과 교훈

가을 추수가 끝나고 추석을 쉰 다음 날 저자는 영광 불갑사 근처에서 전원생활을 하는 선배의 초대를 받았다. 승용차로 광주에서 함평을 지나 영광 불갑사 쪽으로 가다 보면 강항로(姜沆路)라는 도로명이 나타난다. 우리나라 지방도로에서 지역 명사(名士)의 이름이나 호(號)를 딴 도로명을 심심치 않게 볼 수 있다. 강항로를 따라가면서 이 지역이 강항과 관련이 있을 것으로 짐작은 했지만, 선배가 바로 그 후손이었다. 선배는 조선의 유학자이면서 정유재란(1597년)이 발발했을 때 의병장으로 활약하다 왜군의 포로가 된 수은(睡隱) 강항(1567~1618)의 제13대손이다. 선배와의 만남을 계기로 강항에 푹 빠져 그에 대해 글을 쓰고 널리 알려야겠다는 마음을 먹게 되었다.

강항은 어떤 사람인가? 강항은 조선의 뛰어난 문장가로 손꼽히는 강희맹(姜希孟)의 5대손이다. 강항이 전라도 영광과 인연을 맺게 된 것은 고조부 강학손(1455~1523, 강희맹의 차남)으로부터 시작된다. 강학손은 점필재(佔畢齋) 김종직(1431~1492)의 문하생으로 조정에서 벼슬을 하다

연산군 때 무오사화(1498년)로 파직되어 영광으로 귀양을 가게 되었다. 1506년 반정(反正)으로 왕이 된 중종은 강학손을 한성판윤으로 임명하였으나 사양하고 영광에 머물면서 후학 양성과 향촌 발전에 전념했다. 사평공(司評公)으로 불렸던 그는 제방을 쌓아 못을 만들고 연(蓮)을 심어 관상하였을 뿐 아니라 제방 앞 개천에 돌다리를 놓는 등 향촌에 많은 공헌을 하였다. 지금도 이곳의 앞들은 사평들, 연못은 사평방죽, 다리는 사평다리라고 부른다. 유배지 영광에서 진주 강씨는 대대로 덕망과 학덕을 쌓으면서 지역 명문가로 뿌리를 내렸다. 고봉(高峯) 기대승(奇大升)은 강학손의 외손이다.

강항은 명망 높은 가문에서 태어났지만 그의 조상은 사화(士禍)로 거의 멸문지화(滅門之禍)를 당할 뻔했다. 강항은 일찍이 문재(文才)가 뛰어났고 특히 기억력이 비상했다고 한다. 강항의 비상한 재능과 관련하여 전해오는 이야기가 있다. 강항이 7세 때 서당에 가던 중 책장수가 갖고 있는《맹자》를 보고 그 자리에서 암송했다. 책장수가 강항에게 책을 선물로 주려고 했는데 강항이 받지 않자《맹자》한 질을 마을 정자나무에 걸어놓았다. 후세 사람이 이 마을을 '맹자마을'이라고 부르고《맹자》가 걸려있던 정자는 맹자정(孟子停)이라고 불렸다(김경옥, 2010). 강항은 퇴계 이황의 학통을 계승한 우계(牛溪) 성혼(1535~1598)의 문하생으로 수학했다.

강항은 어떻게 일본의 포로가 되었을까? 일본은 임진왜란(1592년)에 이어 정유재란(1597년)을 일으켜 조선을 재침략했다. 임진왜란 때는 이순신 장군의 연전연승과 각지에서 일어난 의병의 분전으로 호남을 지킬 수 있었지만, 정유재란 때는 원균이 칠천량 해전에서 대패하여 제해

권을 잃게 되면서 곡창지대 호남도 왜(倭)의 수중에 떨어질 위기를 맞았다. 이때 강항은 남원성 일대에서 군량을 조달하는 종사관의 직책을 수행하고 있었는데, 호남의 전략적 방어기지였던 남원성마저 무너졌다. 강항은 의병을 모집하여 왜군을 저지하려고 했지만 역부족함을 깨닫고 의병을 해산한 뒤 삼군통제사로 다시 부임한 이순신 장군 휘하에 합류할 계획이었다.

그러나 불행하게도 1597년 9월 23일 강항은 왜군에 발각돼 포로가 되어 일본으로 끌려가게 되었다. 강항과 가족이 일본으로 가는 과정과 현지 포로 생활은 비참했다. 강항은 후일 "우리 형제의 자녀는 모두 6명이었으나 바다에서 죽은 자가 3명, 일본에서 죽은 자가 2명, 살아남은 자는 겨우 어린 여자아이 한 명뿐이었다"라고 기록했다. 1597년 10월 13일을 전후하여 시코쿠 에히메이현 오즈(大洲)성에 도착하고 1598년 5월 25일 1차 탈출을 결행하지만 곧바로 체포되었다. 1598년 7월 도요토미 히데요시가 사망한 것을 계기로 강항은 오즈성에서 오사카(大阪)로 옮겨지고, 1599년에는 교토 후시미(伏見)로 이주하였다.

《조선왕조실록》에서는 강항이 어떻게 왜군에게 붙잡혀 일본으로 끌려갔는가를 기록하고 있다. 강항이 일본에서 포로 생활을 하면서 선조에게 보낸 적중봉소(賊中封疎), 즉 적국에서 선조에게 보낸 상소문에 적힌 글이다. 강항은 조선을 침략한 왜군을 적(敵)이라는 단어 대신 도둑 적(賊)으로 표현했다. "신은 지난 정유년에 분호조 참판(分戶曹參判) 이광정(李光庭)의 낭청으로 있으면서 명나라 장수 양총병(楊摠兵)의 군량을 호남으로 운반하는 일을 맡았었습니다. 군량을 거의 모았는데 적의 선봉이 이미 남원에 박두하자 이광정 역시 서울로 떠났고 신은 순찰사의 종사관인 김상준(金尙寯)과 함께 여러 고을에 격문을 띄워 의병을 모집하였더니 나라를 생각하여 모인 자가 겨우 수백 명이었는데 그나마 자기 가족들을 생각하여 곧 해산하고 말았습니다. 신은 어쩔 수 없어 배에다 아비, 형, 아우, 처자를 싣고 서해를 따라 서쪽으로 올라갈 계획을 했지만, 뱃사공이 서툴러 제대로 배를 운항하지 못하다 보니 바다를 맴돌다가 갑자기 적선(賊船)을 만나게 되었습니다. 신은 벗어날 수가 없다는 것을 스스로 알아차리고 가족과 더불어 바닷물 속으로 뛰어들었는데, 배를 매어 두는 해안으로 물이 얕아 모두 왜놈들에게 사로잡히게 되었고 오직 신의 아비만이 딴 배를 탔기 때문에 동시에 사로잡혀 죽임을 당하는 것을 모면하였습니다."(선조실록 권 111, 선조 32년 4월 15일 갑자)

여기서 임진왜란과 정유재란 양란에 걸쳐 일본으로 끌려간 조선 피로인에 대해 살펴보자. 피로인(被虜人)은 전쟁에 참전한 군인이 포로가 된 경우와는 다르게 민간인이 적군에게 붙잡힌 경우를 말한다. 조선 피로인의 숫자는 정확히 알 수 없다. 일본학자는 2~3만으로 추정하면서 되도록 적게 추산하고, 한국학자는 10만에서 40만까지 추정한다. 조선인 포로가 집단 거주하는 섬이 있을 정도였다고 하니 얼마나 많은 포로가 끌려갔을까 싶다. 일본군이 조선인을 붙잡아 본국으로 끌고 간 이유는 대략 일곱 가지 정도다. 첫째, 전투 중 잡혀 끌려간 경우, 둘째, 전투지역에서 군량 수공·축성·잡역 등의 사역을 위한 경우, 셋째, 일본 내 부족한 노동력을 보충하기 위한 경우, 넷째, 도공 등 기술자의 납치, 다섯째, 여자와 어린아이 중 미모와 재능이 있는 경우, 여섯째, 전쟁 중 일본인에게 협력한 경우, 일곱째, 노예매매를 목적으로 한 경우 등 다양하다(한민족문화대백과사전).

일본은 조선에서 끌고 간 수많은 피로인을 해외 노예 무역상에게 팔았다. 노예를 사는 큰 손은 포르투갈 노예상이었는데, 과잉공급으로 마카오 노예시장의 시세가 예년의 6분의 1 수준으로 떨어지기도 했다. 수많은 조선 사람이 베트남, 태국, 인도, 유럽으로 헐값에 팔려나갔다. 이탈리아 상인 프란체스코 카를레티(1573~1636)는 《나의 세계 일주기》에서 "조선인 노예 5명을 12에스쿠도(포르투갈 화폐 단위)에 샀다"라고 썼다. 그때 흑인 노예 1명의 가격이 100에스쿠도였다고 하니 얼마나 헐값이었는지 알 수 있다. 조총 한 자루와 조선인 노예 40명을 교환할 수 있었다고도 한다(권경률, 2021).

강항은 국내보다 일본에서 더 알려졌다. 일본 황실의 공식 초청을 받은 백제 왕인이 일본에 논어와 천자문을 비롯하여 기술공예의 전수, 일본가요의 창시 등 일본의 아스카 문화의 꽃을 피우는 데 기여했다면, 강항은 일본에 성리학을 전하고 후학을 양성한 제2의 왕인 박사로 평가받는다. 저자는 세 가지 측면에서 강항이 남긴 유산과 교훈을 되짚어보고자 한다.

첫째, 강항은 언제나 우국충정의 조선인임을 잊지 않았다. 강항은 일본의 조선 침략과 그 침략으로 인한 전쟁의 참상을 누구보다 절박하게 경험하고 일본으로부터 침략을 방지하고자 했다. 그가 남긴 적중봉소, 즉 비록 적에게 사로잡힌 피로인의 신세지만 왜군의 동태를 기록하여 조선의 왕에게 보고한 것에서 알 수 있다. 그는 세 번에 걸쳐 보고서를 조선에 보냈는데 두 번째 보고서가 선조에게 전달되었다. 일본에 온 명나라 사신을 통해 선조에게 전달되었다. 강항이 1560년 조선에 귀환했을 때 선조도 강항의 우국충정을 높이 평가하여 그에게 관직을 내렸지만 사양하고 낙향하여 후학들을 양성하면서 학문에 전념했다.

둘째, 강항은 유학자로서 일본에 유학을 보급하는 데 크게 헌신했다. 그는 피로인의 신분이었지만 일본 성리학의 비조(鼻祖)가 되었을 뿐 아니라 후지와라 세이카(藤原惺窩, 1561-1619)에게 조선의 유교 문화를 전수하는 등 일본 유학의 기틀을 세우는데 커다란 족적을 남겼다. 후지와라는 강항의 도움으로 사서오경에 일본어 주석을 달아 유학을 널리 보급할 수 있었다. 후지와라를 일본 유학의 개조(開祖)라고 부르는 이유다. 후지와라의 제자 하야시 리잔(林羅山)은 학교를 세워 성리학을 본격적으로 교육하면서 일본의 교육문화를 확립하는데 실질적인 역할을 담당했다. 낭인 출신 나카에 토쥬(中江藤樹)는 사서오경(四書五經)을 접한 뒤 칼을 놓고 '무사의 유교화'에 힘을 쏟았다.

강항의 일본 후학은 서양 학문의 개념들을 동양적인 개념으로 흡수하여 실사구시형 성리학을 만들어냈다. 깊은 사유와 실천적 기질을 갖게 된 일본 학자들은 서양 학문이라 불리는 '난학(蘭學)'이 쉽게 일본에 뿌리내리도록 했다. 더 나아가 강항은 일본 근대화를 촉진하는 학문적, 사상적 틀을 제공했다. 여기서 꼭 짚고 가야 할 것은 후지와라의 제자 하야시는 일본 성리학의 대가로 꼽히지만 극우보수학자로 성리학을 포로 신분인 강항에게 배웠다는 것을 수치스럽게 여기고, 일본이 퇴계 이황의 학풍을 받아들여 일본 성리학을 발전시켰다는 논리를 펼쳤다. 또 하야시는 교토의 '코 무덤(鼻塚)'이 '야만스럽다'는 이유로 '귀 무덤(耳塚)'으로 부르자고 앞장섰다(정유진, 2019). 섬나라 일본 문화의 열등의식을 보여주는 장면이다. 문화적 열등의식은 오늘날 일본의 역사 왜곡으로 이어진다고 생각한다. 오늘날 일본 학계에서는 일본 유학의 계통을 〈이황 – 강항 – 후지와라 세이카 – 야마자키 안사이(山崎闇齋)〉로 본다.

셋째, 강항은 일본 현지에서 피로인으로서 겪었던 경험을 상세하게 기록하여 후세에《간양록(看羊錄)》을 전했다.《간양록》은 강항이 1597년 9월 일본에 포로로 잡혀가 1600년 5월 귀국하기까지 2년 7개월여 동안 겪었던 체험과 정보를 기록한 글이다.《간양록》은 전쟁포로 문학의 백미(白眉)로 평가받는다.《간양록》의 원래 책 이름은《건거록(巾車錄)》이다. '건거'란 천으로 가린 수레, 즉 죄인이 탄 수레의 기록을 일컫는다. 강항은 불가항력으로 전쟁에서 포로가 되었지만 자신은 어디까지나 임금의 뜻에 부응하지 못한 죄인이라고 생각한 것이다. 조선에 대한 변함 없는 우국충정의 충의와 절개를 간직한 강항다운 생각이다. 강항의 수제자인 동토(童土) 윤순거(1596–1668) 등 후학은 스승 강항이 세상을 떠난 뒤에《건거록》을《간양록》으로 바꿨다. 일본에서 강항이 지은 시에서 문자를 취해 책 이름을 바꾼 것이다. 전후 내용은 아래와 같다.

강항은 왜군에게 포로가 된 전라좌병영의 무관 이엽(李曄)이 일본의 회유를 뿌리치고 탈출을 시도하다 실패하자 자결하며 남긴 절명사(絕命詩)를 전해 들은 뒤 시를 지었다. 이엽은 원균이 대패한 칠천량 해전에서 왜군 장수 가토 기요마사(加藤淸正)에게 포로로 잡혀가 도요토미 히데요시(豊臣秀吉)로부터 극진한 대접을 받았지만 조금도 흔들리지 않았다고 한다. 이엽이 남긴 절명시다.

봄은 동녘에서 오는가 한(恨) 많은 봄이로세.
바람
너는 서녘으로 가느냐 맘만 들떠 바쁘구나.

새벽달

어버이 한숨 실은 새벽달일세

밤길도 더듬더듬 헤매신다지.

촉대(燭臺)로 새운 밤을 그 누가 알랴

그 누가 알랴.

아침 햇빛에 복받치는 새 설움을!

글방 옛터에 피고 진들 누가 알리

선영 뒷산에 잡초는 누가 뜯고.

삼한의 피를 받아 굵어진 이 뼈

어찌타 짐승놈(牛羊)들과 섞일 수가 있느냐! (이을호, 2015)

아래는 강항이 이엽의 절명시를 듣고 큰 감명을 받아 지은 시다. 이 시에서 영감을 얻은 강항의 제자들이 '간양(看羊)'이라는 말을 차용한 것으로 본다.

명의(名義)를 중히 여겨 글을 읽던 나다.

그래도 옳으니 그리니 시비도 많으리오.

요동학(遼東鶴)이란 웬 말 내게는 당찮아

바닷가 양떼를 치나니 죽지 못해 사는 거야. (이을호, 2015)

원래 '간양'이란 소무목양(蘇武牧羊), 즉 '소무가 양을 친다'라는 고사에서 비롯되었다. 중국 한나라 무제 때 소무는 北海(현재의 바이칼호) 근처 흉노에 사신으로 갔다가 흉노 왕의 항복 권유를 거부해 억류되어 양을 치는 노역을 하다 19년 만에 귀환했다. 이 고사는 이민족의 회유에 굴하지 않는 충절을 끄집어내기 위해 차용되어 왔다. 역사적 유래에 착안한 강항의 제자들은 스승 강항이 약 2년 8개월 동안 왜의 포로가 되었지만 온갖 회유에도 굴하지 않고 조국에 대한 애국과 충절을 실천했다는 의미로 스승의 책을 《간양록》으로 이름을 붙였다.

강항의 후학이 스승을 중국의 '소무'에 비유하기 전에 일본 사회에서 강항을 '오늘날의 소무(今蘇武)'로 평가하고 있었다. 조선은 일본과 국교를 재개하기 위한 사전답사 차원에서 사절단을 일본에 파견했는데 사절단 일행이 현지인들로부터 강항을 소무로 비유하는 이야기를 직접 들었다고 한다. 강항을 지조의 아이콘으로 여기는 '소무'에 비유하는 것은 결코 무리가 아니라는 이야기다. 그 대강의 연유는 이러하다.

1600년 세키가하라 전투(關原合戰)에서 도요토미의 추종세력을 물리친 도쿠가와 이에야스(德川家康)는 1603년 막부를 개창하였다. 도쿠가와는 조선과 국교회복을 하고자 1599년부터 23차례나 강화사절을 조선에 보내왔다. 일본이 전쟁 후 끈질기게 국교 재개를 시도했지만, 조선은 일본을 불구대천지원수로 생각하고 국교를 재개할 생각을 하지 않았다. 그러나 국제정세가 조선에 유리한 국면으로 전개되지 않았다. 명(明)은 전란의 후유증으로 쇠퇴해 가는 반면, 만주 여진족이 후금을 건설하여 명과 조선을 위협하는 새로운 정세가 전개되었다.

이에 조선은 시급한 현안으로 대두된 북쪽 변경의 안정을 위해서도 일본과의 평화적 관계가 필요하였다. 전란 중에 잡혀간 피로인을 쇄환하는 문제도 왕도정치(王道政治)를 표방하는 조선 정부로서는 명분상 소홀히 할 수 없는 문제였다. 조선에게는 남쪽 변방의 안정을 위한 일본과의 우호관계 유지, 새로 등장한 도쿠가와막부의 탐색 그리고 피로인 쇄환이 일본과의 국교 재개를 위한 실질적인 동기로 작용했다.

조선은 1604년 8월 사명대사 유정을 '탐적사(探賊使)'로 일본에 파견하였다. 조선이 성리학적 질서 밖에 있던 불교계를 차별하면서 그 지도자를 탐적사로 파견한 것도 역사의 아이러니다. 사명대사는 1605년 3월 후시미성에서 도쿠가와를 직접 만나 그의 강화 의사를 확인하였다. 그 후 조정에서는 일본에 먼저 국서(國書)를 보낼 것과 왕릉, 즉 선릉(宣陵: 성종의 능)과 정릉(靖陵: 중종의 능)을 범한 도적을 포박해 보내라는 두 가지의 조건을 제시하였다. 1606년 11월 일본에서 도쿠가와의 국서와 범릉적(犯陵賊)을 보내왔다(동북아역사넷). 대마도주 소 요시토시가 대마도의 잡범들을 범릉적으로 둔갑시켰고 가짜 국서를 만들어 조선에 보냈다. 도쿠가와 명의로 선조에게 보낸 국서의 내용이다. "전하가 일찍 사신을 파견하여 바다를 건너오게 허락하시어 이곳 60여 주의 인민으로 하여금 화호(和好)의 실상을 알게 하신다면 피차간에 크게 다행이겠습니다." 일본이 조선에 넓적 엎드린 모양새다. 가짜 국서였기에 가능한 일이다. 범릉적들은 조선의 혹독한 고문에 못 이겨 "저희 무리는 진실로 죽어 마땅하나, 처음에 만약 도주가 속여서 보내는 것을 알았다면 비록 배를 갈라 죽더라도 어찌 나올 리가 있었겠습니까?"라고 실토했다. 선조는 국서와 범릉적 모두 가짜라고 의심했지만 "대마도의 왜인이면 누군들 우리나라의 적이 아니겠는가. 도주가 이미 포박하여 바쳤으니, 길거리에서 효수(梟首)하라"고 명했다(선조수정실록 40권, 선조 39년 11

월 1일 병인 1번째 기사).

조선에서는 국교 재개를 결정하고 1607년 '회답겸쇄환사(回答兼刷還使)'를 파견하고, 1609년에는 교린 체제의 실질적인 내용을 담보하는 기유약조(己酉約條)를 체결하였다. 회답겸쇄환사는 도쿠가와막부의 국서에 회답서를 보내고 피로인의 쇄환을 촉구하는 사절단이라는 뜻이다. 국교 재개기에 3차에 걸쳐 파견되었던 회답겸쇄환사는 1617년(광해군 9년)과 1624년(인조 2년) 두 차례 더 파견되었다. (조선은 1607년부터 1811년까지 3번의 회답겸쇄환사와 9번의 통신사 등 일본에 총 12번 사절단을 파견했다. 초기 사절단은 쇄환, 즉 포로 송환이 주 임무였으나 후기에는 일본 막부 인정 등 다양한 명분으로 통신사를 파견했다.)

1607년 조선 국왕의 국서에는 "조선은 일본과 2백 년 동안 교린을 지속해 왔음에도 임진년에 무고한 군사를 움직여 지극한 참화를 일으켰다. 특히 선조(先祖)의 능을 파혜친 것은 우리로서는 뼈에 사무칠 정도로 통한할 일이다. 의리로 말하자면 하늘을 같이 이고 살 수 없는 원수이다. (중략) 그러나 귀국이 구례(舊禮)를 회복하고 전대(前代)의 잘못을 고치려고 하면서 먼저 국서를 보내 교류하고자 하였다. 만약 그렇다고 한다면 어찌 양국 생령(生靈)의 복이 아니겠느냐. 이에 사신을 보내 그 뜻에 화답하고자 한다"라고 하면서 일본의 전쟁 책임을 명시하였다(동북아역사넷). 1607년 5월 제1차 회답겸쇄환사가 일본으로 파견되었는데 일본에서 사절단 일행은 강항에 대한 일본 사회의 평판을 직접 전해 들었다. 사절단은 조선에 귀국하여, 일본에서는 강항을 적의 포로가 되어서도 절개를 굽히지 않았던 중국 한나라 무장 소무(蘇武)에 비유하여 '금소무(今蘇武)', 즉 '오늘날의 소무'라고 칭송하고 있음을 조정에 전했다. 조선 조정에서는 강항에 대한 포상을 위해 노력했지만 당파 간의 알력으로 실현되지 못했다고 한다(박맹수, 2010).

강항이 남긴 《간양록》을 구체적으로 살펴보자. 1658년 후학들에 의해 편찬된 《수은집》은 4권 4책 목판본이다. 《간양록》은 수은집의 4권에 수록되어 있다. 《간양록》에는 적국에서 임금께 올리는 글인 '적중봉소(賊中封疏)', 일본의 지리와 풍물을 보고한 '왜국팔도육십육주도(倭國八道六十六州圖)', 포로들에게 알리는 격문인 '고부인격(告俘人檄)', 승정원에 나아가 여쭌 글을 정리한 '예승정원계사(詣承政院啓辭)', 환란 생활을 기록한 '섭란사적(涉亂事迹)' 그리고 제자 윤순거가 쓴 '발문' 등이 실려 있다. 적중봉소, 팔도육십육주도 그리고 고부인격은 수은이 일본에서 조선조정으로 몰래 보낸 글들이다. 간행록에 실린 목차를 좀 더 구체적으로 살펴보자.

먼저, '적중봉소'는 일종의 적정보고서(敵情報告書)다. 전쟁 중인 일본 내부의 사정과 왜 장수들에 대한 인적사항 등이 담겨 있다. '팔도육십육주도'는 일본 지도로서 일본의 지리와 풍물이 적혀있다. '고부인격'은 당시 포로 생활을 하고 있던 조선인들을 위무하기 위해 쓴 글이다. '예승정원계사'와 '섭란사적'은 조선으로 귀국한 뒤 쓴 글이다. '예승정원계사'는 강항이 귀국 후 승정원에 올린 글이다. 선조를 만나 피랍 및 귀국 전후의 사정을 알린 것을 포함해 일본에서의 생활, 일본의 사정 등을 자세히 기록했다. '섭란사적'은 적국에서의 환란 생활에 대해 적은 것이다. 《간양록》에는 16세기 말에서 17세기 초 일본의 다양한 사정과 현실을 기록하고 장차 국방을 비롯한 조선의 국가 정책에 관한 강항의 견해가 들어있다. 일제강점기에 일본 경찰은 강항과 관련된 수많은 책과 자료를 모두 불태워버렸다. 군국주의 일본 그것도 조선에 대한 문화적, 사상적 열등감을 가지고 있는 자신들의 치부를 드러낸 책들을 가만히 놔둘 리가 없었을 것이다. 《간양록》에 실린 '귀국하여 임금께 올린 글'을 간략히 소개하여 본다.

> 전하께서는 장수 하나를 내실 때에도 신중히 생각하셔서 문관이든 무관이든 국한하지 마시고, 품계와 격식으로 예를 삼지도 마시고, 고루한 신의와 사소한 덕행도 묻지 마시고, 이름난 가문을 택하지도 마소서.

통상을 중시하여 대외 교역이 활발한 일본의 사정을 다음과 같이 전하기도 한다. "왜인들의 성질이 신기한 것을 좋아하고 다른 나라와 통교하는 것을 좋아하여 멀리 떨어진 외국과 통상하는 것을 훌륭한 일로 여깁니다. 외국 상선이 와도 반드시 사신 행차라고 합니다. 교토에서는 남만(南蠻) 사신이 왔다고 왁자하게 전하는 소리를 거의 날마다 들을 수 있으니, 나라 안이 떠들썩한 이야깃거리로 삼습니다. (중략) 먼 데서 온 외국인을 왜졸(倭卒)이 해치기라도 하면 그들과의 통교가 끊어질까 염려하여 반드시 가해자의 삼족을 멸한다고 합니다. 천축(天竺, 오늘날의 인도) 같은 나라도 매우 멀지만 왜들의 내왕이 끊임이 없습니다."

강항은 다양한 방법으로 전쟁의 참화와 일본에서 피로인으로서 보고 느꼈던 경험담과 교훈을 국왕에게 보고하거나 그의 견해를 밝혔다. 《간양록》에는 국가의 인재 등용과 외국과의 통상 관계에서도 두루 도움이 될 만한 내용으로 가득 차 있다. 강항이 일본에서 포로 생활 중 쓴 글과 조선에 귀국하여 쓴 글은 이후 조선의 대일본 외교전략 수립에 중요한 자료가 되었음은 두말할 필요가 없을 것이다.

오늘날 일본에서는 강항에 대한 추앙과 선양 사업이 활발하게 진행되고 있다. 일본 아사히신문은 1980년 9월 1일 자에서 〈한국과 일본을 이은 유자(儒者) 강항(姜沆)의 유적을 찾다〉라는 제목의 기사를 보도했고, 1989년 2월 23일 〈NHK〉는 45분짜리 다큐멘터리 "유자(儒者) 강항과 일본"을 방영했다. 1990년, 강항이 억류 생활을 했던 일본 시코쿠 에히메현 오즈시 중심가 시민회관 앞에 '홍유 강항 현창비(鴻儒姜沆顯彰碑)'를 세우고, 현창비 옆의 안내문에는 '일본 주자학의 아버지, 유학자 강항'이라고 표기했다. 매년 6월 7일에는 강항의 기일에 맞춰 '수은 강항 선생 위령제'를 지낸다. 일본 효고현(兵庫縣)에 있는 류노(龍野) 성주 아카마쓰 히로마치 기념비에도 그의 이름이 새겨져 있다.

강항의 후손과 학자들도 강항을 기리는 선양 사업을 추진하고 있다. 강항 현창사업회와 연구회도 꾸려져 있다. 강항의 고향 영광군과 강항이 포로 생활을 했던 오즈시는 2001년부터 자매 관계를 맺고 교류하고 있다. 오즈시 초등학교 교과서 부교재에는 강항을 '일본 성리학의 아버지'로 소개하고 있다. 국내에서는 '수은 강항 선생 기념사업'을 중심으로 매년 영광군 내산서원(內山書院)에서 '수은 강항 선생 추향제'를 봉향하고, 국제학술세미나도 개최한다. 2019년에는 일본 교토에서 국제학술세미나를 개최한 바 있다.

국회도서관 검색창에 '수은 강항'을 입력하면 학위논문 4편, 도서자료 8편, 연속간행물 15편을 알려준다. 《간양록》을 입력하면 학위논문 1편, 도서자료 18편, 연속간행물 43편으로 나타난다. 강항 또는 《간양록》에 대한 연구는 주로 2000년대 이후에 이루어진 것으로 보인다. 앞으로 강항이 남긴 유산에 대해 더 활발한 연구가 이루어지길 기대하게 된다.

조선의 선비가 갖춰야 할 세 가지 덕목에는 도학, 절의, 문장을 꼽는다. 도학은 배운 공부를 실천에 옮기는 지행일치(知行一致)를 중시한 참 지식인이다. 절의는 개인의 이익보다 정의를 생각하며 행동하고 살아가는 것이다. 문장은 자신의 철학과 경험을 후세에 글로 남기는 것이다. 오늘날 강항은 전쟁이라는 참화 속에서도 세 가지 선비의 덕목을 실천에 옮겨 지조와 절개를 지킨 유학자로 칭송받고 있다. 강항에 대한 평가는 백제의 왕인 박사 이후 일본에 학문과 문화를 전파한 조선의 문인에 머물지 않는다. 강항이 전쟁 포로 신분으로 척박하고 고통스러운 환경에서 조선 유학자로서 충절과 품위를 지키면서 조선의 학문과 정신문화를 일본에 보급, 전파한 업적은 높이 평가받아야 할 것이다. 강항은 자신의 호(號) 수은(睡隱)이 의미하는 것처럼 드러내지 않고 조용히 조선 선비의 기상을 대내외적으로 높이 드높였다.

오늘날 우리나라와 일본은 지리적으로는 가깝지만 정서적으로 먼 나라가 되고 말았다. 이런 원인을 제공한 것은 일본이 역사에 진실하지 못할 뿐 아니라 더 나아가 엄연한 역사적 사실을 왜곡 또는 변질하는 부끄러운 짓을 일삼기 때문이다. 오늘날 강항이 일본 유학사에서 차지하는 위상을 인정하고 그를 유학의 조상으로 선양하는 일본인이 있다. 우리나라가 일본의 문화에 기여한 바가 어디 강항의 유학 전수뿐이겠는가.

일본이 우리나라와 진정한 이웃이 되려면 있었던 역사를 그대로 인정하는 것에서 시작한다는 것은 삼척동자도 아는 이치다. 일본은 역사를 겸허하게 직시하면서 사실(史實)을 인정하고 받아들여야 한다. 정직이 최상의 정책이다. 진실한 용서는 피해자가 가해자에게 "그만하라고 할 때까지" 해야 한다고 하지 않던가. 일본 총리를 지낸 하토야마 유키오(鳩山由紀夫) 전 총리가 한 말이다. 적국에서 일본에 선진 학문을 전해주고 일본이 근대화로 나아가는 데 필요한 정신적 토대를 마련해준 조선 선비 강항의 학덕(學德)과 기상은 오늘날 난마처럼 얽힌 한국과 일본의 관계에도 시사하는 바가 크다 할 것이다.

저자는 강항에 대해 공부하면서 일본 여행 계획을 세웠다. 강항이 포로로 잡혀간 동선과 그가 남긴 유산을 탐방하기 위해서다. (사)강항 선생 기념사업회에서 탐방을 기획한다. 강항이 일본의 시코쿠 에히메이현 오즈시, 오사카, 교토 후시미에 남긴 그의 유산의 흔적을 좇아갈 날을 기다린다. 저자에게는 인문의 동선을 좇아가는 뜻깊은 여행이 될 것이다.

📖 이을호. (2015). 《국역 간양록》. 파주: 한국학술정보(주).

김경옥. (2010). 〈수은 강항의 생애와 저술활동〉. 《도서문화》 제35집.

박맹수. (2010). 〈수은 강항이 일본 주자학 발전에 끼친 영향〉. 《도서문화》 제35집.

김명섭. (2023). 《조선일보》. 〈진짜 전쟁 막지 못한 가짜 평화 … 임란 이후 호란 시작됐다〉. 6월 22일.

권경률. (2021). 《월간중앙》. 〈왜란·호란으로 생이별 수난, 조선 민초들 극복사〉. 10월 17일.

김준태. (2019). 《중앙일보》. 〈치욕적 왜군 포로의 삶, 강항이 한 죽음보다 중요한 일〉. 2월 13일.

남성숙. (2013). 《광주매일신문》. 〈임란 포로로 끌려가 日에 유학 전파 '제2의 왕인박사'〉. 7월 19일.

소정현. (2021). 《해피우먼 전북》. 〈일본에 성리학을 전수해 준 '강항 선생'(상편)〉. 4월 28일.

정유진. (2019). 《남도일보》. 〈수은 강항 선생의 간양록과 韓·日 선양 사업〉. 6월 2일.

〈선조수정실록〉 40권, 선조 39년 11월 1일 병인 1번째 기사

〈간양록〉. (1980). 드라마.

〈간양록〉. (2021). 다큐멘터리.

〈임란포로 '진주시마'의 후예들〉. (2021). 다큐멘터리.

〈일본의 정권 교체와 조·일 국교 재개〉. 동북아역사넷.

〈임진왜란피로인(壬辰倭亂捕虜人)〉. 한국민족문화대백과사전.

〈사단법인 수은 강항 선생 기념사업회 설립취지문〉

미처 몰랐습니다

③ 파란 눈의 성자(聖者), 리처드 위트컴 장군

저자는 《현대인의 인문학》(고려대 출판문화원)에서 한국인보다 한국을 더 사랑한 미국인 호머 B. 헐버트 박사에 대해 글을 썼다. 자신의 조국보다 다른 나라를 더 사랑하는 사람은 마치 낳지 않은 자식을 더 사랑하는 사람에 비유할 수 있을 것이다. 헐버트 박사는 우리나라 최초의 관립학교인 육영공원(育英公院)의 교사로 방한한 이후 일본 제국주의의 조선 강제병합과 식민통치에 대한 불법과 폭력을 세계에 알리는 데 커다란 역할을 했다. 헐버트가 붓으로 일제 식민지의 부당성을 세계만방에 호소하는 데 헌신했다면, 여기 '파란 눈의 성자(聖者)'로 불린 미국 군인은 우리나라가 전쟁으로 폐허가 되었을 때 인도주의와 인류애를 실천하여 전후 복구에 커다란 기여를 했다.

리차드 S. 위트컴(1894~1982) 장군. 위트컴 장군은 와이오밍대학 ROTC 출신으로 1916년 미군에 입대해 1954년 준장으로 퇴역했다. 그는 제1차, 제2차 세계대전에 참전했고, 1952년 한국에 부임해 부산 미 2군수기지 사령부 사령관으로 복무했다. 퇴역 후에도 미국으로 돌아가지 않고 전후 복구와 전쟁고아를 위해 헌신했다.

　우리나라 정부는 2022년 11월 11일 위트컴 장군에게 그가 서거한 지 40년 만에 국민훈장 1등급인 무궁화장을 추서했다. 늦어도 한참 늦었다. 11월 11일은 우리나라에 특별한 날이다. 매년 11월 11일 11시, 전 세계에서 한국전쟁에 참전했던 참전 용사는 '유엔기념묘지'가 있는 부산을 향하여 1분간 묵념을 하는 의식(Turn Toward Busan)을 거행한다. 숫자 일곱 개는 추모로 하나가 된다는 의미를 담고 있다. 이 의식은 2007년 캐나다 참전 용사의 제안으로 시행되다 2008년부터는 정부 행사로 격상되었다. 한국전쟁에 유엔군의 이름으로 참전하여 자유와 평화를 수호하다 산화한 전우들을 향한 감사와 존경의 표시이다. 이제 국제적인 행사가 되었다. 세계적으로 유엔기념묘지가 있는 곳은 우리나라 부산이 유일하다.

　우리나라 제2의 도시 부산의 이야기를 해보자. 1953년 7월, 휴전으로 부산에 모여든 피란민들의 귀향이 증가하기는 했지만 부산에 남은 피란민과 새로 이주해 온 유랑민들로 부산의 인구는 증가하였다. 정부와 부산시는 전쟁 중에 무질서한 주택 문제와 도시 정비를 위해 판잣집 철거를 꾸준히 추진했으나 부실한 대책 때문에 성과를 거두지 못하였다. 화재의 위험은 전쟁이 끝나도 없어지지 않았다. 11월 27일 부산역전 대화재가 발생했다. 오후 8시 20분경 당시 방에서 난롯불 부주의로 발생한 화염은 시속 11.8㎞ 강풍으로 순식간에 확대되었다. 14시간에 걸친 화마는 부산역전을 중심으로 번화가의 주요 건물 및 민가 등 약 1,250호를 태우고 다음 날 오전 10시 20분에 완전 진화되었다. 이 화재로 주택 3,132채가 완전히 소실되었고, 사상자 29명, 이재민 6,000여

세대 3만여 명이 발생하였다. 피해액은 총 2,000억 환으로 추산되었다. 부산역, 부산우체국, 미군후방기지 사령부 등 중요 시설이 사라졌다(부산문화역사대전 참조).

　그때 부산 제2군수기지 사령관이었던 위트컴 장군은 상부의 승인을 받지 않고 군수창고를 개방하여 3만여 명의 이재민에게 식량을 비롯해 의류, 침구류, 천막 등 군수물자를 긴급 지원했다. 위트컴이 아무리 사령관이라고 해도 군인은 위계질서가 정해져 있고 정해진 임무 내에서 재량권을 행사할 수 있다. 필요한 경우에는 상부의 승인을 받고 행동해야 하는 군의 성격을 볼 때 권한 남용이 아닐 수 없다. 군사재판에 회부돼 미국 의회 청문회에 소환된 위트컴 장군은 추궁을 받는 과정에서 유명한 어록을 남긴다. "전쟁은 총칼로만 하는 것이 아니다. 그 나라 국민을 위하는 것이 진정한 승리다." 이 말을 들은 의원들은 오히려 장군에게 기립 박수를 보냈다고 한다. 위트컴은 의로운 일을 했지만 그 책임을 면할 수 없어 전역하게 됐다.

　위트컴 장군이 우리나라에 부임한 것은 천우신조였다. 그는 한국 재건과 부흥 원조에 제격이었다. 그는 폐허가 된 한국 재건을 원조할 목적으로 한미재단을 주도적으로 만들었고 전쟁고아를 위해 보육원을 설립하고 후원했다. 진료소 수준의 '메리놀 수녀의원'이 종합병원으로 거듭날 때 병원 신축이 공사비 부족으로 어려움을 겪자 미군 장병에게 월급의 1%를 공사비로 기부하게 해서 공사에 도움을 주었으며 한국 국민이 전쟁의 상처를 빨리 치유하도록 교육 및 의료사업에 막대한 지원을 하였다. 이외에도 이재민 주택 건설, 도로 건설, 의료시설 건립 등을 지원하고 부산대를 비롯한 각급 학교 설립을 도와 한국과 부산을 재건했다. 그가 전쟁고아와 피란민을 치료할 병원을 짓기 위해 한복을 입고 모금 운동을 벌인 것은 영원히 잊을 수 없는 장면이 아닐 수 없다. 한국인도 아닌 외국 군인이 이렇게 하기란 정말 어려운 일이다.

1954년 1월 미국 시사 화보 잡지 〈라이프〉도 위트컴 장군이 한복을 입고 모금 운동을 한다는 소식을 실었다. 미 군사령관이 한복을 입고 갓을 쓰고 거리를 활보하는 모습이 상당히 이색적인 풍경이었나 보다. 그때 잡지에 실린 기사의 일부를 옮겨 본다.

> 전쟁으로 피해를 입은 부산항에서 미군이 병원과 6개 진료소를 위한 기금을 마련하기 위해 카니발을 열었을 때, 리처드 S. 휘트콤은 한국 신사의 옷(허리띠를 묶은 하얀 가운을 걸치고 비행접시 챙이 달린 테이퍼링 연통모자를 쓴 선비의 옷)을 입고 나타나서 모금 활동을 했다.

1954년 퇴역한 위트컴 장군은 한국에 남았다. 그는 마치 한국을 위해 태어난 사람처럼 돌아갈 조국과 고향이 있었음에도 가지 않았다. 위트컴은 전쟁고아를 위해 함께 활동하던 한묘숙 여사와 1963년 결혼해 전쟁고아 돕기와 미군 유해 발굴을 위해 평생을 헌신했다. 이로 인해 그에게는 '전쟁고아의 아버지', '한국인보다 더 한국을 사랑한' 등의 수식어가 생겼다. 장군은 한국전쟁 중 북한의 장진호(長津湖) 전투에서 숨진 미군의 유해를 찾아 고국으로 돌려보내는 것을 마지막 임무로 생각했다. 미군 장군으로서 그가 스스로에게 했던 약속이었다. 한 여사는 "위트컴 장군이 그런 약속을 한 이유가 있느냐"는 인터뷰 질문에 대해

"장군이라면 다들 그렇게 생각하고 있을 것이다"라고 말했다. 위트컴 장군은 전쟁으로 부하를 잃을 수 있지만 전사자의 유해를 수습하지 못하는 것에 대한 죄책감이 유달리 컸었지 않았나 싶다.

장진호 전투. 장진호 전투는 미군이나 한국군이나 잊고 싶어도 잊을 수 없는 전투일 것이다. 1950년 겨울 영하 40도가 넘는 혹한의 상황에서 미 해병대와 중공군 간에 벌어진 18일간의 전투다. 얼마나 추웠으면 총기가 얼어 작동이 불가할 정도였다. 미군에게 장진호는 미군 전쟁사에서 가장 끔찍했던 후퇴의 기록으로 남아있다(장진호 전투는 '전투'보다는 '후퇴'라는 표현이 더 적절할지 모른다. 얼마나 침착하게 사상사를 최소화하면서 빠져나오느냐가 관건이었다). 이 전투로 함경남도 개마고원 일대 장진호에 주둔했던 미 해병 제1사단 1만여 명 중 절반 이상이 전사한 것으로 알려졌다. 그해 10월 한국전 참전을 선언한 중공군은 11월 말 미 해병대의 압록강 진출을 막기 위해 장진호에 7개 사단 12만여 명을 투입했다. 그때 미군은 사상자를 놔둔 채 생존 병사들만 탈출하기에도 급급했다(이상돈, 2014). 얼마나 처절한 전투였으면 전쟁 중인 1952년 7월 미국에서 영화 〈Retreat, Hell!〉로 제작되었을까 싶다.

위트컴은 1982년 서거하기 전까지 사비를 들여 유해 송환을 위해 엄청난 노력을 했다. 주로 부인인 한 여사가 홍콩, 중국, 북한을 드나들면서 장진호 전투 사망자 유해를 송환하려고 했다. 그러나 결코 쉽지 않은 일이었고 그동안 100만 달러 이상의 사비를 썼지만, 민간 차원에서의 유해 송환 노력은 결실을 보지 못했다. 한 여사의 인터뷰 내용이다. "북과 인접한 중국 땅에서 탈북자나 조선족 상대로 미군 유해에서 나오는 도그택(군번줄)을 수집하기 시작했다. 군번줄을 가져오면 하나에

1000달러, 혹은 500달러를 줬다. 그렇게 확보한 군번줄이 지금까지 300개가 넘는다. 그러나 진짜는 하나도 없다. 돈을 노리고 위조된 것들이다. 간혹 미군의 유해라며 뼈를 들고 오는 이들도 있었다. 그 역시 확인해 보면 소뼈다귀들이었다."(김남중, 2009) 물질에 눈이 멀어 물불을 가리지 않고 인도주의의 숭고한 뜻을 짓밟는 몰(沒)인간성을 보는 것 같아 안타까울 뿐이다. 언젠가는 위트컴 부부의 노력이 결실을 볼 날이 있을 것이다.

2022년은 한·미수교 140주년이면서 위트컴 장군 서거 40주년을 맞는 해였다. 장군이 영면에 들어가신 지 사십 성상이 지났다. 부산시는 2022년 11월부터 2023년 11월까지 유엔평화공원에 위트컴 장군의 조형물 건립을 위한 시민 성금 모금 운동을 시작했다. 기업인의 거금도 마다하고 부산 시민의 성금만으로 비용을 마련한다고 한다. 많이 늦었지만 한국 정부와 한국인이 장군을 잊지 않고 그의 공적을 새롭게 조명하고 그가 대한민국에 기여한 헌신과 희생을 높이 기리고 추모할 수 있어 다행이다.

위트컴 장군이 부산역전 대화재로 발생한 이재민들을 위해 군수창고를 열고 그들을 구호했다는 이야기를 듣고 조선 제주의 거상 김만덕(金萬德, 1739~1812)이 떠올랐다. 김만덕은 조선 정조 대 제주도에 극심한 흉년이 들었을 때 자신의 전 재산으로 육지의 곡식을 구매하여 백성들을 구휼하였다. 다른 점이 있다면 장군은 국가재산을 민간에 개방하였지만, 김만덕은 사유재산을 백성을 위해 내놓았다. 그들의 행동은 인도주의와 인류애라는 거창한 용어를 사용할 필요도 없는 숭고한 인간미가 아닐 수 없다. 1840년 제주에 유배 중이던 추사 김정희는 김만덕의 양자 김종주(金鍾周)에게 '은혜의 빛이 온 세상에 퍼졌다'라는 뜻의 '은광연세(恩光衍世)'라는 편액을 써서 주었다. 추사의 은광연세는 대한민국 정부가 리처드 S. 위트컴 장군에게 추서한 무궁화훈장이라고 할 것이다.

📖 염철현. (2022). 《인문의 눈으로 세상을 보다》. 서울: 박영스토리.

　국가보훈처. (2022). 《대한민국정책브리핑》. 〈고 리차드 위트컴 장군, 국민훈장 무궁화장 추서〉. 11월 8일.

　김남중. (2009). 《국민일보》. 〈위트컴희망재단 한묘숙 이사장〉. 7월 16일.

　김태훈. (2022). 《조선일보》. 〈[만물상] '파란 눈의 聖者' 위트컴 장군〉. 11월 17일.

　김황식. (2023). 《조선일보》. 〈전쟁은 총칼로만 하는 것이 아니다〉. 6월 3일.

　오상준. (2022). 《국제신문》. 〈[우리가 꼭 알아야 할 위트컴 장군] 장군의 유언〉. 11월 20일.

　_____. (2022). 《국제신문》. 〈[우리가 꼭 알아야 할 위트컴 장군] 한복 차림으로 시내 활보한 이유는〉. 11월 16일.

　〈재한유엔기념공원〉. https://www.unmck.or.kr/kor/main/

　〈김만덕〉. 한국민족문화대백과사전.

학습예찬
인간은 학습동물이다

요즘 지방자치단체 평생학습관에서는 지역 학습동아리를 대상으로 시 짓기, 그림 그리기 등 문예백일장을 열어 시상을 하고 성인학습자들을 격려한다. 관(官)에서 학습자의 노력에 대한 인정은 물론 성과를 확인하는 자리다. 가끔 늦깎이 학습자들의 백일장에 심사위원으로 참여할 때가 있다. 출품작들은 주로 70대 이상 할머니가 한글을 배운 뒤에 쓴 글이 대부분이다(지역 평생학습관에서 운영하는 문해교육프로그램 참여자 대부분은 할머니들인데, 이는 전통 사회에서 여성이 교육받을 기회가 남성보다 적었던 결과라고 생각한다). 글을 깨치고 문맹에서 벗어나 누군가에 글을 쓸 때의 그 감정은 얼마나 복받치겠는가. 할머니가 이미 세상을 떠난 할아버지에게 쓴 편지글을 소개한다.

영감, 제가 글을 배워서 이렇게 당신에게 글을 쓰게 됩니다. 당신이 있을 때 글을 알았더라면 얼마나 좋았을까요. 이제는 은행에서 돈도 찾을 수 있고 손주들이 보낸 편지도 읽을 수 있어요. 저도 곧

갈 테니까 조금만 참고 계세요.

배우는 기쁨을 진솔하게 쓴 시 편지도 있다.

당신은 모르지?
우리 집 영감이
다 늙어서 무슨 공부냐고 한다.
이 재밌는 걸
당신은 모르겠지?
아무렴 알 수가 없지…
농사일에 밭일하며
밤늦게 공부하는 지금이 제일로
행복하다.
받아쓰기 틀려도
공부하러 학교 가는 날이
제일로 즐겁다.

배움의 한(恨)을 즐거움으로 승화시킨 시를 감상해보자.

왜 못 배웠을까?
우리 부모님은
왜 공부를 시키지 않았을까?
나라가 어려워서?
집안이 어려워서?

여자라서?

가슴에 한이 되고 원망도 했다.

그러나 지금은 아니다.

늦었지만,

배운다는 게 이리 즐겁다는 것을 아니까.

저자는 이런 글을 읽으면 감정이입이 되어 나도 모르게 눈물이 난다. 누가 봐도 감성을 울리는 내용이다. 글을 늦게 배운 것에 대한 원망 섞인 할머니의 글도 있다. "여보, 살았을 때에 왜 저에게 글을 가르쳐 주지 않았는지 모르겠어요. 문맹(文盲)으로 한평생을 살다 복지관에서 글을 배우니 이렇게 좋은 데 말이에요. 당신이 살아생전에 글을 알았다면 당신에게 편지도 자주 썼을 텐데…"

매년 2월이 되면 70, 80세 늦깎이 만학도의 중·고등학교 졸업식 소식이 들려온다. 인간극장의 주인공이다. 81세 할머니가 고등학교 졸업식에서 "한글을 잘 모르던 내가 한 자 한 자 읽고 쓰게 되며 세상이 달라졌다. 지금도 책가방 속에 늘 영어 단어장과 한문책을 가지고 다니며 공부를 하는데 앞으로도 매일 도전하며 살 것이다"라고 소감을 밝혔다. 저자와 가깝게 지내는 지인의 모친(95세)은 신안 우이도에서 초등학교도 제대로 다니지 못한 채 남 어깨너머로 글을 배웠지만, 지금은 목포에 사는 아들이 보내준 셜록 홈스 시리즈 등의 탐정소설은 물론이고 우리나라 문학작품 등도 애독하고 계신다. 얼마 전 큰 수술을 앞둔 큰딸에게 보낸 짧은 편지는 가슴을 울컥하게 만든다. "사랑한다. 내 딸 걱적(걱정)말아. 너은(너는) 엄마 나이까지 산다. 힘내라." 한글의 오타나

문법을 따질 일이 아니다. 자식에 대한 애틋한 감정을 글로 표현하여 보낸 엄마의 마음을 봐라. 위대한 어머니의 위대한 글이다.

우리를 감동시키는 깜짝 놀랄만한 사실이 있다. 만학도 어머니들의 손끝에서 나온 글씨가 '칠곡할매글꼴'로 지정되었다. '칠곡할매글꼴'은 '권안자체' '추유을체' '이종희체' '김영분체' '이원순체' 등 경북 칠곡군의 한글교실에서 글씨를 배운 할머니들의 이름이 붙은 다섯 가지 유형의 글씨체다. 소프트웨어 업체인 한글과컴퓨터는 한컴오피스에 '칠곡할매체'를 탑재했다. 칠곡군과 경북 지역에서는 현수막, 팸플릿, 명함을 제작할 때 '칠곡할매체'를 널리 활용한다. '권안자체'는 대통령의 신년 연하장에도 쓰였다.

배움의 문(門)은 중등교육뿐 아니라 고등교육에도 활짝 열려있다. 우리나라에서도 2001년 인터넷에 기반한 사이버대학이 출범하여 만학도에게 고등교육의 기회를 제공하고 있다. 전쟁으로 공부를 중도 포기해야 했던 사람들, 큰아들 또는 큰딸이라는 이유로 대학 진학의 기회를 동생에게 양보하였거나, 학비가 없어 취업을 하는 바람에 대학 진학을 포기했던 만학도가 배움의 한(恨)을 품고 살다 대학의 문을 두드린다. 요즘엔 고령사회를 맞이하여 자아실현을 위한 기회를 갖기 위해서도 다시 대학에 입학하는 경우가 많다. 사이버대학 재학생 중 대졸자가 40, 50%를 차지한다. 과거에는 5, 60대에 은퇴한 뒤 10, 20년을 살면 평균 기대수명이었지만, 지금은 30, 40년을 더 살게 되니 학교로 돌아와 인생의 기회를 다시 찾는 것이다. 그야말로 현대인은 한창 배우는 과정에 있는 청소년이든 이미 학교를 마친 기성세대든 간에 학습으로 삶의 의미를 다채롭게 만들고 있다.

일본에서 다독(多讀)으로 유명한 다치바나 다카시는 "인간의 가장 원초적인 본능은 알려는 것이다"라고 주장한다. 아리스토텔레스도 "인간 존재의 근본을 만드는 것은 바로 독서이다"라고 말했다. 우리말에도 '책을 손에서 놓지 않는다'라는 말이 있다. "아는 것이 힘이다"라고 설파했던 프랜시스 베이컨(Francis Bacon)은 "독서는 인간을 완전하게 만들고, 토론은 인간을 부드럽게 만들고, 글쓰기는 인간을 정확하게 만든다"라고 했다. 알려는 것은 인간의 원초적 본능이고 인간은 독서를 통해 완전한 인간으로 탄생하는 것이다.

남을 가르치는 선생은 남보다 먼저 책을 읽고 깨닫는 사람이다. 남을 가르치기 위해서는 먼저 독서하고 그 책에 담긴 의미를 완전히 소화하여 학습자에게 제대로 전달해야 한다. 저자의 책상과 가방 속에는 항상 읽어야 할 책들이 있다. 물론 맛만 보는 책도 있고, 삼키기 위한 책도 있으며, 씹고 완전히 소화하기 위한 책도 있다. 먼저 읽고 깨우치고자 하는 인간적인 노력을 한다. 간혹 전철에서 책장을 펴놓은 채 자는 사람의 모습을 보게 되는데 이 세상에서 가장 아름다운 모습을 보는 것 같다.

일찍이 독일의 철학자 임마누엘 칸트(Immanuel Kant)는 "인간은 학습동물이다"라고 명명했다. 공자도 논어의 학이편에서 "배우고 때때로 익히면 또한 즐겁지 아니한가"라고 말하면서 배움과 익힘의 즐거움에 대해 강조했다. 인간을 학습동물로 정의 내린 것은 탁월한 인간에 대한 성찰이다.

저자는 학습을 여행으로 비유하고 학교나 학원과 같은 교육기관을 학습정원(learning garden)으로 비유한다. 여행과 학습은 보고 듣고 느끼면서 배운다는 점에서 공통점이 있다. 여행의 과정은 당장은 피곤하고 귀찮은 점이 있는 것도 사실이다. 여행의 진가는 시간이 한참 지난 후에 발휘된다. 마치 시간이 지날수록 묵은 김치의 맛처럼 여행의 의미가 점점 커지게 된다. 학습도 마찬가지다. 학습의 과정은 힘들고 지치지만 시간이 지나면서 혈관을 타고 온몸으로 퍼져나가 지적 자양분이 된다. 그래서 공부란 즐거운 고생이다.

저자가 학습의 의미를 강조할 때마다 인용하는 장문의 경구가 있다. 지금부터 160여 년 전 영국 이튼스쿨의 윌리엄 코리(William J. Cory) 교장의 연설문이다.

여러분이 하고 있는 일은 지식의 습득이라기보다는 비판적으로 생각하는 힘을 기르기 위한 노력으로 보는 것이 좋습니다. 어느 정도의 지식을 습득하고 기억하는 것은 사실 평균적 능력으로도 가능합니다. 여러분은 많은 것을 잊어버려도 시간을 낭비했다고 후회할 필요는 없습니다. 지식은 잃어버렸어도 적어도 그 그림자(shadow of lost knowledge)는 남아서 여러분이 그릇된 신념에 빠지지 않도록 지켜줄 것입니다. 여러분은 기예(技藝)와 습관을 몸에 익히기 위해 공부하는 것입니다. 관심을 기울이는 습관, 표현하는 기법, 무엇인가 주목해야 하는 것을 보는 순간 새로운 것에 지성을 접근시키는 기술, 다른 사람의 사상에 곧 빠져들어 가는 기술, 비난이나 반박을 받아들이는 습관, 찬성과 반대를 적절한 용어로 표명하는 기술, 미세한 점도 정확하게 관찰하는 습관, 주어진 시간 내에 가능한 일을 해내는 습관, 식별력, 정신적 용기 및 침착성 등을 몸에 익히기 위해 공부하는 것입니다. 무엇보다도 여러분 자신

을 인식하기 위해서 이 학교에 다니고 있습니다. (헨리, 1990)

　교사나 부모는 아이들에게 공부(학습)해야 한다고 닦달하지만, 왜 공
부를 해야 하는가에 대해서는 제대로 설명하지 않는 것 같다. 코리는
학습자의 자세와 학습의 목적을 명확하게 제시한다. 무엇보다 '학습자
가 배웠던 것을 잊어버려도 시간을 낭비했다고 후회할 필요는 없다. 지
식은 잃어버려도 그 그림자가 그릇된 신념에 빠지지 않도록 지켜주는
수호천사가 될 것이다'라는 말은 학습사회에서 학습자에게 주는 금과옥
조(金科玉條)다. 학습이야말로 자기 자신과 세상을 변화시키는 가장 확
실한 길이 아닐 수 없다.

　성인 학습자들은 저자에게 이렇게 하소연을 하곤 한다. "교수님, 책
을 덮으면 머리가 하얘집니다. 하나도 생각나지 않습니다." 나이 들어
공부하는 만학도는 자신의 인지능력을 시험할 필요는 없다. 기억력 감
소는 자연스러운 현상이 아니겠는가. 성인학습자는 지식의 그림자와 함
께 하는 것에 초점을 두어야 한다. 이 시간에도 문해학교나 사이버대학
에서 알고자 하는 인간의 원초적 본능에 충실하며 완전한 인간을 향해
주경야독하는 학습자들에게 격려와 지지의 박수를 보낸다. 한국인의 교
육열은 세계적이며 유대인의 교육열과 어깨를 나란히 할 정도다. 고령
사회는 곧 학습사회로 이어져야 한다는 생각이다. 롱런(long-run)하려
면 롱런(long-learn)해야 한다. 이 시간에도 학습여행을 하고 있는 사람
이야말로 학습예찬의 주인공이다.

📖 로샤브스키, 헨리. (1990). 《대학, 갈등과 선택》. 이형행 옮김. 서울: 삼성경제연구소.

나의 영어공부
외국어 정복에 왕도는 없다

저자가 영어와 인연을 맺게 된 것은 부모님 다음으로 오래되었을 것이다. 한국에서 학창 시절을 보낸 사람이라면 저자와 마찬가지일 것이다. 중학생 때 영어와 만난 뒤 현재까지도 영어와의 인연이 계속되고 있으니 말이다. 저자는 영어를 좋아했다. 학교에서도 다른 과목보다는 유달리 영어에 애착이 많았고 영어를 잘하기 위해 다양한 노력을 했다. 저자가 아는 선배는 영어 단어를 외우기 위해 영어사전을 페이지마다 뜯어 통째로 외운 다음 불에 태워 한약처럼 마셨다는 이야기도 전해 들었다. 그 정도까지는 아니었어도 한때는 영어사전을 놓고 처음부터 끝까지 암기할 욕심도 부려보았다. 뜻은 좋지만 혈기 왕성한 나이에 생각할 수 있는 무모한 짓이었다. 인간은 컴퓨터 저장장치가 아니다. 사전의 기능은 모르는 단어를 찾는 데 도움을 주는 용도가 아니겠는가 싶었다.

1980년대만 해도 외국 유학을 준비하는 친구들은 카세트 녹음기에 테이프를 넣고 텍스트를 반복하여 들으며 발음을 따라 했다. 미국 코네티컷의 모 대학 교수로 있는 친구 창석이는 영어에 일찍 눈을 떴고 문법과 독해식 영어가 아닌 구어체 영어 습득에 집중했다. 그때만 해도 그런 전자제품을 갖추고 공부하는 친구들은 부러움의 대상이었다. 목표를 어떻게 잡느냐에 따라 영어 공부하는 방식은 다를 수밖에 없을 것이다. 창석이의 듣고 말하는 방식의 영어공부는 대학까지 꾸준히 이어졌고 유학을 마치고 미국 대학에 자리 잡았다. 영어에 관한 한 저자보다 차원이 다른 친구가 하는 말은 약이 되었다. "단어 하나하나는 생명력이 떨어진다. 그 단어가 문장에서 어떤 역할을 하느냐가 중요하다. 문장으로 단어와 구조에 익숙해져라." 영어 단어도 바둑돌과 같았다. 바둑판 위에서 하나의 돌이 생명력을 가지고 기능을 하기 위해서는 다른 돌들과 관련지어 착수되어야 하기 때문이다.

친구의 충고는 영어공부 방식에 변화를 가져왔고 문장 속에서 어휘, 문법, 관용구 등을 공부하게 되었다. 문장 속에 쓰이는 단어의 의미를 이해하려고 했다. 문장 속에서 사용되는 단어의 의미를 떠올리면 단어에 대한 기억도 오래 지속되었다. 그 당시 《성문종합영어》는 최고의 영어교재였다. 저자 또래에 《성문종합영어》를 갖고 있지 않은 사람은 거의 없을 정도로 《수학정석》과 함께 베스트셀러였다. 《성문종합영어》는 수준 높은 문법서뿐 아니라 장문 독해에 등장하는 주옥같은 명문들은 눈을 뗄 수 없게 만들었다. 고2 때 영어 선생님은 교과서보다는《성문종합영어》를 중심으로 가르쳤는데 선행학습을 한 친구가 늘 앞서나갔다. 저자는 과외를 받을 환경이 아니었지만, 영어 과외만은 받아보고 싶었다.

고교 교사를 퇴직하고 전문 과외교사로 나선 선생님을 만났는데 새벽 시간에 댁으로 방문하여 공부하는 방식이었다. 선생님은 파생어 중심으로 어휘력을 향상시켰는데 처음 접해보는 단어가 많았다. 예컨대, 사슴(deer)의 형용사는 '사슴의(cervine)'이다. 아들(son)의 형용사는 '자식의(filial)'이다. 그래서 효도는 'filial piety'가 된다. 선생님은 어휘제조기처럼 끊임없이 파생어와 연상어를 가르쳤다. 입시 과목에서 영어를 잘 준비하기 위해 과외까지 하고 있는데 단어의 파생어를 집중적으로 공부시켰다. 하나의 단어에서 나타날 수 있는 파생어와 연상어를 모두 다뤘다. image, imagine, imagination, imaginative, imaginary, imaginable. 하나의 단어가 세포분열을 하듯 폭발적으로 늘어났다. 단어를 암기하는 것이 아니라 연상기법으로 단어를 이해하는 연습을 하였다. 때로는 단어 공부하느라 정말 필요로 하는 영어공부를 놓치는 것이 아닌가 싶었는데 그 효과는 한참 후에 나타났다. 대학에서의 고급영어를 수강하거나 시사주간지 〈뉴스위크〉나 〈타임〉을 구독하는 데 선생님이 가르쳐주었던 단어가 빛을 발휘했다. 영어 실력은 어휘력, 곧 어휘를 얼마나 폭넓게 알고 있느냐였다. 단어를 문장의 맥락에 따라 파악하는 능력이 곧 영어를 잘할 수 있다는 확신을 가졌다. 주변에서 저자는 희한한 영어 단어들을 기억하고 있다는 말을 듣는데 그때 과외에서 배웠던 단어가 시간이 지나면서 존재감을 드러냈다.

우리나라 윤석열 대통령이 미국 의회에서 영어로 연설을 하고 의원들을 웃게 만드는 것을 보았다. 대통령의 영어 연설은 적진 한복판에서 칼을 휘두르는 조자룡을 연상시켰다. 영어를 좋아하는 저자도 대통령의 연설을 유심히 들었다. 무엇보다 대통령은 많은 연습을 한 태가 나고 영어 단어 하나하나의 발음에도 정성을 쏟았다. 한국말을 놔두고 굳이 영어로 할 필요가 있겠느냐는 아쉬움도 피력하는 사람이 있지만, 세계

공용어인 영어로 우리나라를 대표하는 대통령이 연설하는 것도 괜찮다고 본다. 할 수만 있다면 외국인에게 좋은 이미지를 심어주고 표현상 설득력을 가질 수 있다면 효과적인 외교가 될 것이다. 우리나라 국회에서 외국 정상이 우리말로 연설하면 얼마나 감동적이겠는가. 정파를 떠나 영어 애호가로서 대통령의 도전 정신과 담대한 용기를 높이 사고 싶다.

영화 〈아이 캔 스피크〉는 외국어가 얼마나 상대방에게 호소력과 설득력을 지닐 수 있는가를 보여준 적절한 사례다. 이 영화는 위안부 피해자들의 이야기를 영화로 제작했는데 위안부 피해자 중 한 분이신 이용수(1928~) 할머니의 실제 이야기다. 90에 가까운 할머니가 미국 국회의사당에서 의원들을 대상으로 영어로 위안부에 대해 증언하면서 미국 의회에서는 위안부를 강제적 인권유린으로 공식 비판하는 내용의 결의안을 통과시켰다. 할머니의 이야기에 공감한 해외에서는 소녀상을 건립하는 계기를 만들었다. 진실을 전달하는 데 있어 현지어로 말하는 것에 대한 메가톤급 효력을 입증했다. 영화에서는 피해자 위안부 할머니가 "I am sorry."라고 말하는 것이 그렇게 어렵냐고 말하면서 가해자 일본 정부와 일본인의 대오각성을 촉구한다.

저자는 영어 어휘와 독해는 누구와 겨뤄도 지지 않을 정도로 어휘력과 독해력에는 자신 있다. 문제는 발음이다. 혀가 두껍고 짧아서 그런지 몰라도 발음이 혀로 감아지지 않으니 특히 연음 발음이 매끄럽지 못하다. 학창 시절에는 발음 문제로 한동안 영어에 위축된 적이 있지만 졸업 후에는 신경 쓰지 않기로 했다. 영어를 제2외국어(ESL)로 사용하는 사람이 완벽한 조건을 갖출 필요는 없다고 생각했다. 외국인이 외국어를 서툴게 말하는 것은 이해가 되고도 남는 일이다. 외국인과 의사소

통에 목적이 있다면 얼마든지 자신에게 관대할 필요가 있을 것이다. 통하면 만사형통이다.

그렇게 마음먹고 외국인과 이야기하면 영어 울렁증은 사라진다. '내 발음이 어색할 수 있으니 이해해 달라'고 말하면 외국인들은 특유의 몸짓으로 걱정하지 말라고 격려한다. 저자가 겪은 서양인들은 열심히 노력하는 그 자체에 박수를 보내고 격려를 한다.

우리나라 사람들은 오랫동안 영어를 공부하고서도 외국인만 보면 울렁증으로 주눅이 들고 말문이 막혀 고생하는 것을 보게 된다. 김영삼 대통령(YS)이 미국 클린턴 대통령을 방문했을 때 벌어졌던 해프닝은 유명한 일화로 전해지고 있다. 정상 간의 의전은 매뉴얼에 따라 움직인다. YS가 클린턴 대통령을 만날 때 가볍게 "How are you?"로 인사를 하면, 클린턴이 "Fine thank you, and you?"라고 대답하고, 그러면 YS도 "Me too."라고 말하는 인사 의전이다. YS도 영어 울렁증이 있었는지 아니면 오랜만에 만나는 클린턴이 반가웠는지, "How are you?" 대신에 "Who are you?"로 인사를 건넸다. 클린턴이 적잖이 당황했을 것이다. 노련한 클린턴이 YS의 말을 농담으로 생각하고 정중하게 "힐러리 남편입니다(I'm husband of Hillary)"라고 대답하자 YS가 "미투"라고 말했다고 한다. 졸지에 힐러리는 남편이 두 명이 된 셈이다. 나중에 비서가 "왜 그런 인사를 했느냐"라고 묻자 YS는 "경상도에서는 반가운 사람을 만나면 '이게 누꼬?(Who are you?)'라고 한데이"라고 답했다고 한다." 사실 확인이 필요한 대목이지만 YS다운 골계와 재치다.

한국인의 영어 울렁증과 관련하여 3S가 있다. 외국인이 영어를 하면 한마디도 않고 침묵을 지키다(silent) 어색하게 웃다(smile)가 존다고

(sleep) 한다. 참 재미있는 비유지만 우리 학교에서 이루어지는 외국어 교육의 맹점을 지적하고 있다. 외국어 교실에서는 '꿰다놓은 보릿자루 같은 학생들'을 길러내고 있으니 말이다. 외국인도 한국인이 외국어 교육을 10년 이상을 받고서도 말 한마디 하지 못하는 것을 신기하게 생각한다. 이 정도 외국어 교육을 받으면 2개 외국어 이상을 하는 것이 정상이라고 말한다.

발음에 자신이 없었던 저자는 말하는 영어보다는 문어체 영어로 방향을 돌렸다. 영어 원서를 우리말로 번역하면 그 원서에 실린 어휘, 문장, 문화, 뉘앙스 등 모든 것을 공부할 수 있는 장점이 있다. 그러나 우리말로 옮기는 작업은 웬만한 인내심으론 완역해내기 어렵다는 것을 깨달았다. 알고 있는 단어도 문장과 맥락에 적합한 우리말을 찾아내야 한다. 한 권의 원서를 번역하는 시간에 우리말로 글을 쓰면 몇 권은 쓸 것이라는 이야기가 괜한 소리가 아니었다. 출판사에서도 원서 번역에 대한 출판 승인은 쉽게 하지 않는다. 꼭 우리말로 옮기고 싶은 원서가 있다고 해서 마음대로 번역을 할 수 있는 것도 아니다. 출판사 입장에서는 시장의 수요도 고려해야 하고 저작권료도 별도로 지급해야 하는 부담이 있다.

저자는 영어에 무한 감사하고 있다. 저자는 영어 때문에 직업도 갖게 되었고 영어권과 관련된 주제의 논문도 쓰고 번역도 할 수 있었다. 사람이 자신만의 장점을 살리고 싶은 것은 인지상정이다. 대학에서 영문 비서를 했고, 대학교수가 되어서는 주로 미국학에 대해 논문을 쓰고 영어 원서를 우리말로 번역하는 작업을 했다. 영어는 저자의 교육적, 경제적, 문화적 욕구를 충족시키는 데 소중한 정보원이었고 매우 유용한 자산이었다. 영어를 자주 사용하지 않는 환경에 놓여 있다 보니 요즘엔 영어 단어를 쓰고도 맞게 썼는지에 대해 확신이 들지 않는다. 그럴 때는 영어에게 미안한 마음이 든다. 영어를 의인화하면 '네가 필요로 할 때는 그렇게 나를 사용하고 괴롭히더니 이제 와서 헌신짝 버리듯 한다'라는 볼멘소리가 들리는 듯하다. 외국어는 용불용설(用不用說)의 법칙이 적용된다.

오랫동안 영어공부를 해 왔고 지금도 하고 있지만 영어 공부엔 왕도(王道)가 없다. 묵묵히 꾸준히 하다 보면 길이 보인다. 산티아고 순례길을 떠나는 수도승의 모습을 닮았다고나 할까. 다행하게도 저자는 재학생과 졸업생으로 구성된 영어동아리에서 동화책으로 영어를 가르친다. 쉬운 단어와 짧은 문장으로 구성된 동화책은 영어 감각을 유지하고 기본기를 다질 수 있는 훌륭한 교재다. 외국어를 언제 어디에서 사용하려는 명확한 목적을 가지고 공부하는 것도 좋지만, 반드시 그렇게 생각할 필요는 없다. 외국어 공부를 하는 것은 나와 다른 문화권 사람들의 이야기를 이해하는 것만으로도 커다란 축복이 아닐 수 없다. 외국어 공부 자체로도 충분히 의미 있는 학습이다. 저자가 친구 창석이처럼 오래전에 영어를 듣고 말하는 것에 초점을 두고 영어공부에 시간을 투자했더라면 저자의 삶의 방향은 달라졌을지도 모른다. 저자가 예나 지금이나 영어공부를 열심히 하고 있는 것은 나의 인생에서 잘하고 있는 것 중에 첫 번째로 꼽고 싶다. 영어는 고맙고 소중한 나의 친구다.

〈브런치〉 200 게재 회고
〈이상한 변호사 우영우〉의 고래점프가 필요한 이유

〈브런치(Brunch)〉는 IT 기업 카카오의 폐쇄형 블로그 서비스다. 2015년 6월 서비스를 처음 출시한 브런치는 선별 심사를 거친 (아마추어) 작가들에게 글을 쓸 공간을 제공한다. 선정된 작가들만이 글을 쓴다는 점에서 폐쇄형이다. 2022년 8월 기준, 저자의 브런치 연재 횟수가 200회를 돌파했다. 2020년 9월 23일 첫 회 게재 후 2년 만이다. 월평균 8.4개, 주간 평균 2.1개꼴이다. 주제를 보면 역사, 문화, 정치, 국제 정치 및 국제 관계, 인간관계, 리더십, 인간의 심리, 교육, 사회현상, 고전, 건축, 인물, 영화 등 각계 각 분야에 걸쳐 다양한 분야와 영역을 다뤘다. 길을 가다 모르면 지나가는 행인을 붙잡고 물어 가듯이 모르는 주제나 이슈가 나오면 문헌과 자료를 참고하며 공부하고 검증하면서 연재를 했다.

브런치와 인연을 맺게 된 계기는 아들의 권유 때문이었다. 평소 기록하고 글쓰기를 좋아하는 저자에게 좀 더 체계적인 관리를 할 수 있고 많은 독자와 상호작용할 수 있는 브런치를 소개해 주었다. 브런치는 언제 어디서나 글을 쓰고 수정할 수 있는 플랫폼을 제공한다. 연말에는 구독 횟수 등 다양한 데이터를 작가에게 피드백하면서 글 쓰는 동기를 부여하기도 했다.

200개 주제에 대해 글을 쓰면서 나 자신도 모르는 사이에 초보 인문학자가 되지 않았나 하는 조심스러운 평가를 해보고 싶다. 브런치에 글을 올리면서 출판을 염두에 두고 글의 완성도를 높이려고 했고, 인용한 자료의 출처도 꼼꼼히 달면서 나중의 번거로움을 사전에 해소하려고 노력했다. 브런치에 글을 쓰고 나서부터 저자의 머릿속에는 온통 쓰고 있는 글과 관련된 내용이 맴돌았고 문헌이나 신문, 잡지를 읽거나, 영화나 드라마를 보면서도 새로운 주제를 발굴하는 경우가 많았다. 주제와 관련된 드라마와 영화도 수십 편을 보았다. 이미 보았던 것도 다시 보게 되었다. 하물며 걷기나 달리기를 하면서도 브런치의 주제를 발굴했고 진행 중인 글의 내용을 채워나갔다. 그런 집념과 열정이 200회 연재를 가능하게 했다고 생각한다.

저자는 브런치에 쓴 글의 완성도를 높여 네 권의 책을 출간했다. 2021년에는 《학습예찬》과 《현대인의 인문학》을 출간했다. 2022년 5월에는 《인문의 눈으로 세상을 보다》를, 12월에 《인문의 마음으로 세상을 읽다》를 출간했다. 또 금년에는 《인문의 귀로 세상을 듣다》가 출간될 예정이다. 브런치 공간은 저자에게 세상에 대해 좀 더 치열하게 보고 듣고 느끼고 쓰게 만든 일등공신이다. 이런 성과를 거둘 수 있었던 모든 공은 보지도 알지도 못하는 많은 독자의 애정 어린 격려와 피드백이 있었기에 가능했다고 생각한다. 2022년 8월 기준으로 3만 6천여 명이 저자의 글을 열람했으니 결코 적지 않은 숫자다.

저자는 인문학과 관련된 책들을 출간하는 맛을 알게 되었다. 교육학

그것도 미국 교육법으로 학위를 받은 저자 자신도 인문학에 대한 책들을 쓸 줄은 생각도 못했다. 나 자신도 인문학적 소양과 감수성을 지닌 줄 알지 못한 상태였다. 브런치와의 인연으로 저자가 농촌에서 태어나 성장하고 공부하고 여행하고 경험한 모든 삶의 궤적이 고스란히 인문학적 감수성과 깊은 관련이 있다는 것을 뒤늦게 알게 되었다. 인문학에 관한 책들을 쓰면서 나의 색깔과 정체성을 알 수 있었다.

헨리 데이비드 소로(1817~1862)는 "삶을 발전시켜주는 가장 큰 힘은 자신이 가진 가장 확실한 능력이다"라고 하지 않았던가. 나의 또 다른 정체성을 알게 된 것은 그 무엇보다 비교할 수 없을 정도로 큰 수확이 아닐 수 없다. 브런치에 글을 쓰는 것은 나의 삶의 의미를 풍성하게 만들 수 있는 인큐베이터가 될 것으로 기대한다. 나의 색깔과 정체가 확연히 드러나는 순간 내가 해야 할 일, 내가 나아갈 방향이 마치 한밤중에 비행장 활주로에 켜진 불빛처럼 분명해졌다. 글을 쓰고 그 결과물을 엮어 책을 출간하는 것도 중요하지만, 더 중요한 것은 글을 쓰는 그 과정에서 '나란 무엇인가?'에 대한 확고한 신념과 철학을 확인할 수 있었다는 점이다. 삶에 대한 의욕과 열정을 재점화하는 불쏘시개라고나 할까.

200회 연재를 기념하면서 생각나는 분이 있다. 저자는 한때 대학 총장 비서실에서 근무할 기회가 있었다. 사학과 교수 출신 총장을 모시게 되면서 저자의 삶과 사회생활에 긍정적 영향을 많이 받았다. 특히 공부를 하는 습관, 역사를 보는 눈, 조직과 사람을 대하는 철학 등은 이후 저자의 생각과 행동에 변화를 가져오게 하는 원동력이 되었다. 지금도 잊지 못하는 말씀이 있다. "젊었을 때는 논문을 열심히 써야 한다. 책은 60대 이후에 써도 늦지 않는다. 논문이 곧 책이 된다." 당시에는 그 말이 잘 이해되지 않았으나 이제야 그분의 깊은 뜻을 알게 되었다. 더구나 인문학과 같이 인간의 동선과 흔적을 좇아가는 학문 활동은 지긋한 나이가 플러스가 되면 되었지 마이너스는 아닐 것이다.

200개의 주제 가운데 독자들로부터 가장 많은 관심을 받은 주제는 무엇일까? 독자가 가장 많이 열람한 10개의 주제를 뽑았다. 괄호 안은 열람자 수를 나타낸다. 1위 〈자(字), 호(號) 뭐가 중한디〉(1,475명), 2위 〈삼국지, 제대로 알고 읽기〉(1,449명), 3위 〈인의예의지신(仁義禮智信)의 나라〉(1,035명), 4위 〈유방과 항우의 리더십〉(1,016명), 5위 〈'감자대왕' 프리드리히 2세〉(972명), 6위 〈2인자의 조건〉(894명), 7위 〈1492년 스페인〉(891명), 8위 〈파나마 운하〉(744명), 9위 〈한민족 디아스포라〉(693명), 10위 〈인간의 근원적 질문, 삶의 의미는 무엇인가?〉(670명). 10개 주제를 좀 더 구체적으로 분석해보면, 독자들은 《삼국지》와 같은 이미 잘 알려진 책이나 인물, 예컨대 유방이나 항우의 인간성과 그들의 리더십에 대해 관심이 높았다. 또한 인간의 근본이나 처세에 대해서도 높은 관심을 보였는데, 〈자, 호 뭐가 중한디〉, 〈2인자의 조건〉, 〈인간의 근원적 질문, 삶의 의미는 무엇인가?〉라는 주제가 여기에 해당한다. 예상 외로 〈'감자대왕' 프리드리히 2세〉, 〈파나마 운하〉, 〈1492년의 스페인〉, 〈한민족 디아스포라〉 등 국내외 역사와 지리에도 관심이 높았다.

브런치에 글을 활발하게 연재할 때는 머릿속에서 소재 발굴을 위해 마치 바쁘게 사냥하는 벌처럼 '윙윙' 소리가 났는데, 요즘엔 그 소리가 뚝 끊어졌다. 저자가 '벌'이고 소재가 꽃의 '수분'이라면 수분을 발견하기 어려운 상황에 놓이게 되었다. 저자에게 한계 상황이 찾아온 것이다. 그러면서 조선의 문치(文治)를 활짝 연 세종대왕이 현직 관리들에게 특별 휴가를 주어 독서와 학문 연구에 전념할 수 있도록 한 사가독서제(賜暇讀書制)를 떠올려본다. 국왕을 보좌하면서 끊이지 않은 샘물처럼 창의적 아이디어를 끄집어내야 하는 집현전 학자들의 심정을 이해하고도 남는다. 학자들은 세종이 얼마나 고마웠을까. 새로운 작심은 곧 초심을 지속하는 것이다. 읽고 또 읽고 경험하고 또 경험해야 한다. 남 앞에서 가르치는 자도 먼저 읽고 깨달은 다음에 강단에 서는 법이거늘 글을 쓰는 사람이야 더 말할 필요가 없을 것이다. input이 풍성하면 output은 자연스럽게 풍성한 열매로 이어질 것이다. 그것은 저자가 지난 2년간 확인한 절대 진리였다.

윌리엄 셰익스피어(1564~1616)의 작품 《헨리 5세》에 나오는 대사다. "작심(作心)하면 모든 일은 궤도(軌道)에 오른다." 200회를 연재한 뒤 탈탈 털린 소재 때문에 고민에 고민을 더하면서 새로운 창의성을 갈구하는 저자에게 꼭 필요한 말이 아닐까 싶다. 2년 전 우연히 작심하고 써 내려간 브런치를 통해 나의 정체성과 색깔을 확인하게 되면서 풍성한 열매를 맛보았던 것처럼, 다시 작심하며 또 다른 궤도에 오르길 기대한다.

드라마 〈이상한 변호사 우영우〉를 흥미롭게 시청했다. 천재적인 두뇌와 자폐 스펙트럼 장애(ASD)를 가진 변호사가 사건을 해결하는 과정을 다룬 드라마다. 자폐 스펙트럼 장애는 자폐인마다 행동 특성과 심각도가 스펙트럼처럼 다양하게 나타나기 때문에 붙여진 이름이다. 보통 '발달장애'라고 한다. 장애인을 주인공, 그것도 난해한 법리를 따지는 변호사를 주인공으로 삼은 드라마가 파격적이기도 하지만 무엇보다 이 드라마의 매력은 변호사의 변론이 난관에 부딪혔을 때 번뜩이는 아이디어로 막힌 문제를 해결할 때이다. 이때 화면에서는 시원한 바람이 불면서 고래가 펄쩍 높이 뛰어올라 다시 물속으로 들어간다. 드라마의 흥행 요소와는 별개로 저자를 몰입할 수 있게 한 것은, 이 드라마는 소재가 바닥난 저자의 현실을 대변하고 있다고 생각했기 때문이다. 새롭게 작심하는 나를 위해 고래가 깊은 바다에서 하늘 높이 솟구치길 기대한다.

📖 린버그, 마이클. (2001). 《너만의 명작을 그려라》. 유혜경 옮김. 서울: 한언.

셰익스피어, 윌리엄. (2000). 《원어와 함께 읽는 셰익스피어 명언집》. 이태주 옮김. 서울: 범우사.

〈이상한 변호사 우영우〉. (2022). 드라마.

제2부

사필귀정(事必歸正)
모든 일은 결과적으로 반드시
바른길로 돌아온다

고령 장수사회
기대수명 vs 건강수명

유엔에서는 고령인구, 즉 노인의 기준을 65세로 정하고 있다. 1889년 독일의 재상 비스마르크가 사회보험제도를 도입할 때, 노령연금 수령 나이를 65세로 정했는데 이 기준을 유엔에서 받아들인 것이다. 당시 독일인의 평균수명으로 보면 65세에 연금을 받는 사람은 장수한 사람이었을 것이다. 65세 노인 기준이 130년이 훌쩍 넘은 기간에도 끄떡없이 유지하는 것은, 노인 기준의 변경은 국가 사회복지시스템에 대대적인 수술을 해야 하는 것은 물론 정치인이 유권자의 표심을 민감하게 생각하기 때문일 것이다.

유엔은 총인구에서 고령인구가 차지하는 비율이 7% 이상인 사회는 '고령화사회(aging society)', 14% 이상인 사회는 '고령사회(aged society)' 그리고 20% 이상인 사회를 '초고령사회(super-aged society)'로 분류한다. 우리나라는 2018년에 고령사회로 진입하였는데, 7년 만인 2025년에 초고령사회에 들어설 것으로 예측된다. 2022년 6월 기준으로 17.6%가 65세 이상의 고령자인 것으로 나타났다(통계청, 2022). 2040년에는

33.9%, 2060년에는 43.9%가 65세 이상이 될 것이라고 한다(신성식, 2022).

사회복지시스템이 우리나라보다 더 잘 갖춰진 유럽이나 미국, 캐나다의 경우에는 고령사회에서 초고령사회로 진입하는 데 20, 30년의 기간이 소요된다는 점을 감안하면 우리나라의 고령화 속도는 빨라도 너무 빠르다는 느낌을 지울 수 없다. 빨리 빨리를 좋아하는 한국인이지만 초고령사회의 진입만은 제발 늦춰졌으면 하는 바람은 저자만이 아닐 것이다. 하기야 인구구성비율이 어디 계획한 대로 되겠는가. 이미 초고령사회로 진입한 시군구도 꽤 많다. 2020년 기준 전국 261개 시군구 중 초고령사회에 진입한 곳은 41.8%인 109개였다. 경북 의성은 65세 이상 인구가 전체 인구의 40.8%를 차지했고, 전남 고흥은 40.5%를 차지해 두 번째로 높았다. 경북 군위(39.7%), 경남 합천(38.9%), 전남 보성(37.9%), 경남 남해(37.3%), 경북 청도(37.1%), 경북 영덕(37.0%)이 뒤를 이었다.

고령인구비율이 가파른 상승곡선을 그리다 보니 고령사회의 현실을 엿볼 수 있는 우스개 이야기도 생겨난다. 70대의 할머니, 할아버지가 농촌 마을에서 살고 있다. 어느 날 할머니가 하루 삼시 세끼를 집에서 해결하는 할아버지에게 "영감도 마을 회관에 가서 바람도 쐬고 친구들하고 어울리면 좋겠다"라는 제안을 했다. 할아버지는 며칠 마을 회관에 다녀온 뒤 다시는 가지 않겠다고 한다. 할머니가 그 이유를 묻자, "선배가 심부름만 시켜서"라고 말했다. 우리나라에서 65세부터 노인으로 대우하지만 농촌에서 70대는 젊은 청년에 속한다. 어디 농촌뿐이겠는가. 고령사회에서 70대는 낀 노인세대다.

인간에게 장수는 가장 큰 소망 중 하나이다. 인간이 태어나는 순서는 있어도 죽는 순서는 없다고 하지 않던가. 우리가 생활하는 일상에서 장수를 기원하는 많은 의식과 상징이 있다. 밥그릇, 수저, 젓가락 등 매일 음식을 먹는 데 필요한 도구는 물론이고 베개, 병풍, 부채, 옷, 벽화, 액자 등 우리 생활과 밀접한 관계가 있는 물건에는 여지없이 수복강녕(壽福康寧)을 수놓거나 글로 쓴다. 장수(長壽)를 가장 우선하였다. 천지 만물 가운데 십장생(十長生)은 장수의 상징이 되었다. 십장생은 해, 산, 물, 돌, 구름(또는 달), 소나무, 불로초, 거북, 학, 사슴 또는 대나무를 말한다. 민속신앙에서 유래된 십장생이 인간의 장수 욕구와 조합되면서 자연숭배의 대상이 된 것은 자연스러운 현상일 것이다. 예나 지금이나 시, 그림, 조각 등에 십장생은 흔히 등장하는 소재다.

전통 민요에도 장수를 염원하는 뜻이 담겨 있다. 강원도에서 전해 내려오는 민요 '한 오백 년'의 후렴에는 '한 오백 년을 살 자는데 웬 성화요'라는 구절이 나온다. 저자는 적어도 오백 년은 살자라는 의미로 이해하고 있었는데, 전북대 김병기 명예교수는 새로운 해석을 내놓았다. '한 오백 년'이 아니라 '한어백년(限於百年)' 또는 '한우백년(限于百年)'이 전해지는 과정에서 한 오백 년이 되었다고 주장한다. "한어백년을 살자는데 웬 성화요"를 현대 우리말로 풀이하면 "백 년 동안 함께 살자는데 웬 불만이며 하소연이란 말이요"라는 의미가 된다(김병기, 2020). 지금보다 훨씬 과거에도 사람이 백 년은 살아야 장수하면서 잘 살았다는 말을 들었나 보다. 현대인은 많은 사람의 오랜 염원으로 백 세를 거뜬하게 살고 있는지도 모른다.

한국인의 평균수명 변천을 보면 놀랍다. 우리나라의 눈부신 경제성장을 한강의 기적이라고 말하는데, 우리나라 국민처럼 평균수명이 짧은 시간에 획기적으로 늘어난 경우는 세계적으로도 찾기 어렵다. 1960년 52.4세, 70년 62.3세, 80년 66.1세, 90년 71.7세, 2000년 76세, 2010년 80.2세, 2020년 83.5세다(통계청, 2021). 1960년 이후 평균수명이 무려 31세 이상이 늘어났다. 한국인의 평균수명을 선진국과 비교해도 높은 편이다. 2020년 기준 OECD 38개국 가운데 한국인의 기대수명은 83.5세로 나타났다. 이 기록은 전 세계적으로 일본(84.7년)에 이어 2위다. 기대수명은 그해 태어난 아이가 생존할 것으로 기대되는 평균 연수를 뜻한다. 한국인 남성은 80.5세, 여성은 86.5세로 각각 예측됐다.

한국인의 수명 개선을 양적 지표로 보면 괄목할 만한 일이지만, 지표를 구체적으로 분석해 보면 명암이 엇갈린다. 2020년 기준으로 질병이나 부상으로 고통 받은 기간(유병 기간)을 제외한 '건강수명'은 66.3년이다. 건강수명은 질병이나 부상으로 활동하지 못한 기간을 뺀 수명 기간으로, '얼마나 건강하게 오래 사는가'에 초점을 두고 산출한 지표다(선정민, 2022). 한국인은 기대수명 83.5세에서 건강수명 66.3세를 뺀 17.2년을 병이 든 채로 산다. 병을 앓는 기간이 길다 보니 약물 복용자와 복용률도 매우 높다.

2019년 기준으로 우리나라에서 다제약물복용자(해당연도 10개 이상 약물을 60일 이상 복용한 사람)는 2016년 154만 8,000명에서 2019년 201만 2,000명으로 집계됐다. 같은 기간 다제약물복용률(해당연도 10개 이상 약물을 60일 이상 복용한 사람÷해당연도 건강보험 가입자수)도 3%에서 3.8%로 증가했다. 매년 OECD에서는 국가별 약 복용에 관한 다양한 통계를 발표하고 있는데, 우리나라는 5개 이상 약물을 90일 이상 만성적으로 복용하는 75세 환자 비율(2017년 기준)이 통계 제출 7개국 가운데 가장 높은 수치인 68.1%를 기록했다. 7개국 평균 48.3%와 비교하면 무려 20% 차이가 난다. 다제약물복용자가 많은 이유는 노인 인구와 만성질환자의 증가, 잘 갖춰진 건강보험체계와 높은 의료접근성이 영향을 미친 것으로 분석된다(이해나, 2020).

고령사회에 더 우울한 지표는 우리나라 노인의 자살률과 빈곤율이다. 2021년 기준 자살률은 인구 10만 명당 26명으로 OECD 회원국 중 가장 높고, OECD 평균(17.2명)보다 1.5배 높았다. 자살률은 연령대가 높을수록 증가하였는데, 80세 이상이 가장 높게 나타났다. 오래 산다는 것이 반드시 축복이 아니라는 것을 방증한다. 고령자의 자살률이 높은 이유는 여러 가지 요인이 있겠지만 노인의 4고(四苦), 즉 빈곤, 질병, 소외감, 무위(無爲, 하는 일이 없음) 등이 영향을 주었을 것으로 생각된다. 노인의 4고는 각 요인이 긴밀하게 연결되어 있다. 가난하면 병에 걸릴 가능성이 높고 아프면 소외감이나 사회에서 더는 자신이 필요하지 않다는 생각을 가지게 될 것이다. 사람이란 누구든 나름 자존감과 사회적 존재감을 갖고 살아가기 마련이다. 고령의 노인이 아픈 것도 서러운 일인데 하는 일 없이 그저 밥이나 축낸다는 생각이 들면 극단적인 생각을 하게 될 수 있다. 노인만이 아니라 젊은이도 마찬가지일 것이다.

우리나라 노인빈곤율은 2021년 기준 37.6%로 OECD 국가 중 가장 높다. 이는 2018년 기준 OECD 평균(13.1%)의 약 2.9배 수준이다. 미국(23%), 일본(20%), 영국(15.5%), 독일(9.1%), 프랑스(4.4%)와 비교할 때 압도적으로 높은 것으로 나타났다(미국·영국·프랑스는 2019년 기준, 일본과 독일은 2018년 기준). 철저한 대비 없이 맞이한 고령사회의 어두운 그림자다. 노인의 빈곤은 질병과 소외감 등 노인의 4고(四苦)와 연결될 가능성이 높다는 점에서 빈곤을 개선하지 않으면 고령사회는 축복이 아니라 오히려 저주의 늪이 될 수 있다(우리나라 노인 빈곤율이 OECD 회원국 중 제일 높다는 것에 반론을 제기하는 학자들도 있다. OECD가 정의하는 빈곤율은 상대 빈곤율 개념으로 중위소득(가처분 소득) 50% 미만인 노인이 얼마나 많은지를 통계로 낸다. 매월 소득에서 세금 등 필수적 지출을 제외한 나머지 소득이 전체 중위값보다 적으면 빈곤한 상태로 분류된다. 이때 고령층이 보유한 부동산 같은 자산은 포함하지 않는 맹점이 있다. 한국보건사회연구원이 2017년 부동산 자산 상태 등을 포함해 노인빈곤율을 조사한 결과 21%로 뚝 떨어졌다. 통계의 착시현상이다).

'개똥밭에 굴러도 이승이 좋다'라는 속담이 있다. 장수를 갈구하는 원색적인 표현이다. 아무리 병이 들어 고통스럽게 살더라도 죽는 것보다 사는 것이 낫다는 뜻이다. 또 '인명은 재천'이라는 말이 있다. 생(生)과 사(死)의 문제에 직면할 때 사람이 흔히 사용하는 말이다. 사람의 목숨은 자기 마음대로 되지 않고 하늘의 뜻에 달려 있다는 말이다. 젊은 사람이 요절하면 장례식장에서 흔히 듣는 말은 '인명은 재천이라더니 사람 목숨은 알 수 없구나! 하늘도 참 무심하지'이다. 사람이 아무리 살리고 발버둥질해도 하늘의 뜻은 알 수 없다. 반대로 죽으려고 애를 써도 죽지 않고 사는 사람도 있다. 이 모든 것이 하늘의 뜻이다. 그러나 의학의 발달로 현대인은 죽고 사는 것을 하늘의 뜻으로 생각하는 경향이 줄어들고 있지 않나 싶다. 전통적인 생사관에 변화가 생겼다. 살려는 의지와 경제적 능력만 뒷받침된다면 얼마든지 생명을 연장할 수 있기 때문이다. '인명은 재천'이 아니라 '인명은 경제와 의학'이 되었다.

인간의 생명은 누구에게나 유한하다는 점에서 평등하지만, 고령 장수사회에서 관건은 유한한 삶을 얼마나 어떻게 건강하게 사느냐이다. 삶의 양이 아닌 삶의 질이 관건이다. 저자는 그 본보기를 연세대 철학과 김형석 명예교수(1920년생)에게서 찾고 싶다. 김 교수는 고령사회에서 자기 자신을 어떻게 돌보고 사회와의 관계를 어떻게 설정하고 어떻게 삶을 마무리할 것인가에 대한 깊은 울림을 준다. 김형석 교수가 어떻게 자신의 삶을 디자인하고 그것에 철학을 부여하는가를 보자. 김 교수의 인터뷰 내용을 옮겨본다. "남자는 이기적이고 감정과 삶의 낭비가 너무 많다. 여자는 남자보다 감성과 사랑이 더 풍부하다. 주변에 100세까지 산 지인들에게 공통점이 있다. 첫째, 욕심이 없더라. 과도한 욕심이 있는 사람은 인생을 낭비하니까 오래 못 사는 것 같다. 둘째, 남 욕을 하지 않더라. 감정조절을 잘해 화를 안 낸다. 결론적으로 선하고 아름다운 인간관계를 유지하는 것이 건강과 장수의 비결인 셈이다. 장수시대에 인생은 3단계로 볼 수 있다. 태어나서 30세까지 교육받는 기간, 30세부터 60세까지 직장인으로 일하는 단계, 그리고 60~90세까지 사회인으로 일하는 단계. 나무를 보면 열매를 남기는 기간이 제일 소중하다. 90이 돼야 좀 늙더라. 나이 들기 전에 셋째 단계인 60~90세 인생을 미리 설계해야 한다. 그러지 못하면 건강도 잃고 오래 살지도 못한다."(장세정, 2020) 100년을 넘게 살아본 김형석 교수가 주장하는 핵심은 60세 이후 인생 세 번째 단계를 미리 준비하지 않으면 건강수명이 짧아질 수밖에 없다. 평범한 말이지만 깊이 새기고 실천할 경험담이다. 이미 살아본 사람의 말처럼 확실한 말이 어디 있겠는가.

우리나라 농촌과 도서벽지에 가보라. 보건지소와 공중보건의가 상주하면서 주민들을 진료할 정도로 공중보건시스템이 잘 갖춰져 있을 뿐 아니라 건강보험적용으로 CT, MRI 등 고정밀도의 검사를 저렴하게 받을 수 있다. 누구나 장수에 관심을 가지면서 병원을 가까이하다 보면 기대수명은 올라갈 수밖에 없다. 그러나 기대수명이 늘어났다고 마냥 좋아할 것이 아니라 어떻게 하면 건강하게 살 것인가에 대해 미리미리 대비하는 것이 현명한 일일 것이다. 자칫 장수가 축복이 아니라 저주의 늪이 될 수 있기 때문이다. 건강수명으로 장수가 축복이 되면 좋겠다.

📖 김경미. (2021). 《중앙일보》. 〈고령화 속도 가장 빠른 한국 … 노인빈곤율도 OECD 1위〉. 2월 1일.

김병기. (2022). 《중앙일보》. 〈한자로 보면 전통문화가 보인다〉. 8월 4일.

보건복지부. (2022). 〈2021 자살예방백서〉.

선정민. (2022). 《조선일보》. 〈장수의 저주? … 한국인 병든 채로 17년, 건강수명은 66세〉. 7월 27일.

신성식. (2022). 《중앙일보》. 〈작년 노인(65세 이상) 진료비 41.5조 … 치매는 여성, 뇌졸중은 남성이 많아〉. 10월 4일.

이해나. (2020). 《조선일보》. 〈매일 약물 10개씩 '꿀꺽' … 국내 200만 명 넘는다〉. 10월 20일.

장세정. (2020). 《중앙일보》. 〈100세 철학자 김형석 "살아보니 열매 맺는 60~90세 가장 소중"〉. 9월 28일.

한예나. (2023). 《조선일보》. 〈한국 노인 빈곤율 40% 'OECD 1위'는 통계의 착시〉. 7월 1일.

통계청. (2021). 〈생명표〉.

통계청. (2022). 〈고령인구비율〉.

만남은 교육에 선행한다
내 인생의 터닝 포인트

저자가 고등학교 3학년이던 1980년, 군사정변을 일으켜 정권을 잡은 전두환은 대학 본고사 폐지와 함께 계열제 입학제도와 졸업정원제를 도입했다. 오늘날에야 수험생과 학부모에게 민감한 대학입학제도를 바꾸는 것이 쉽지 않은 일이지만, 독재정권에서 최고 권력자의 말 한마디는 곧바로 정책이나 제도로 만들어졌다. 여반장(如反掌)이라고 할까. 대학입시에 관한 한 전두환, 노태우 등 신군부의 불법 정권 탈취에 항쟁으로 맞섰던 광주 지역의 고등학생은 훨씬 불리한 환경에 직면했다. 5월 휴교령이 내려 9월에야 복교했다. 소수점으로 당락이 갈리는 대학입시에서 광주 지역 수험생은 기울어진 운동장에서 경기를 하였다. 그때는 시민항쟁에 대한 진압군의 무자비한 발포와 폭력으로 많은 사상자가 발생하면서 장기 휴교령에 따른 수업 손실 등을 운운하는 것은 한가한 소리에 불과했다.

저자는 장래 직업으로 중등학교 교사가 되고 싶었다. 아이들과 어울리는 것이 좋았고 배우고 가르치는 것이 성격과 적성에도 맞았다. 저자는 사범대학 인문사회계열로 입학하고 2학년 때 전공을 선택했다. 인문사회계열 학우들 대부분은 교육학을 전공 1순위로 생각했고, 갓 창설된 영어교육과 지원자는 예상밖에 적었다. 한창 젊고 명분을 중요하게 생각했던 저자와 친구들은 영어교육과는 학문이라기보다 기능적인 측면을 강조하는 실용 교과 전공으로 생각했고, 차라리 영어영문학전공에 매력을 느끼고 있었다(지금처럼 문학, 역사, 철학으로 대표되는 '인문학의 위기'와 같은 용어는 없었던 같다). 저자는 교육학을 주전공으로 하면서 영어영문학을 부전공하기로 마음먹었다. 교육학 전공으로 졸업하면 중등학교 일반사회 또는 윤리교사로 진출할 수 있지만, 교육학과 영문학의 결합 상승을 통해 이왕이면 영어교사를 할 목표를 세웠다. 교생실습도 영어 실습교사로 실습을 했다.

저자는 다른 과목보다 영어 공부하는 것을 좋아했다. 무엇보다 외국어 공부는 시간을 투자한 만큼 성과로 나타났다. 고등학교 시절부터 미국 시사주간지 〈타임〉을 끼고 다녔다. 거리를 걷거나 차를 타고 다니면서도 영어로 된 상호(商號)를 눈여겨보았다가 특이한 영어식 표기는 집에 와서 찾아보았다. 대학에서는 시사영어, 고급영어강독, 고급영작문, 무역영어 등의 과목을 수강하면서 다양한 분야의 영어를 공부했다. 물론 선택한 영어 과목의 난이도로 고전을 면치 못하기도 하고 기대만큼 성적도 나오지 않았지만 의미 있는 도전이었다. 그때의 경험이 이후 사회생활에 적잖이 도움이 되었다. 직장에서도 영어 하면 저자를 떠올릴 정도로 영어를 좋아했다. 비판적 시각으로 보면 그렇게 열심히 영어를 공부했다면 지금쯤 경지에 올라야 하는데 그렇지 못한 것을 보면 공부 방식이나 활용방법에 문제가 있는 것도 부인할 수 없다.

영문학 부전공은 저자에게 색다른 대학 생활을 경험하게 했다. 요즘 식으로 말하면 학제 간 융합전공의 묘미를 알았다. 사범대학에서는 학교 교사 양성을 목적으로 교과목을 개설한다는 점에서 전공과목이 규범적인 특성을 나타냈다면, 영문학과에서 개설된 교과목은 인문학적인 상상력을 끄집어내고 사고의 폭을 넓혀주었다. 죠셉 콘레드의 《어둠의 심장》과 《셰익스피어 소네트》 등을 공부하면서는 복잡다단한 인간의 내면을 표현하는 데 문학작품만 한 것이 없다는 생각을 하게 되었다.

〈영미시〉를 담당한 조운제(趙雲濟, 1930~2002) 교수님은 시인이면서 영문학자로 수업시간에 영시와 한시(漢詩)를 곁들여 설명하셨는데 저자의 눈을 사로잡았다. 사회 전반적으로 권위주의가 팽배하던 시절 교수님은 학생들에게 호연지기를 강조하면서 틈나는 대로 남명(南冥) 조식(曺植, 1501~1572)의 시를 소개했다. 미래에 대한 전망이 불투명하고 우울한 사회 분위기 속에서 남명의 시를 감상하면서 깊은 울림을 받았던 기억이 선명하다. 그중 '제덕산계정주(題德山溪亭柱)', 즉 덕산 개울가 정자 기둥에 적은 시는 오래도록 잊히지 않는다.

請看千石鍾(청간천석종) 보아라! 천석들이 거대한 종을
非大扣無聲(비대구무성) 크게 치지 않으면 소리가 안나
爭似頭流山(쟁사두류산) 어찌하면 요지부동 두류산처럼
天鳴猶不鳴(천명유불명) 하늘이 운다 해도 아니 울까나

교수님은 칠판에 일필휘지하듯 남명의 시를 적어놓고 젊은이는 천석종(千石鍾)과 같은 기개와 호연지기를 가져야 한다고 강조했다. 한 석이

120근이니 천 석이면 12만 근이다. 곡식으로 셈하면 천 섬이 들어가는 종이다. 천석종은 번개가 쳐도 끄덕 않고 의연히 버티는 지리산 천왕봉이다. 천왕봉은 곧 남명 자신이다. 교수님의 말씀은 캠퍼스 밖에서 들려오는 권력 다툼과 부조리에 식상해 있던 젊은 청년들에게 큰 울림을 주었다.

남명 조식의 이야기를 잠깐 하고 가자. 스승 조운제 교수님과의 사제의 연(緣)을 말하려면 남명을 언급하지 않을 수 없을 것이다. 남명은 올곧은 선비의 기상을 실천한 것뿐 아니라 기이한 행동을 한 것으로도 알려졌다. 남명은 '내명자경 외단자의(內明者敬 外斷者義)'라는 문구가 새겨진 칼을 허리춤에 차고 다녔다. '안으로 마음을 밝히는 것은 경(敬)이요, 밖으로 행동을 결단하는 것은 의(義)다'라는 뜻이다. 마음속으로는 항상 예의 바르게 행동하고 절제하며 마음을 다스려야 하고 밖으로는 옳다고 알고 있는 것을 결단력 있게 실천해야 한다는 의미로 해석할 수 있다. 자신이 나태해지는 것을 경계하기 위한 '경의검(敬義劍)'이다. 경(敬)과 의(義)를 실천하고자 하는 의지의 표현이다. 또 남명은 옷고름에 '성성자(惺惺子)'라는 두 개의 작은 방울을 달고 다녔다. '성성자'는 '깨어 있고 또 깨어 있으라'는 뜻이다. 방울 소리를 들으며 스스로를 경계하기 위해서였다.

배운 것은 실천을 위해 존재한다는 남명의 세계관은 조선의 실천하는 양심으로서 깊은 영감을 준다. 남명은 선비가 책만 가까이하는 것이 아니라 현실 세계에서 배운 것을 실천하도록 독려했다. 남명의 현실 인식과 선비관은 다음의 말에 나타난다. "요즘 선비들은 공부한다는 핑계로 자신의 부모의 고혈을 짜고, 여러 사람에게 폐를 끼친다. 물 뿌리고 청소하는 절차도 모르면서 입으로는 천리(天理, 하늘의 진리)를 담론하며 허명(虛名)을 훔친다"라고 질타했다(노대환, 2007). 지행합일(知行合一)을 강조하는 남명의 문하생 중에는 나라가 풍전등화에 놓였을 때 유달리 의사와 열사가 많이 배출되었는데 우연이 아닐 것이다. 임진왜란 중에 의병장으로 활약했던 곽재우, 정인홍, 정구 등 무려 50여 명의 의병장이 그의 문하생이다. 남명은 외손녀 사위이기도 한 곽재우에게 직접 병법과 병학을 가르칠 정도로 다방면에 걸쳐 실용적 지식을 갖췄다.

남명을 바른 소리하는 선비로 만든 상소사건은 짚고 넘어갈 필요가 있다. 남명은 상소문으로 조선 최고의 일사(逸士, 시골의 덕망 있는 선비)로 등장했다. 1555년 명종(재위 1545~1567)이 남명에게 단성(현재 경상남도 산청) 현감을 제수했을 때 이를 사절하는 을묘사직 '을묘사직소(乙卯辭職疏)'를 올린다. 사직소는 신하가 임명권자인 임금에게 벼슬을 사양하는 상소이다. 이 사직소는 평범한 상소가 아니었다. "전하의 나랏일이 그릇되고 나라의 근본이 망했으며 하늘의 뜻은 떠나버렸고 민심도 이미 이반했습니다. 비유하자면 백 년 동안 벌레가 그 속을 갉아먹어 진액이 말라버린 큰 나무와 같습니다. (…) 그런데도 낮은 벼슬아치는 아래에서 주색을 즐기고 높은 벼슬아치는 위에서 어름어름하며 오로지 재물만 늘립니다." 그때 외척의 발호로 극도의 혼란에 빠진 조정과 신하들을 질타하였다.

남명은 그 정도에서 멈추지 않고 임금의 역린을 건드렸다. "자전(慈殿, 임금의 어머니 문정왕후)은 생각이 깊기는 하나 궁중의 한 과부에 지나지 않고, 전하께선 어리시어 다만 선왕의 한낱 고아일 뿐이니 백 가지 천 가지 천재(天災)와 억만 갈래 민심을 어떻게 감당하며 무엇으로 수습

하시겠습니까?" 임금이라고는 하지만 어머니와 척신들의 수렴청정을 받고 있는데 어떻게 정치를 펼쳐나갈 것인지를 묻는다. 남명은 임금과 임금의 어머니를 향해 고아, 과부라는 말을 사용하면서 현재 조정이 직면한 정치적, 사회적, 경제적 상황을 통렬히 비판했다. 죽음을 무릅쓰고 올린 직언은 일대 파문을 일으켰다(송의호, 2021). 우리나라 왕조사에서 남명과 같은 상소문은 찾아볼 수 없을 것이다. 사즉생(死卽生), 즉 죽고자 하면 사는 법이다.

남명은 퇴계 이황(1501~1570)과 함께 영남의 쌍벽으로 불렸던 학자다. 둘은 학풍이나 기질, 삶의 방식 등 여러모로 대조적인 모습을 보여주었다. 퇴계가 온유돈후형이었다면, 남명은 비분강개형이었다. 퇴계가 봄바람처럼 부드러웠다면, 남명은 천길 절벽 같은 기상이 살아 뛰는 분이었다. 퇴계가 작은 것에 큰 의미를 부여했다면, 남명은 처음부터 거대 지향을 가진 분이었다(이종문, 2019). 남명은 퇴계가 세상을 떠났다는 말을 듣고 눈물을 흘리면서 "같은 해에 태어나고 살기도 같은 경상도에 살면서 70년을 두고 서로 만나지 못했으니 어찌 운명이 아니겠는가. 나도 곧 가게 될 것이다"라고 했다고 한다(김진태, 2016). 남명은 12차례 유람할 정도로 지리산(별칭은 두류산)을 좋아했다. 남명은 60세가 넘어서는 아예 지리산 천왕봉이 한눈에 보이는 산청군 시천면의 덕산으로 이사하였다. 앞서 소개한 '제덕산계정주(題德山溪亭柱)'가 바로 덕산에서 지은 시이다.

스승과 제자로서 조운제 교수님과의 인연은 강의실에서만이 아니었다. 교수님 자신이 젊은이와 함께 어울리는 것을 좋아하셨다. 교수님의 호방한 기개에 느낀 바가 있어 수업이 끝나면 저자와 친구들은 교수님

연구실로 찾아가 차를 마시며 졸업 후 진로 등에 대해 조언을 듣곤 했다. 사제 간에 오가는 대화는 지금 생각해도 아름다운 정경이 아닐 수 없다. 이런저런 이야기를 나누는 중 화제가 바둑으로 이어졌다. 저자의 바둑 실력은 자타가 공인하는 아마추어 고수에 속하는 편이다. 공강(空講)을 이용하여 수담(手談)을 나눴다. 교수님이 저자에게 넉 점을 깔고 두었다. 교수님은 기개가 넘치고 거침없이 돌을 놓았지만 정교하지는 못했다. 승패와 상관없이 바둑 자체를 즐기셨다.

교수님은 저자와 수담 나누는 것을 즐기셨다(강의가 끝나고 수강생들이 자리를 뜰 때면 교수님이 저자에게 연구실에 가자는 눈짓을 하셨다). 지금이야 대학교수 연구실에서 수담 나누는 장면을 볼 수 없지만, 80년대 교수휴게실에는 으레 바둑돌 놓는 소리가 들렸다. 4학년 마지막 학기였던 저자는 수강 과목도 적고 직장을 알아보는 중이라 시간을 낼 수 있었다. 수담을 나누는 중에 교수님은 저자의 장래 직장 등에 대해서도 물어보셨다. 공교롭게도 저자는 원하는 직장에서 낙방하여 다른 곳을 알아보고 있었다. 교수님은 "대학 교직원 모집공고가 났는데 응시하면 좋겠다. 교직원은 처우도 나쁘지 않고 방학에는 단축 근무를 하고 무엇보다 의지만 있으면 공부를 계속할 수 있어 좋다"라고 하시면서 지원을 권장하였다. 사실 그때에는 저자뿐 아니라 다른 친구들도 대학 교직원으로 취업한다는 것에 대해서는 특별한 생각을 하지 못했다. 대학 구성원으로서는 학생과 교수만을 생각했다. 오늘날에야 대학 교직원으로 취업하기도 어렵고 그 위상도 많이 달라졌다.

조운제 교수님과 사제의 인연을 맺은 저자는 교수님의 권유대로 대학 교직원으로 근무하게 되었고 근무 외 시간을 활용하여 계속 공부하게 되었다. 저자가 대학 교직원이 아닌 일반 기업에 취업했으면 저자의 삶의 방향은 달라졌을지 모른다. "사람의 인연은 하늘이 내리고 그 관계의 책임은 사람에게 있다"라고 한다. 지금 생각하면 저자와 교수님과의 만남은 하늘이 내린 것이라 생각한다. 조 교수님을 통해 인간관계 발전의 불가사의한 측면을 생각해 본다. 자동차나 기차를 타고 이동하면서 높은 산을 보면 산봉우리에서 호방하게 웃고 계시는 교수님의 얼굴을 보는 것 같다. 교수님이 젊은이의 호연지기를 강조하면서 지리산 천왕봉(1,915m)에 대한 말씀을 많이 하신 덕일 것이다. 아니면 스승을 기리는 제자의 마음이 전달된 탓일 것이다. 저자는 나이를 먹을수록 스승의 기개 넘친 웃음과 인자한 모습이 그리워진다. 교수님이 저자를 만났을 때가 지금의 저자 나이 때였다. 교수님의 초창기 대표작 샘물(1967년)을 음미하며 스승을 기린다. 저자를 사랑과 비전으로 이끌어주신 감사한 마음은 교수님의 시처럼 '버려도 또 고이는 샘물'과 같다.

　〈샘물〉
　그대 앞에선
　한마디도 못한 그 많은 사연
　그대 간 후에
　꿈에 속삭이며 별에 속삭였소

　대야의 가득한 물이라면
　한번 버리면 없어지련만,
　샘물인가
　버려도 버려도 또 고이네.

노대환. (2007).《조선의 아웃사이더》. 서울: 도서출판 역사의 아침.

《경남포커스뉴스》. (2019).〈남명 조식 선생과 실천하는 知性〉. 11월 24일.

김진태. (2016).《경북일보》.〈[김진태의 고전시담] 조식(曺植) 제덕산 계정주(題德山溪亭柱)〉. 11월 21일.

송의호. (2021).《월간중앙》.〈[선비 정신의 미학] 임금에게 직언한 선비 남명(南冥) 조식〉. 1월 17일.

이종문. (2019).《매일신문》.〈[이종문의 한시산책] 하늘이 운다 해도 조식〉. 7월 18일.

〈책을 뚫고 현실로 나아가라, 남명 조식〉. (2012). 다큐멘터리.

〈조선성리학의 라이벌, 퇴계 이황과 남명 조식〉. (1995). 다큐멘터리.

직업선택의 조건
거창고등학교의 직업선택 십계명

경상남도 거창에 소재하는 거창고등학교(줄임말 '거고')는 1950년대 설립된 사립 남녀공학의 기숙사형 고등학교다. 흥미로운 점은 학교와 외부를 구분하는 교문이나 담벼락도 없고 하물며 문패도 없다. 지금이야 교문은 놔두고 담벼락을 철거하여 외부인이 자유롭게 드나들 수 있도록 개방한 학교가 많지만, 그때에는 흔한 광경이 아니었다. 학교의 시설을 외부에 개방하고 학교 밖과 연결 짓는 일은 단순한 의미를 내포하는 것이 아니다. 확고한 교육철학과 투명한 학교경영을 실천하지 않고서는 어려운 일이다. 그만큼 당당하고 떳떳하다는 표현이다. 거고에 교문과 담벼락이 없는 것은 오랜 시간 교육철학으로 자리 잡은 '자유와 자율'을 연상시키기에 충분하다.

학교가 지향하는 자유와 자율의 교육철학은 학생들의 학교생활에서도 그대로 투영된다. 거고의 교육관은 '잘 놀아야 공부도 잘한다'이다. 함박눈이 처음 내리는 날이면 "운동장에 모이라"는 교내방송에 따라 수업 중인 아이들이 함성을 지르며 교실에서 뛰어나온다. 토끼몰이를 하러 600m 정상의 학교 뒷산을 오른다. 학교가 선도적으로 10대 특유의 감성을 발산하게끔 한다. 매년 1박 2일로 인근 덕유산이나 지리산으로 야영을 간다. 감성이 왕성한 청년들은 학교에서 멀지 않은 산중에 텐트를 치고 한밤중 하늘에서 쏟아지는 별을 보면서 대자연의 신비를 노래한다. 예술제, 체육제, 연극 합창제, 소풍, 바자회 등 다양한 자치활동을 학생회가 주축이 되어 자율적으로 기획하고 시행한다. 학교와 교사는 학생들의 계획이 원만하게 진행되도록 돕는 역할을 한다.

거고는 어떻게 운영될까 싶다. 학교운영은 '재단법인 거창고등학교회'이다. 흔히 사용하는 학교법인 OO 학원이라는 이름도 쓰지 않는다. 법적 주인인 이사회는 학교의 교육이념과 교육목적을 구현하는 데 적합한 사람을 교장으로 임명한다. 이사회는 교장에게 교사 채용을 포함하여 학교운영에 관한 전권을 부여한다. 교사들의 교무회의는 학사일정, 학급운영, 교과서선택, 교수방식, 평가, 학생지도 등 교육행위에 대한 자율권을 가진다. 교사는 교육전문가라는 확고한 신념이다. 교사는 학생에게 교육 행사의 자율권을 준다. 이사회, 교장, 교사, 학생회 간의 권한위임(empowerment)이 물이 위에서 아래로 흐르듯 자연스럽게 이어진다. 이런 일이 지방에 소재하고 있는 모든 사립학교에서 가능할까? 거고이기 때문에 가능하다고 생각한다.

거고는 우리나라 교육생태계에서 주목을 받은 지 오래다. 대도시의 명문 학교를 제치고 서울에서 200km 밖에 있는 지방 소재의 사립학교가 주목을 받은 이유는 무엇일까? 졸업생의 몇 % 이상이 대학에 진학했다거나 서울의 명문대에 몇 명이 진학했다는 이야기는 진부하다. 거고가 추구하는 교육철학과 교육방식 때문일 것이다. 거고는 학교의 존재 이유란 국가에서 필요로 하는 인재를 양성하는 데 있는 것이 아니라 마땅히 인격교육의 장(場)이 되어야 한다는 교육신념을 실천하고 있다. 지식보다 인성이 먼저다. 거고가 추구하는 인재상은 공장에서 물건을 찍어내듯 틀에 박히고 정형화된 인재를 거부하고 사랑을 가슴에 품고 사회에서 소금과 빛의 역할을 하는 인격자를 원한다. 거고는 졸업생이 우리 사회 맨 밑바닥에서 기독교 정신의 핵심인 사랑을 실천하는 지성인이 되길 기대한다.

거고만의 두 가지 관전 포인트가 있다. 첫째, 거고에는 '직업선택 십계명'이 있다. 구약에서 모세가 하나님으로부터 받은 십계명(Ten Commandments)과 같은 뉘앙스를 풍긴다. 거고가 파산하기 직전 제3대 교장으로 부임하여 오늘의 거고의 교육철학과 교육방식을 뿌리내리게 한 전영창(1917~1976) 교장의 평소 설교와 훈화를 그의 사후에 제5대 교장 도재원 선생님과 전영창 교장의 아들이자 제4, 6대 교장을 지낸 전성은 이사장이 계명 형태로 정리해 만든 것이다. 전 이사장은 직업선택 십계명을 만든 취지를 이렇게 말한다. "내 욕심대로 복 받고 천국 가는 게 아니라, 사랑받기보다는 사랑하고 헌신하고 섬기고, 십자가를 지는 게 진정한 기독교 신앙이라는 아버지 전영창의 가르침대로다." 한 번은 이런 일도 있었다고 한다. 예배식으로 진행되는 입학식을 지켜보던 학부모가 강당 뒤에 붙은 십계명을 읽고는 큰 소리로 자녀 이름을 부르며 '이런 예수쟁이 학교엔 우리 아이 못 보낸다'라고 하면서 아이를 데리고 갔다(조현, 2020).

거창고등학교의 직업선택 십계명을 들여다보자.

1. 월급이 적은 쪽을 택하라.

2. 내가 원하는 곳이 아니라 나를 필요로 하는 곳으로 가라.

3. 승진의 기회가 거의 없는 곳을 택하라.

4. 모든 것이 갖추어진 곳을 피하고 처음부터 시작해야 하는 황무지를 택하라.

5. 앞을 다투어 모여드는 곳은 절대 가지 말라. 아무도 가지 않는 곳으로 가라.

6. 장래성이 전혀 없다고 생각되는 곳으로 가라.

7. 사회적 존경 같은 건 바라볼 수 없는 곳으로 가라.

8. 한가운데가 아니라 가장자리로 가라.

9. 부모나 아내 혹은 약혼자가 결사반대하는 곳이면 틀림없다. 의심치 말고 가라.

10. 왕관이 아니라 단두대가 기다리고 있는 곳으로 가라.

저자와 같은 세속적인 사람이 거고의 직업선택 십계명을 읽다 보면 모골(毛骨)이 송연(悚然)해지는 느낌이 든다. 세상 사람이 추구하는 직업선택의 기준과는 동떨어져도 너무 동떨어졌다. 일반 사람들의 가치 기준과는 정반대인 경우가 대부분이라 감히 엄두가 나지 않는다. 아무리 거고 졸업생이라고 해도 쉽게 실행에 옮길 수 있는 계명은 아닐 것이다. 생각하기에 따라서는 지극히 비상식적인 항목이 대부분이다. 누가 월급도 적고 장래성도 없는 변방의 황무지로 직장을 얻어 가겠는가. 누가 사회적 존경은커녕 그것도 단두대가 기다리는 직장을 잡으려고 하겠는가. 철저히 기독교정신으로 무장하지 않으면 실천할 수 없는 계명일 것이다. 로마 당국의 핍박을 당하며 전도 활동에 모든 노력을 쏟아부었던 바울이나 베드로를 연상시킬 정도다.

거고 졸업생에게 직업을 선택할 때 고려해야 할 기준으로 제시한 십계명은 세간의 주목을 끌기 위한 것이 아니다. 거고의 제3대 교장을 역임하고 오늘날 거고의 교육철학을 뿌리내리게 한 전영창 교장이 걸어왔던 길을 보면 알 수 있다. 전 교장은 미국에서 신학을 전공했으며 귀국 후에는 좋은 직장을 마다하고 '청소년들을 바르게 교육해야 희망이 있다'라는 소신에 따라 재정 문제로 폐교 위기에 놓인 두메산골의 거고의 교장을 맡았다(거고는 원래 호주선교사가 운영하던 중 기독교계의 뜻있는 인사가 인수했다가 재정 파탄에 이르렀다). 교장부터 직업선택의 십계명에 부합하는 자리를 찾아 직업을 선택했다. 학교가 졸업생을 변방의 황무지로 내모는 것이 아니라 학교의 리더부터 스스로 직업선택 십계명을 실천했다. 오늘날 거고 졸업생의 직업선택 십계명은 전영창 교장이 솔선수범하여 실천에 옮겼던 행동 그대로다.

거고의 직업선택을 위한 십계명은 계명만으로 끝나지 않는다. 물질만능의 경쟁사회에서도 얼마든지 가치를 부여할 항목이 있다. 젊은이가 직장을 구할 때 생각하는 조건으로 '자신을 필요로 하는 직장'에 가고 싶은 것은 보편적인 가치를 지니고 있다. 직장의 미래를 더 멀리 내다보고 현실에 안주하는 것보다는 도전적인 가치 기준을 세운다면, 월급이 적고 승진 조건도 없는 황무지의 변방이지만 자신의 능력을 필요로 하는 직장이라면 갈 수 있을 것이다. 좀 더 차분하게 깊이 들여다보고 삶의 의미와 연관 지어 생각해 보면 거고의 직업선택 십계명은 결코 허황된 기준이 아니다. 거고 졸업생 중에는 성공하고 돈 많이 번 사람도 있다. 하지만 어느 선까지만 이익 추구를 하는 경우가 많다고 한다. 그러곤 어느 순간 자신이 의미 있다고 생각하는 일에 과감히 자신을 던진 다(장일현, 2015). 직업선택 십계명이 졸업생의 의식에 잠재되어 있다 '스톱' 버튼을 작동시킨 것이다. 인간에게 잠재적 교육이 중요한 이유를 사회적, 경제적으로 성공한 거고 졸업생에게서 본다.

거고의 두 번째 관점 포인트는 학교가 원하는 교사상이다. 어떤 교사가 거고에 근무하고, 어떤 교사가 직업선택 십계명을 실천할 거고인을 키우는가가 궁금하다. 거고에서 요구하는 교사상은 다음과 같다.

◆ 교직을 단순한 직업이 아니라 천직으로 여기는 선생님
◆ 헌신과 사랑을 실천하는 선생님
◆ 학생의 행복이 자신의 행복이라고 생각하는 선생님
◆ 학생들을 위해서 개인적 시간과 자원을 쏟아부을 수 있는
   선생님

거고에서 교사에게 요구하는 교사상은 교사라면 마땅히 갖추어야 할 덕목이라고 생각할 수 있지만, 거고의 교사들은 이 덕목들을 교실에서 아이들에게 실천하고 있다. 저자가 우리나라 고등학교 중에서 명문고라고 평판이 자자한 몇 군데 학교의 홈페이지를 찾아 학교에서 명시적으로 요구하는 교사상을 찾아보았지만 찾을 수 없었다. 어떤 학생을 길러내겠다는 학생상 또는 인재상은 있지만, 학교에서 요구하는 교사상은 찾아보기 힘들다. 교사상은 학교의 건학이념과 연결되고, 학교가 어떤 인재를 키우겠는가에 대한 방향성을 판단할 수 있는 지렛대가 된다.

거고의 교사상에 부합한 교사들은 학생이 야간자율학습(줄임말 '야자')

을 할 때 교사들도 교무실에서 학생들의 질문을 받거나 모의고사 결과를 분석한다. 학생들은 교사가 편집한 보충 교재로 공부한다. 학생들은 야자시간에 공부하다 모르는 문제가 있으면 교무실에서 기다리는 교사를 찾아가 묻고 답을 얻는다. 학생이 행복한 것이 곧 교사 자신이 행복하고, 교사를 직업이 아닌 천직으로 생각하는 거고의 교사들은 학생들을 위해서라면 개인적인 시간과 자원을 쏟아붓는다. 학생의 학업 신장과 인성 함양이라는 두 마리 토끼는 교사의 헌신과 희생 없이는 불가능하다. 그러기에 거고에는 '사교육이 없다'라고 자신 있게 말할 수 있다.

한국교육개발원의 '2022 교육 여론조사' 결과에 따르면, 우리나라 학부모 10명 중 4명은 '자녀가 공부를 안 하고 있으면 불안(40.8%)'하고, '아이가 학원에 가거나 과외 공부를 하고 있으면 마음이 편하다(36.7%)'라고 느끼는 것으로 조사됐다. 심지어 학부모 40.5%는 '자녀가 스스로 공부할 수 있어도 사교육이 필요하다'라고 생각했다. 이쯤 되면 우리나라 학부모에게 사교육은 불안증세 완화제다. 자녀가 사교육을 받지 않으면 불안하기 때문에 자녀가 자기주도학습을 할 능력이 있어도 사교육을 하게 된다는 말이다.

사교육을 줄일 수 있는 어떤 방안이 있을까? 전문가들은 "학부모들을 사교육으로 몰아가는 동력은 불안감이기 때문에 이를 줄여주려면 학교에서 더 좋은 교육을 제공해야 한다"라거나 "초·중·고교 모두 질은 높고 비용은 저렴한 양질의 방과 후 수업 등을 운영해서 학교 교육에 대한 학부모의 신뢰를 높여야 한다"라고 말한다(김연주, 2022). 사교육 완화를 위한 핵심은 학교에서 양질의 우수한 교육을 제공하여 학교 교육에 대한 학부모의 신뢰를 높여야 한다는 말이다. 전문가들의 말은 사교육실태 조사결과 이후 매번 되풀이되지만 공염불이 되고 만다. 사교육 없는 거고의 힘은 바로 교사들의 헌신과 희생으로 가능하다. 거고를 통해 진정한 의미의 배움 공동체라는 말을 떠올린다. 거고에서 '교육의 수준은 교사의 수준을 뛰어넘을 수 없다'라는 말은 평범한 말에 불과하다.

거고에서는 졸업생이 직업을 선택할 때 고려해야 할 십계명을 별도의 시간을 들여 가르치지 않는다. 십계명은 원칙이거나 규범이 아니다. 그것은 거고가 지향하는 교육철학이지만 실천은 졸업생 각자에게 달려 있다. 학생이 평생 간직하고 싶은 가치와 신념을 머리가 아니라 가슴에 담는다. 무엇보다 학창 시절 학생이 몸과 가슴으로 느끼는 가치와 신념은 교사와 교장 등 학교 구성원이 솔선수범하여 실천하는 것을 보고 강화될 뿐이다. 옛말에 "어른은 아이의 거울이다"라는 말과 "애들 앞에서는 찬물도 못 마신다"라는 말이 맞다. 국가에서는 〈인성교육진흥법〉(2020년)을 제정하여 시행하고 있지만, 인성은 지식처럼 가르쳐서 습득되는 것이 아니며, 설계 도면을 따라 건축물을 짓듯이 하는 것도 아닐 것이다. 사람의 인성은 머리가 아니라 가슴에 스며들기 때문이다. 사회에서 어른이 온갖 나쁜 짓은 다하면서 배우는 어린아이들에게 올바른 인성을 갖추도록 하는 것은 앞뒤가 맞지 않다.

거고를 통해 우리 교육의 희망을 본다고 하면 우리 교육을 지나치게 평가절하하는 것일까. 거고의 교사를 통해 우리 교육의 희망과 비전은 교육주체, 즉 학부모, 학생, 교사, 교육 당국에 감동과 울림을 주는 교육철학도 중요하고 탄탄한 재정도 뒷받침되어야 하지만 무엇보다 교사의 역할이 중요하다는 사실을 확인하게 된다. 공교육이 짊어져야 할 몫을 사교육에 전가하면서 '공교육의 위기'를 운운하는 우리 교육계의 대오각성이 필요한 이유다. 누가 거고를 지방 소도시의 대안학교라고 하는가. 거고는 우리 교육이 지향해야 할 대안 중 하나에 해당하는 학교가 아니라 교육이 나아가야 할 본질과 방향을 밝히는 등대 학교다.

📖 김연주. (2022). 《조선일보》. 〈"그래도 학원 보내야" … 더 커진 사교육 의존증〉. 1월 18일.

김진호. (2017). 《경남일보》. 〈[가고파] 거창고 직업선택 10계명〉. 2월 2일.

박형숙. (2015). 《오마이뉴스》. 〈"우린 안 하는 걸 잘한다", 놀면서 성공한 학교〉. 7월 20일.

장일현. (2015). 《조선일보》. 〈[Why] 3년간 거창高 졸업생 인터뷰… '직업의 十誡(십계)' 깨달은 어머니〉. 2월 7일.

정해숙. (2011). 《한겨레》. 〈[길을 찾아서] "학교 문닫아도 학생지킨다" 희망 보여준 경남 거창고〉. 7월 10일.

조 현. (2020). 《한겨레》. 〈전성은 거창고 이사장 "도그마로부터 독립하라"〉. 10월 28일.

〈전영창〉. 디지털무주대전.

〈거창고등학교〉. https://geochang-h.gne.go.kr/geochang-h/main.do

생명을 예단하지 마라
진리는 곁에 있지 않다

농촌에서는 매년 2월 하순부터 농번기에 들어선다. 곳곳에서 농기계의 다양한 엔진 소리가 들려오기 시작한다. 사람 대신 기계의 힘을 빌려 퇴비를 나르고 흙을 갈아엎고 로터리를 쳐 파종 준비를 한다. 토질을 기름지게 할 퇴비도 논과 밭고랑에 줄 세워져 놓여 있다. 농기계로 농사를 짓는다 해도 눈코 뜰 새 없이 바쁠 때는 초고령의 할아버지, 할머니도 고사리 같은 어린아이의 손조차도 귀한 곳이 농촌이다. 농사는 곧 타이밍의 예술이고 과학이기 때문이다.

땅 위에서는 사람과 기계가 분주하게 움직이지만, 그에 못지않게 땅 아래 식물들은 새싹을 틔울 준비를 하느라 바쁘다. 단비라도 내리면 새싹이 쑥쑥 올라오는 것을 보게 된다. 오늘 다르고 내일 다른 것이 농촌 봄의 전경이다. 광주리를 든 아낙네가 어린 나물을 채취하는 모습도 하나둘 눈에 띈다. 용을 써가며 땅 힘을 밀어내고 세상에 얼굴을 내민 새싹을 보면 역발산기개세(力拔山氣蓋世)의 항우장사가 따로 있을까 싶다. 모든 씨앗이 싹을 틔우는 것은 아니다. 땅 위에 떨어지는 씨앗 중 5%

미만의 씨앗이 싹을 틔운다고 한다. 생존 확률이 낮은 씨앗이 싹을 틔운다는 것은 경이롭고 위대하다. 대자연의 생명력 앞에 저절로 머리가 숙어지고 경외감마저 든다.

매일 이구동성으로 들어오는 꽃 축제 소식을 접하고 집 밖에서도 아름다운 꽃을 보지만 그 아름다움을 집안에서도 느끼고 싶은 것은 인지상정일 것이다. 영광에서 전원생활을 하고 있는 선배의 정원에서 수십 그루의 수선화를 가져왔다. 수선화는 바다에서 뭍으로 막 올라온 활어처럼 싱싱했다. 하나의 구근(球根)이 여러 자손을 거느리며 탄탄한 클러스터를 만들었다. 웬만큼의 손힘으로는 구근을 나눠 옮겨심기가 쉽지 않았다. 수선화를 구경만 했지 구근과 꽃대를 만지며 심는 즐거움과 행복감은 특별했다. 짙은 노랑과 옅은 흰색이 조화를 이룬 수선화는 보는 사람이 나르시스트가 되는데 충분한 매력을 발산했다.

아예 섬을 수선화로 단장한 지역도 있다. 전남 신안군 선도(蟬島), 즉 섬이 매미 모양을 닮았다고 매미 '선'을 썼다. 180만 구에 가까운 황금빛 수선화가 자연풍광과 어우러진다. 신안군은 선도에 약 8ha 규모의 수선화 꽃밭을 조성하고 '수선화 섬'으로 명명했다. '수선화 여인'이란 애칭을 가진 현복순 할머니가 집 앞에 심기 시작한 수선화가 군(郡)을 대표하는 관광브랜드가 되었다. 선도의 지붕은 수선화를 닮은 노란색이다. 신안은 컬러 마케팅의 원조다.

수선화에 대한 시와 노래는 다른 꽃보다 더 많은 듯하다. 물속에 비친 자기 모습의 아름다움에 홀려 그곳을 떠나지 못하고 결국 물에 빠져 죽은 미청년(美靑年)이 수선화가 되었다는 전설 때문일 것이다. 이해인 수녀는 "초록빛 스커트에/ 노오란 블라우스가 어울리는/ 조용한 목소리의/ 언니 같은 꽃"이라고 수선화의 자태를 표현했고, 나태주는 "언 땅의 꽃밭을 파다가 문득/ 수선화 뿌리를 보고 놀란다/ 어찌 수선화, 너희에게는 언 땅 속이/ 고대광실(高臺廣室) 등 뜨신 안방이었드란 말이냐!"고 하면서 수선화의 강인한 생명력을 시로 표현했다. 정호승은 수선화에서 모티브를 얻어 "울지 마라/ 외로우니까 사람이다/ 살아간다는 것은 외로움을 견디는 일이다"라고 하면서 수선화에 얽힌 외로운 자기애를 인간이 가진 숙명으로 보았다. 외로움은 누구에게나 있기에 슬픔이 아니라는 것이다. 영국 시인 로버트 헤릭(Robert Herrick)은 "어여쁜 수선화야/ 그처럼 빨리 떠나는/ 네 모습 보니 눈물이 나는구나/ 아침 해 비록 일찍 떠올랐으나/ 아직 중천에 이르지 못했거늘/ 가지 마라, 가지 마"라고 하면서 덧없는 인생을 수선화에 비유하기도 했다.

수선화를 옮겨심기 위해 넉넉하지 않은 시골 정원의 빈터를 찾아 땅을 파는 중 이제 막 싹을 틔운 백합 구근(球根)에 상처를 내고 말았다. 겉에서 보았을 때는 백합의 줄기가 말라 있어 죽은 줄만 알았다. 아뿔싸 나는 얼굴이 빨갛게 달아올랐다. 좀 더 신중하게 살펴보고 땅을 팔걸….

나보다 정원을 가꾼 경험이 많은 사람의 이야기를 들어보면 봄철에 함부로 땅을 파거나 밟지 말라고 조언한다. 심지어 풀도 뽑지 말라고 한다. 나는 그 의미를 건성으로 들었다. 눈으로 확인하면 새싹과 잡풀을 구분할 수 있고 지난해에 심었던 꽃의 위치를 기억할 줄 알았다. 지나친 자기 확신과 교만이 화근이었다. 선배가 들려준 말의 의미를 구근에 상처를 내고서야 깨달았다. 곤란한 상황을 당한 뒤에 알게 되는 곤이지(困而知)다. 정원은 생명체의 집합소다. 내 땅이라고 하여 내 마음대로 삽질하거나 호미질을 해서는 안 된다. 땅속의 생명들에게 물어볼 수 없다면 기다림과 느림의 철학을 실천에 옮겨야 한다. 겉에서 보는 생명과 속 안에 있는 생명이 다르다. 진리는 잘 보이지 않는다. 이 봄에 이 깨달음만 간직해도 큰 수확이다.

수선화에 눈이 팔려 논점이 빗나갈 뻔했다. 봄에 이제 막 땅 위로 쏘아 오른 어린 새싹들을 보면 어떤 작물인지 어떤 꽃인지 도대체 분간하기란 어려운 일이다. 잡풀인지 꽃대인지조차 구분하기 어렵다. 어느 정도 형태가 잡히고 윤곽이 드러나고서야 그 정체를 알 수 있다.

사람도 마찬가지다. 식물의 새싹은 사람에겐 어린이에 해당한다. 어른은 아이가 아주 어렸을 적에 그가 어떤 사람으로 성장할 것인가에 대해 잘 알고 있는 것처럼 그의 미래를 예단하곤 한다. 어른이 마치 점쟁이처럼 누군가의 미래를 예측하는 교만을 부리는 것이다. 어른이라고 해서 아이의 앞날을 잘 알 수 없다. 지식과 경험으로 예측을 내놓을 수는 있어도 어디까지나 예측일 뿐이고 지식 자랑을 하고픈 욕심이다. 대기만성형(late bloomer)은 어떻게 설명할 것인가. 사람의 위대성은 생태시계에 따라 꽃을 피우는 꽃과 다르게 언제 만개할 줄 모르는 불가사의한 면에 있지 않을까. 인생의 봄은 언제든 가능하고 누구든 그 주인공이 될 수 있다. 아이들을 다 키운 다음에 든 생각이다.

아이들을 진정으로 사랑한다면 기다려주는 것이다. 젊을 적에 이런 생각이 있었다면 지금보다 아이들을 더 잘 키웠을 텐데 하는 아쉬움도 갖는다. 어린 새싹이 시간이 지나면서 자신의 정체성을 드러내는 것처럼 아이도 시간과 함께 자신만의 색깔을 만들어나간다. 진리는 겉에 있는 것이 아니라 안에 있으니 말이다. 백합 구근을 어루만져 다시 심어

주었다. 보름쯤 지난 후 구근은 걱정하지 말라는 듯이 건강한 싹을 틔운 모습을 보여주었다. 생명 앞에 경이와 경외라는 수식어를 이름하는 것에 공부하는 시간이었다. 생명을 예단하지 말아야 한다. 그것은 인간의 주제넘은 교만이며 인간 너머의 영역이기 때문이다.

깨진 유리창의 법칙
방심(放心)하기 쉬운 인간의 마음

저자는 달리기 예찬론자다. 저자의 머릿속에는 무라까미 하루끼의 말이 단단히 심겨 있다. "근육은 기억하고 인내한다. 어느 정도 향상도 된다. 그러나 타협하지도 융통성을 부리지도 않는다." 운동을 해본 사람이라면 무라까미의 말을 실감할 것이다. 근육을 만드는 데는 몇 달, 몇 년이 걸리지만 그 근육이 제자리로 돌아가는 데 불과 며칠밖에 걸리지 않는다. 근육은 그야말로 진화론의 용불용설(用不用說)에 딱 들어맞는다.

유달리 추웠던 작년 겨울, 기상 조건과 상관없이 꾸준히 해 오던 달리기를 몇 주간 중단했다. 부작용이 금세 나타났다. 인후염을 동반한 감기로 응급실을 찾아갔고 2주가 지나도 잘 낫지 않았다. 간신히 감기가 떨어지나 했는데 또 재발이 되었다. 달리기를 시작하기 전의 몸 상태로 돌아가는 것이 아닌가 하는 불안감과 함께 운동 조건이 어렵다고 포기해 버린 나 자신에게 실망감까지 들었다.

누구에게나 자신에게 맞는 운동이 있기 마련이다. 저자에겐 달리기야말로 면역력을 키우고 건강을 지키는 최고의 보약이다. 체질적으로 달리면서 땀이 나면 몸이 가벼워지고 신진대사가 활발해진다. 달리기가 나를 지키는 수호천사라는 것을 잘 알면서도 어려움을 겪고 나서야 깨닫는 하책(下策)을 반복했다. 환절기만 되면 제일 먼저 감기 신고를 해야 했던 저자가 다시 달리기 이전으로 돌아가는 것은 끔찍한 일이다. 다행히 운동을 다시 시작하면 기억력 좋은 근육이 활성화되어 예전의 모습을 되찾는다고 하니 희망이 생긴다.

다시 희망의 달리기를 시작한다. 달리기하는 거리마다 벚꽃, 개나리, 진달래, 목련 등 봄의 전령이 응원의 박수를 하듯 환하게 웃고 있다. 춥지도 덥지도 않은 최상의 달리기 환경이다. 간만에 달리기를 시작하면 지켜야 할 철칙이 있다. 시작 전에 스트레칭으로 몸을 충분히 푼 후 보폭을 짧게 하고 시간과 거리를 적당하게 조절하는 것이다. 과유불급은 러너가 반드시 지켜야 하는 철칙이라는 것을 잘 알기에 조심 또 조심한다. 마치 다산 정약용이 여유당(與猶堂)이라는 호를 짓고 유배 후에 삶을 신중모드로 전환한 것처럼 조심해서 무릎 관절을 사용해야 한다.

이쯤 해서 본론으로 돌아가자. 저자가 거주하는 마을에서 가까운 곳에 시에서 관리하는 생태숲이 조성되어 주말에는 어린이를 동반한 젊은 부모가 마을의 진입로를 통해 생태숲을 찾는다. 쓰레기를 줍다 보면 일회용 커피컵, 생수병, 마스크, 비닐 등 현지의 마을 주민이 버렸다고 하기에는 힘든 쓰레기가 도로 옆 논이나 밭에 너부러져 있다. 몇 년 전 일본 관광을 하던 중 농촌 마을을 지나게 되었는데 논이나 밭에는 농촌에서 흔하게 볼 수 있는 비닐봉지나 휴지 하나 보이지 않았다. 일본의 청결 문화를 알고 있지만 실제 현장에서 본 일본인의 청결은 명성 그대로였다. 저자는 일본 농촌의 청결한 풍경이 부러웠다. 주말마다 농촌에서 생활하는 저자 역시 할 수만 있다면 청결한 마을을 만드는 데 힘을 보태고자 마음먹었다. 마을 주민이 마을을 청결하게 관리하면 외부인들도 함부로 쓰레기를 버리지 않을 것이다.

요즘 플로깅(Plogging)이 유행이다. '이삭을 줍는다'는 뜻의 스웨덴어 'Plocka upp'과 영단어 'Jogging'의 합성어로 달리면서 쓰레기를 줍는 친환경 조깅을 의미한다. 저자도 플로깅이라는 거창한 말을 사용하지는 않지만, 주말에 달리기를 마치고 적당히 땀이 나면 집에서 쓰레기분리용 봉지와 집게를 가지고 도로 양옆의 쓰레기를 줍는다. 플로깅은 달리면서 쓰레기를 발견하고 줍기 위해 멈추지만 저자는 달리기를 마친 후 쓰레기를 줍는다. 플로깅을 하면 운동도 쓰레기 줍는 것도 어느 것 하나 제대로 목표를 달성하는 데 어려움이 있었다. 플로깅은 농촌과 같은 환경에서는 적합하지 않은 것 같다. 마을에 전원주택을 마련하고 도회지에서 사는 선배가 쓰레기를 줍는 저자를 보고 다음에는 같이 하자고 제안했다. 선한 바이러스가 널리 퍼지면 좋은 일이다.

스탠퍼드대 필립 짐바르도 교수는 인간 행동에 관한 흥미로운 연구를 수행했다. 슬럼가의 한 골목에 한 대의 차량은 보닛만 열어두고, 다른 한 대는 보닛을 열어두고 차의 유리창을 일부 훼손한 상태로 주차해 놓은 뒤 일주일 후에 차량 상태를 관찰했다. 보닛만 열어둔 차량은 특별한 변화가 없었지만, 보닛을 열어두고 유리창 일부가 훼손된 차량은 차량의 주요 부품이 도난당한 것은 물론, 낙서와 쓰레기로 폐차 직전이 되었다. 사실 두 차량의 차이라고는 유리창의 훼손뿐이었다. 이렇게 만들어진 범죄학 이론이 바로 '깨진 유리창의 법칙(Broken Window Theory)'이다. 이 이론은 조그만 차이가 커다란 차이를 만들어낸다는 교훈을 시사하는 것으로 일상에서 흔하게 적용된다.

1994년 뉴욕시장으로 취임한 루돌프 줄리아니 시장도 이 원리를 효과적으로 적용하여 범죄예방에 효과를 봤다. 뉴욕은 마천루가 즐비하고 화려한 세계적 대도시이지만 지하철을 타기 위해 지하로 내려가면 지상과는 별개의 세계임을 알 수 있다. 줄리아니가 시장으로 재임할 때만 해도 이 지하세계에는 온갖 범죄가 횡행하고 쓰레기가 뒤범벅되고 벽에는 낙서로 얼룩져 있었다. 깨진 유리창 이론에 따르면 이런 경범죄에 해당하는 쓰레기 무단 투척이나 노상음주, 낙서, 무임승차 등 기초질서 위반자가 나중에 중범죄를 저지르게 될 가능성이 높다고 한다.

줄리아니 시장은 뉴욕경찰국과 협력하여 기초질서 위반자를 대상으로 집중적으로 단속을 실시하고 관행 이상의 과중한 벌금을 부과했다. 물론 시행 초기에는 시민들의 불만이 높았지만 시장 임기가 만료될 무렵 뉴욕의 범죄는 눈에 띄게 낮아졌다고 한다. 이론이 이론으로 머물지 않고 일상에 적용돼 효과를 본 사례이다.

저자도 깨진 유리창 이론을 경험하고 있다. 마을 진입로를 쭉 따라가면서 관찰하면 길 양옆에 쓰레기가 없는 깨끗한 지역에는 쓰레기가 거의 보이지 않는다. 반면에 쓰레기가 널려 있는 지역에는 새로운 쓰레기가 계속 버려진다. 악순환이다. 쓰레기도 연식이 있어 시간이 오래된 쓰레기와 최근 쓰레기를 구분할 수 있다. 지저분한 곳에 쓰레기를 버리는 것은 인지상정이다. 사람에게는 양심이 작동하는데 더럽고 지저분한 곳에 쓰레기를 버리면 꺼림칙한 마음이 덜 생기는 법이다.

마을 진입로는 누군가의 소유 공간이 아닌 모두의 공간이다. 모두의 공간이기 때문에 공공성이 필요한 법이다. 대개 님비(NIMBY) 현상이라고 하면 자기가 사는 주거지역에 장례식장, 화장장, 산업폐기물 및 쓰레기 처리장 등 이른바 혐오시설이 들어서는 것을 반대하는 현대인의 자기중심적인 공공성 결핍증상을 말한다. 마을 진입로는 님비와 같은 거창한 현상에 해당되지 않겠지만, 공공의식의 실험 무대는 될 수 있을 것이다. 마을 진입로에서의 공공성과 시민의식의 회복으로 우리나라 국민의 의식도 선진국형이 되면 좋겠다.

저자는 부제를 "'방심(放心)'하기 쉬운 인간의 마음"으로 달았다. 공공장소에 쓰레기를 함부로 버리는 것은 인간의 방심에서 비롯된 것이라고 생각하기 때문이다. 방심이란 글자 그대로 '놓아버린 마음'이다. 무엇을 놓아버렸단 말인가? 바로 인간이 태어날 때부터 가진 선한 마음이다.

맹자는 잃어버린 마음을 무명지(無名指)에 비유하면서 설명한다. 무명지는 다섯 개 손가락 중 네 번째에 해당하지만 이름이 없는 손가락이다. 다른 손가락과는 다르게 별로 쓰임새가 없기 때문이다. 탕약을 저을 때 쓴다고 해서 약지(藥指)라고 불린다. "무명지가 구부러져서 펴지지 않을 때 당장 아프지 않아도 펼 수 있는 명의를 찾아 진나라나 초나라까지 가는 것을 마다하지 않을 것이다. 내 손가락이 남들의 손가락과 같지 않기 때문이다. 사람은 손가락을 고치기 위해 먼 길을 마다하지 않고 의사를 찾아가지만 놓아버린 마음을 찾기 위해서는 이를 바로잡으려 하지 않으니 이는 분별력이 없기 때문이다."(최인호, 2012) 공동체에서 시민의 공공의식 회복은 곧 놓아버린 마음을 찾는 것이고 잃어버린 무명지를 찾는 작은 실천이 아닐까.

📖 무라카미 하루키. (2017).《달리기를 말할 때 내가 하고 싶은 말》. 임홍
　　　　빈 옮김. 서울: 문학사상.

최인호. (2012).《소설 맹자》. 서울: 열림원.

최지원. (2021).《한국경제》.〈근육은 기억한다 … "소싯적에 운동 좀
　　　　했지"〉. 9월 4일.

한국과 피를 나눈 형제, 튀르키예
역사 교육의 힘

2002년 FIFA 월드컵 대회 기간 내내 우리나라의 거리와 광장은 '붉은 악마'의 물결로 뒤덮였다. 우리나라 축구팀은 최종 4위에 오르는 쾌거를 달성했다. 스포츠 경기에서 응원의 힘과 홈팀의 이점을 직접 경험했다. 우리나라는 튀르키예(그때 이름은 '터키')와의 3, 4위전에서 져 4위를 차지했다. 응원단의 플래카드에 '우리는 친구'라는 이색적인 문구를 발견할 수 있었다. 다른 국가와의 경기를 치를 때와는 다르게 튀르키예와의 경기는 마치 친구끼리의 시합을 연상케 했다. 누가 지고 이기는 것은 나중 문제인 것처럼 보일 정도였다.

최근 우리나라가 튀르키예와 어떤 관계인가를 나타내는 사건이 발생했다. 2023년 2월 튀르키예에 지진이 발생하여 많은 사상자가 발생하고 천문학적인 규모의 피해를 입었다. 우리나라 정부는 "우리가 공산 침략을 받았을 때 지체 없이 대규모 병력을 지원해서 우리의 자유를 지켜준 형제의 나라가 바로 튀르키예였다"라고 말하면서, 우리 정부 역시 지체 없이 정부 차원 구호단을 급파하고 긴급 의약품을 지원했다. 민간차원에서도 튀르키예 국민을 돕기 위한 성금 모금이 활발하게 이뤄졌다. 이재민을 위한 임시 거주지도 지어 기증했다. 우리나라는 튀르키예가 국가적 재난을 겪고 있을 때 진정한 친구가 무엇인지 보여주고 있다. 인디언 속담에도 친구란 "내 슬픔을 등에 지고 가는 자"라고 하지 않던가. 질풍지경초(疾風知勁草), 즉 모진 바람에도 꺾이지 않은 강한 풀을 알아볼 수 있듯이 위험한 처지를 닥쳐봐야 관계의 진가를 알 수 있다.

우리나라에서 튀르키예는 비행기로 12시간을 타야 갈 수 있는 지리적으로도 먼 곳이다. 우리나라와 튀르키예의 관계를 보면 국가 간의 관계는 지리적 거리가 중요한 것이 아니라는 것을 알 수 있다. 일본은 우리나라에서 가까운 나라지만 정서적으로는 얼마나 먼 나라인가. 개인도 그렇지만 국가 간의 관계 역시 지리적 거리의 멀고 가까움에 달려 있지 않고 역사적으로 어떤 관계를 맺었고 어떤 인연을 맺어왔는가가 더 중요할 성싶다. 우리나라와 튀르키예가 어떤 역사적 관계를 맺었는지 살펴보기로 하자.

역사학자들은 우리나라와 튀르키예 양국 간 인연의 뿌리는 2천 년 전까지 뻗어 있으며, 교류도 활발했다고 추측한다. 고구려는 튀르키예와 우호 관계를 맺고 함께 중국에 맞섰다. 두 나라는 조문 사절을 교환하며 우방으로 지냈다. 튀르키예 역사 교과서는 튀르크와 고구려 관계를 설명하고 있다. 튀르키예인의 조상 돌궐(突厥, 튀르키예와 전신인 오스만튀르크를 세운 투르크족의 한자 음차표기)은 고구려 멸망 후 고구려 유민들을 대거 받아들였다. 중국 역사서 구당서(舊唐書)는 7세기에 고구려가 멸망한 후 유민이 당나라와 돌궐 등에 유입됐다고 기록했다(정하종, 2017).

중국 수나라가 고구려를 침략했을 때도 고구려와 튀르크 사이의 모종의 밀약을 걱정했다고 한다. 고구려와 튀르크는 동맹 관계를 맺고 있어 수나라는 마음 놓고 고구려를 공격할 수 없었다. 고려 말부터 조선 초까지는 적지 않은 사람과 튀르크의 방계인 위구르인이 우리나라에 들어와 살았다. 이들을 '회회인(回回人)'이라 불렀다. 조선 세종은 코란 낭송을 즐겨 이를 '회회 조회'로 정례화했다고 한다. 조선이 유교 폐쇄 국가로 가면서 두 나라는 멀어졌지만, 1950년 6.25 전쟁이 일어났을 때 약 1만 5,000명의 튀르키예 청년이 옛 형제국을 찾아와 피를 바쳤다(양상훈, 2020). 튀르키예는 4차에 걸쳐 22,006명을 파병했는데, 724명이 전사하고 166명이 실종됐다. 파병 규모로는 유엔군 가운데 네 번째이고, 전사자가 두 번째로 많다 보니 '피로 맺은 형제'라는 말이 자연스럽게 나올 만도 하다(국가기록원).

6.25 전쟁 소식을 접한 튀르키예에서는 고교생들이 전쟁이 일어난 형제의 나라에 왜 지원군을 보내지 않느냐며 시위를 벌였다고 한다. 튀르키예 정부가 지원병을 모집하자 순식간에 파병 인원을 넘어섰다. 왜 튀르키예 젊은이들은 머나먼 이국땅 전쟁에 앞다투어 지원했을까. 그들은 한국이 '피로 맺은 형제'의 나라라고 배웠기 때문이다. 튀르키예 역사교과서는 6~7세기 몽골 일대에서 크게 번성했던 그들의 조상 돌궐과 고구려와의 관계, 그리고 돌궐제국이 당나라에 패망한 이후 현대의 튀르키예에 이르기까지의 역사를 비교적 상세히 기술하고 있다(국가기록원).

6.25 전쟁에서 튀르키예군이 중공군과 싸웠던 사건은 역사의 아이러니가 아닐 수 없다. 일찍이 돌궐은 중국 북방에서 중국과 싸우며 세력 다툼을 벌였는데, 돌궐의 후손인 튀르키예 병사가 한반도에서 중공군과

다시 전쟁을 치른 것을 보면서 되풀이되는 역사를 다시 생각해 본다. 절대 역사를 잊으면 안 된다는 교훈을 되새기게 한다.

우리나라와 튀르키예는 1957년 수교를 맺고 우호와 선린 관계를 유지하고 있다. 고구려와 돌궐의 우호 관계가 대한민국과 튀르키예의 수교로 재현되었다. 개인이나 국가나 그 관계가 좋다 보면 서로를 위해 뭔가 특별한 선물을 하고 싶어 한다. 튀르키예의 앙카라에는 한국공원이 있다. 서울시에서 1973년 11월 튀르키예공화국 수립 50주년에 맞춰 한국공원을 조성하고 앙카라시에 헌정했다. 6.25 전쟁 당시 유엔 산하 16개국이 군대를 파병했는데, 파병국에 공원을 조성하여 헌정한 사례는 흔치 않다. 한국공원에는 우리나라 태극기와 튀르키예 국기가 나란히 걸려 양국의 우호와 친선을 상징하고 있다. 참전 기념탑은 불국사 석가탑을 본떴다고 하는데 아래 제단엔 부산 유엔공원 튀르키예군 묘역(462명 안장)에서 퍼 온 흙이 담겨 있었다. 한국의 수도 서울에는 튀르키예 공원이 있다. 1977년 서울시가 조성하여 개원했다. 앙카라의 한국공원과 서울의 튀르키예 공원은 우애 좋은 형제가 부모가 남긴 유산을 사이좋게 나눠 갖는 모습을 연상시키기에 충분한 상징물이다.

튀르키예 군인과 우리나라 전쟁고아를 다룬 영화 〈아일라〉도 특별한 감동을 선사한다. 우리나라와 튀르키예의 합작영화이다. 튀르키예 국민 5백만 명이 넘는 관객이 이 영화를 관람했다. 영화 〈아일라〉는 6.25 전쟁에 참전한 튀르키예 군인 슐레이만 딜빌리이 하사와 전쟁고아가 된 아이의 실제 이야기다. 슐레이만은 평안남도 군우리에서 북한군의 폭격에 부모를 잃고 울고 있는 아이를 발견해 부대로 데려왔다. 그는 전쟁고아가 된 네 살배기 어린아이를 '아일라(Ayla)'로 불렀는데, 아일라는

'달의 후광'을 뜻하는 튀르키예어로 아이의 얼굴이 달처럼 둥글고 달빛 아래에서 발견했다는 이유로 붙여진 이름이다. 파병기간이 끝나고 튀르키예로 귀환해야만 하는 슐레이만은 아일라를 튀르키예로 데리고 가기 위해 몰래 큰 가방에 아이를 넣고 가다 들켜 수포로 돌아가기도 했다. 결국 슐레이만은 튀르키예군이 경기 수원에 지은 '앙카라 학원' 보육원에 맡기고 귀국했다. 가슴으로 낳은 아일라의 아빠가 된 슐레이만은 꼭 찾으러 온다는 약속을 하고 귀국하지만 상봉하기까지는 47년이 더 필요했다. 한국전쟁 다큐를 제작 중인 방송사의 도움으로 아일라의 행방을 알게 됐고 할머니가 된 그녀와 재회하는 데 성공한다. 6.25 전쟁에 참전한 군인 혹은 우리나라 주둔군과 인연이 된 사례가 종종 알려져 인간승리의 감동을 주는 소식을 들었지만 튀르키예 참전 군인과 우리나라 전쟁고아와의 인연에 대해서는 처음인 것 같다.

한편 튀르키예가 6.25 전쟁에 많은 군인을 지체 없이 파병한 이유 중 하나는 서방의 호감과 신뢰를 얻어 북대서양조약기구, 즉 NATO 회원국이 되고자 하는 전략적 계산도 깔려있었다. 튀르키예는 제2차 세계대전 이후 냉전이 도래하면서 소련의 위협에 대응하기 위해 서방에 편입되기 위한 외교적 노력에 전력했다. 1952년 2월 튀르키예는 서방으로부터 한국전쟁 참전의 공로를 인정받아 NATO에 가입할 수 있었다. 튀르키예는 6.25 전쟁에 파병하여 자유 민주주의를 수호하는 국가로서 이름을 널리 알리고 숙원이었던 NATO에도 가입하면서 일석이조의 파병 효과를 달성했다.

파병도 국익을 위한 외교전략이다. 우리나라도 베트남전에 병사를 파병하였고 그 대가로 미국으로부터 군사적, 경제적 지원을 받았다. 우리나라 정부가 베트남전에 파병을 결정하게 된 원인에는 미국에 대한 보은, 미국의 강압, 한국안보를 위한 대체 파병, 정치적, 경제적 이해 등 복합적인 요소들이 깔려있다. 우리나라는 베트남전 참전을 통해 안보적, 정치적, 경제적 이득을 극대화하기 위해 국가적 노력을 하였고, 그 효과가 박정희 정부의 권력 강화와 한국의 경제성장으로 이어졌다는 것은 분명하다(이한우, 2006). 현재 우리나라는 유엔평화유지군(PKO)을 파병하고 있다. 2007년 7월부터 유엔평화유지군 동명 부대를 레바논에 파병하여 현재까지 주둔하고 있으며, 남수단에는 2013년부터 재건지원단을 파병하고 있다.

튀르키예의 우리나라 사랑은 유별난 것 같다. 88올림픽이 서울에서 개최되었을 때 튀르키예 텔레비전 방송에서는 "형제의 나라에서 올림픽을 한다. 얼마나 기쁜 일인가!"라고 하면서 종일 방송을 내보내기도 했다. 국제사회에서도 튀르키예는 변함없이 우리나라를 지지하고 있다.

튀르키예인이 우리나라를 튀르키예어로 '칸 카르데시(Kan kardeşi)', 즉 피를 나눈 형제라고 부르는 근원은 무엇일까? 그 근원은 역사교육에 있다고 생각한다. 튀르키예인들은 역사교과서에서 오래전부터 강대국 사이에서 국가를 보존하기 위해 우리나라와 동맹을 맺고 우호 관계를 유지했다는 역사적 사실을 배우고 있다. 고등학생이 6.25 전쟁 발발 소식을 듣고 튀르키예 정부에 왜 파병을 서두르지 않고 지체하느냐고 시위를 했던 이유다. 국민 개개인이 과거 또는 현재 어떤 역사교육을 받았는가 또는 받고 있느냐는 곧 그가 미래에 어떻게 행동할 것인가를 예측할 수 있는 지렛대 역할을 한다. 우애 좋은 형제가 전쟁으로 고통 받고 있는데 강 건너 불구경만 하고 있지 않을 것이기 때문이다.

튀르키예와 우리나라와의 역사적 사실에 기반한 양국 간의 우호 관계를 생각하다 보면 역사적 사실을 왜곡, 조작하는 이웃 국가 일본의 파렴치하고 뻔뻔한 행동에 치를 떠는 것은 저자만이 아닐 것이다. 저자는 왜곡, 조작된 역사교과서로 역사를 공부하고 있는 일본 청소년이 미래에 어떤 역사관을 가진 어른으로 성장할 것인가를 생각하면 무섭고 공포스럽기까지 하다. 왜곡된 역사관을 가진 사람은 보편적 사고를 할 수 없을 뿐 아니라 편향적이고 차별적인 행동을 할 가능성이 높다. 우리나라와 튀르키예가 '피를 나눈 형제'로 발전시켜 온 관계를 생각하면서 역사교육의 중요성을 새삼 떠올린다.

📖 이한우. (2006). 〈한국이 보는 베트남전쟁: 쟁점과 논의〉. 《동아연구》 51호.

김석동. (2021). 《인사이트코리아》. 〈고구려 왕가 후예가 터키 제국의 뿌리〉. 2월 1일.

서　현. (2023). 《중앙일보》. 〈아야소피아와 초승달〉. 3월 2일.

양상훈. (2020). 《조선일보》. 〈우리 대통령이 "칸 카르데시!" 할 차례〉. 8월 20일.

정하종. (2017). 《연합뉴스》. 〈[아나톨리아 연대기④] 중국을 떨게 한 고구려·돌궐 연대〉. 7월 30일.

〈동양의 양 끝, 한－터키 왜 형제의 나라인가?〉. 국가기록원.

〈코레 아일라〉. (2010). 다큐멘터리.

〈아일라〉. (2017). 영화.

반려동물
가족 이상의 존재

동화 《플랜더스의 개》는 소년 네로와 개 파트라슈의 사랑과 희생 그리고 우정에 관한 이야기다. 1975년 쿠로다 요시오 감독이 TV 애니메이션으로 각색하여 우리나라 TV에서도 몇 차례 방영된 바 있다. 파트라슈는 원래 이동 철물점 주인의 개였는데 고약한 주인으로부터 심하게 혹사되어 탈진한 채로 길에 버려졌다. 유기견 파트라슈를 발견한 네로는 집으로 데려와 지극한 간호로 살려낸다. 네로는 파트라슈와 함께 우유 배달을 하면서 겨우 입에 풀칠할 정도의 가난을 견뎌낸다. 네로와 파트라슈는 감동적이고 애잔한 우정을 쌓는다. 이것을 동고동락이라고 할 것이다. 파트라슈는 죽음을 맞이하는 순간까지 네로와 함께한다. 파트라슈는 슬픈 동화에 등장하는 개이지만 반려동물을 상징하는 대표적인 동물이지 않나 싶다.

동영상 공유 플랫폼 틱톡에, 멕시코에서 손발을 쓰지 못하는 주인의 수동 휠체어를 뒤에서 밀고 가는 반려견에 지구촌 사람들의 눈이 멈췄다. 반려견은 한동안 휠체어를 밀고 가다 차도 앞에서는 잠깐 멈춰 차량 유무를 확인하고 주인과 눈을 맞춘 뒤 다시 밀고 갔다(김소정, 2022). 중국 후난성 사오양시의 한 거리에서 떠돌이 개가 어린아이를 공격하여 땅에 쓰러뜨렸을 때 반려견이 즉시 그 사나운 떠돌이 개를 덮쳐 공격을 막아냈다(김가연, 2022). 우리나라에서도 1993년 '백구'로 불리던 진돗개가 진도에서 300km 떨어진 지역의 애견가에게 팔려갔다가 7개월 만에 주인집으로 되돌아오는 기적을 만들었다(김권, 2004).

연구 결과에 따르면 반려견이 오랜만에 보호자를 만나면 눈물이 차오르는 등 기쁨의 눈물을 흘린다고 한다. 반려견도 인간처럼 눈물로 안구를 건강하게 유지하는 것은 확인됐지만, 반려견의 눈물이 정서적 상태와 연관돼 있다는 사실이 처음으로 밝혀졌다. 일본 아자부(麻布)대학 수의학부 기쿠수이 다케후미 교수가 이끄는 연구팀은 반려견이 한동안 보지 못했던 보호자를 만나면 눈에 눈물이 고이며, 이 눈물 생성에는 사랑 또는 애착 호르몬으로 알려진 옥시토신이 작용한다는 연구 결과를 발표했다(정채빈, 2022). 반려견과 사람과의 관계에서 비롯된 가슴 찡한 아름다운 이야기는 사람과 사람 간에 만들어지는 미담보다 더 많은 것 같다. 반려견의 충성과 의리 그리고 희생과 헌신에 눈시울이 붉어지는 것은 저자만 그런 것은 아닐 것이다.

반려동물은 글자 그대로 반려자와 마찬가지로 한 가족처럼 사람과 더불어 살아가는 동물을 가리킨다. 우리나라 사람들은 반려동물을 얼마나 양육하고 있는지 궁금하다. '2020년 동물보호에 대한 국민의식조사' 결과에 따르면 반려동물 양육률은 전체 응답자의 27.7%로 전국적으로 638만 가구가 반려동물을 양육하는 것으로 추정되었다. 이 수치는 2019년보다 47만 가구가 증가한 것으로 나타났다. 반려견은 521만 가구에서

602만 마리(81.6%)를 기르고, 반려묘는 182만 가구에서 258만 마리(28.6%)를 기르는 것으로 나타났다(농림축산식품부, 2021). 우리나라 사람들은 주로 개 또는 고양이를 반려동물로 양육하는 것을 알 수 있다.

왜 사람들은 반려동물을 키우는가? 반려동물을 키우는 이유는 크게 3가지로 정리할 수 있다(신지호, 2010). 첫째, 행복한 가정을 위해서다. 연구 결과에 따르면 반려동물이 아이의 사회성 형성에 좋은 영향을 미치는 것으로 나타났다. 소아정신과에서는 동물치료법을 고안했으며, 우리나라 국립서울정신병원에서는 개를 통해 정신치료를 하는 동물매개치료를 실시하고 있다. 이곳에서는 자폐아, 우울증 환자, 품행 장애아 등이 개와 놀면서 점차 사회성을 회복한다. 반려동물은 단지 치료의 목적이 아니라도 아이의 조기 사회성 형성과 가족 간의 화목한 분위기 조성에 좋은 영향을 미친다고 한다.

둘째, 평온한 노년을 위해서다. 부모는 자녀가 성장하여 독립하고 나면 허탈감을 느낀다. 중장년의 허탈감을 달래주는 데 반려동물만 한 것이 없다고 한다. 미국 노인병학회에서는 반려동물을 키우는 노인은 그렇지 않은 노인보다 우울한 기분을 덜 느낀다는 연구 결과를 발표했다. 더 나아가 반려동물은 장수에도 영향을 준다고 한다. 반려동물이 옆에 있다는 것만으로도 사람은 정신적으로 크게 위안을 받으며, 장기적으로 건강하게 오래 사는 것에 영향을 미칠 수 있기 때문이다.

셋째, 건강한 몸을 위해서다. 연구 결과에 따르면 반려동물을 키우는 사람이 혈압과 콜레스테롤이 낮은 것으로 나타났다. 개는 사람의 스트레스를 완화시켜 건강에 직접 도움이 되며, 반려동물과 함께하는 규칙적인 산책과 활동은 신체적 건강을 증진한다고 한다. 반려동물과 함께 살고 있는 어린이가 그렇지 않은 어린이보다 위장염에 덜 걸리고 면역력도 높다는 연구 결과도 있다. 개나 고양이가 위장염의 원인이 된다는 일반적인 견해를 뒤집는 연구 결과다.

저자와 반려동물과 얽힌 이야기를 해보자. 60, 70년대 농촌에서 성장한 저자는 집에서 키우는 개나 고양이를 '반려동물'이라고 부르지 않았다. 그냥 개 또는 고양이에 적당히 이름을 붙여 불렀다. 누런 개는 '누렁이', 검정 개는 '검둥이', 집에 복을 가져오면 하는 희망을 담아 '복실이', 귀를 쫑긋 세운다고 해서 '쫑' 등 개 주인도 이름을 깊이 생각하지 않고 생김새나 특성을 살려 불렀다. 가장 널리 불리던 이름은 '저놈의 똥개'였다. 사람들 간에도 호칭이 중요하듯이 사람과 동물 간에도 호칭이 중요하다. 반려동물로 개념화하고 호칭하면 그에 맞는 대접을 하게된다. 청소년기의 저자에게 개나 고양이는 집 밖에서 살아야 하는 동물또는 가축이었고, 좀 낮춰 부르면 짐승이었다. 당시 농촌 마을에서는복날에 개를 서너 마리 잡아 보양하는 것을 전통적인 풍습으로 생각하고 있는 마당에 굳이 개를 다른 인격체로 대우하고 정을 주지 않으려고했다. 정이 들면 선뜻 개를 내놓지 못한다.

지금도 머릿속에 각인되어 있는 개에 대한 기억이 있다. '해피'라고부르는 개가 보름달을 보며 짖다 집 밖에 나가 농약을 먹고 다음날 사체로 발견되었다. 해피는 어머니를 잘 따르고 집을 잘 지켜 귀여움을많이 받았다. 햇볕 좋은 날 마당에 멍석을 깔고 고추며 콩을 말릴 때닭들이 신바람이 나서 주워 먹으려고 할 때면 해피가 여지없이 등장하여 쫓아내곤 했다. 식구 한몫을 하던 해피가 뜻밖의 사고를 당했을 때우시는 어머니의 모습이 눈에 선하다. 어머니는 해피를 못내 불쌍히 여기시며 뒷산에 정중하게 묻어주었다. 영어식 이름으로 'happy'를 붙여 '네가 있어 행복하다'라는 의미를 부여한 어머니는 다른 집의 개를 보면 해피와의 즐거웠던 추억을 꺼내곤 하셨다. 해피도 어머니의 가슴에 못을 박았다.

나중에 고등학교 영어 시간에 달(Luna)의 형용사 'lunatic'을 배웠는데 이 형용사의 뜻은 '미친, 정신이 나간'이라는 의미였다. 지금도 해피가 '보름달을 보다 정신이 이상해지고 뭔가에 이끌려 집 밖으로 나갔지 않았을까'하고 생각하고 있다. 달의 인력(引力)이 얼마나 대단하던가. 해피도 그렇게 쇠붙이가 자석에 붙듯 정신을 홀렸을 것이다. 청명한 하늘에 뜬 달은 얼마나 아름다운가. 보름달과 같이 완벽한 동그라미는 어디 있겠는가. 저자는 해피 때문에 보름달을 오랫동안 쳐다보지 않는 미신의 댄스를 춘다. 나도 모르게 달에 이끌려갈지 모른다는 막연한 두려움 때문이다.

그동안 해피의 존재를 까맣게 잊고 있었는데 골든 리트리버(Golden Retriever)를 식구로 맞이하게 되었다. 사전상으로 리트리버는 '사냥 때 총으로 쏜 새를 찾아오는 데 이용하는 큰 개'로 정의되어 있다. 한국애견협회에서 제공하는 리트리버의 성격에 대한 정보에 따르면, '좋게 얘기하면 양반이고, 나쁘게 얘기하면 천하태평 현실 도피자다. 죽을 때까지 시각장애인의 안내를 하고, 무언가를 집어 오라고 하면 땅이건 물이건 간에 무조건 찾아온다.' 저자는 리트리버에게 때에 맞춰 음식을 주고 운동시키고 소대변을 처리하고, 함께 대화를 하는 과정에서 그와 정이 들었다. 무엇보다 리트리버는 귀엽고 젊잖다. 대개 개는 촐랑거리며 외부의 자극에 쉽게 동요하면서 소란스러운 법인데, 이 개는 동작 하나

하나가 무겁고 품위가 있다. 한 마디로 중후한 멋이 있다. 한 번은 길에서 마실 나온 고양이와 마주쳤는데 개와 고양이가 눈싸움으로 서로의 기를 꺾으려고 했다. 한참을 마주 보던 중 고양이가 성미 급하게 외발을 들어 내려찍을 듯한 자세를 취했다. 리트리버는 전혀 동요하지 않고 의젓하게 자리를 지켰고 고양이는 냅다 줄행랑을 쳤다. 리트리버가 왜 애견가들로부터 사랑을 받고 시각장애인의 안내견의 위상을 차지하고 있는 줄 짐작이 간다. 또 놀라운 것은 대소변을 철저히 가린다는 것이다. 주인이 부득이 사정이 생겨 밤늦게 집에 돌아와도 리트리버는 참고 있다가 반드시 집 밖에서 생리작용을 한다. 아무리 애견학교에서 훈련을 받은 개라고 하더라도 놀라운 일이다. 사람이 초저녁에 대소변을 보는 습관을 가졌다면 야간까지 버티기는 어려울 일이다. 초견적(超犬的)이라고 해야 하나 싶다.

만약 이탈리아 토리노시에서 거주한다면 초견적인 애완견의 인내심만을 믿다 벌금을 내야 할 것이다. 토리노시는 애완견을 기르는 시민은 개를 위해 하루에 최소한 세 번 산책을 시켜줘야 한다는 조례를 제정했다. 두 번만 했으면 500유로(약 67만원) 벌금을 내야 한다. 애완동물을 학대하거나 버리는 행위에 대해서는 1만 유로(약 1,335만 원)의 벌금 또는 1년 징역형에 처한다. 애완견을 하루 세 번 산책을 시켜줘야 하는 일은 결코 쉽지 않다. 애완견의 입장으로 돌아가 그가 대소변을 참아야 하는 처지를 생각해야 가능한 일이다. 사실 많은 노견(老犬)은 아무리 고도의 훈련을 받았어도 노화로 인해 하루 세 번도 부족할 때가 있다. 토리노시의 조례는 사람에게 인권이 있듯 동물에게는 동물권이 있음을 상기시켜 준다.

저자는 이제까지 개나 고양이와 같은 동물은 집 밖에서 키워야 한다는 고정관념을 가지고 있었다. 사람과 동물은 유별해야 한다고 생각했다. 집에서도 위계질서가 있는데 감히 가축이 어떻게 집안에서 사람과 함께 생활할 수 있겠는가 싶었다. 이러면 전형적인 꼰대의 생각인가. 또 집안에서 동물들을 키우는 것을 꺼린 이유 중 하나는 그들을 수발들고 돌봐야 하는 번거로움도 무시할 수 없다. 고양이를 키워보면 알지만 그의 소대변의 악취는 얼마나 심한가. 이제 세월의 무게와 함께 개나 고양이를 반려동물로 받아들이고 함께 생활할 수 있게 되었다. 놀라운 변화요 파격이다.

개와 관련해서 고해성사를 할 것이 있다. 철없던 시절 더운 여름의 중복날, 아버지가 건네주신 보양식을 먹곤 했다. 습관은 제2의 천성이라고 하던가. 여름철에는 보양식이 생각나던 시절이 있었고 몸을 보양한다는 명분으로 친구들과 잘한다는 음식점을 찾아다닌 적도 있었다. 이 기회를 빌려 그런 습관이 불필요한 과잉 탐욕이었음을 고백한다. 프랑스의 배우 브리지트 바르도의 말대로 '야만인'이었다. 보양식은 한국인만의 문화라고 주장하기도 하지만 요즘에도 꼭 그렇게 해야 하는가 싶다.

15년 차에 접어든 반려견 리트리버는 사람 나이로 80세가 훨씬 넘는 고령이다. 펄펄 날던 리트리버도 세월 앞에서는 힘을 쓰지 못한다. 관절이 약해 걷는 것도 불편해하고 체력이 떨어져 좀 많이 움직였다 싶으면 하루 종일 시원한 바닥을 찾아 쪼그리고 앉아 있다. 더위에 혀를 내밀고 헉헉거리는 시간이 젊은 개보다 훨씬 오래 걸린다. 하도 헉헉거리는 모습이 안쓰러워 저자도 '헉헉' 소리를 냈더니 꼬리를 흔들며 동질감을 표시해주었다. 그에겐 요양원이 따로 없다. 집이 요양원이다. 벌써부터 리트리버가 곁에 없으면 그 우울하고 허탈한 감정을 어떻게 다스릴 것인가를 생각한다. 나의 여생도 중요하지만 나의 친구이자 가족 그 이상의 존재인 리트리버의 행복한 여생을 위해 노력할 것이다. 정말이지 지금 생각 같아서는 잘 훈련된 리트리버라면 열 마리도 키울 것 같다. '잘 키운 반려동물 한 마리 열 자식 부럽지 않다'라고 하면 너무 앞서 나간 것일까.

📖 김가연. (2022). 《조선일보》. 〈충성스러운 中반려견 ⋯ '개물림' 공격당한 아이 구했다〉. 8월 9일.

김 권. (2004). 《동아일보》. 〈'주인 찾아 삼만리' 진도에 백구상 건립〉. 10월 3일.

김소정. (2022). 《조선일보》. 〈몸 불편한 주인 위해 휠체어 민 반려견 ⋯ 전 세계 네티즌 울렸다〉. 8월 5일.

농림축산식품부. (2021). 〈전국 638만 가구에서 반려동물 860만 마리 키운다〉. 4월 23일

신지호. (2010). 《조선일보》. 〈애완동물을 키워야 하는 3가지 이유〉. 1월 5일.

정채빈. (2022). 《조선일보》. 〈"보고 싶었어요" ⋯ 반려견도 '기쁨의 눈물' 흘린다〉. 8월 24일.

윤희영. (2023). 《조선일보》. 〈세계 각국의 신기하고 별난 법률들〉. 1월 19일.

〈한국애견협회 애견정보〉. 네이버 지식백과.

다문화사회의 성공 요건
① 종교에 대한 수용성

다문화사회는 구성원들의 언어, 피부색, 문화, 종교 등 다양한 요소가 씨줄과 날줄로 연결된 상태로 여러 다른 생활양식이 존재한다. 다문화사회에서 구성원은 서로 다른 문화를 존중하고 배려하면서 인간적인 관계를 맺고 있지만, 종교 문제가 나오면 존중과 배려보다는 자신이 믿고 있는 종교의 독창성과 배타성에 매몰되는 경향을 보게 된다. 하물며 혈육으로 맺어진 가정에서도 식구들의 종교가 달라 갈등과 불화를 일으키는 경우도 목격하고 있다.

인류 역사에서 발생한 전쟁 중 70%는 종교적 갈등과 대립에서 비롯됐다는 말이 있을 정도다. 십자군 전쟁(1096~1270)은 2세기에 걸쳐 유럽의 기독교 국가와 서아시아의 이슬람(무슬림) 국가 간에 예루살렘의 지배권을 놓고 벌인 전쟁이었다. 유럽 기독교인은 무려 8차에 걸쳐 십자군이라는 기치 아래 원정 전쟁을 했다. 예루살렘은 기독교와 이슬람교 모두에게 성지(聖地)라는 점에서 피차 양보할 수 없었을 것이다.

영화 〈킹덤 오브 헤븐〉은 3차 십자군 전쟁을 배경으로 한 영화다. 3

차 십자군 전쟁은 유럽의 여러 나라가 연대하여 가장 막강한 군사를 조직하였지만 가장 무기력하게 무너져 버린 전쟁이기도 했다. 이슬람군에는 관용과 아량을 앞세운 살라딘(1137~1193) 왕이 있었다. 이슬람군은 치열한 공방전을 벌인 끝에 예루살렘을 점령하고 포로들을 풀어 주는데, 이때 영화 주인공 발리앙이 살라딘에게 묻는다. "예루살렘은 어떤 곳입니까?" 살라딘은 "아무것도 아니다(nothing). 그러나 모든 것이기도 하다(everything)"라고 대답한다. 의미심장한 말이다. 전쟁은 아무것도 아닌 것에 모든 것을 건다. 특히 종교전쟁은 'nothing' 같지만 'everything'이 되는 아이러니한 성격을 내포하고 있다.

종교개혁(1517년) 이후에는 프로테스탄트(개신교)라고 부르는 신교파 교회가 생겨나면서 가톨릭을 신봉하는 나라와 개신교를 신봉하는 나라 간에 무려 30년(1618~1648) 동안 전쟁을 벌였다. 현대에서도 중동, 아시아 그리고 아프리카에서 발생하는 전쟁의 근원에는 종교적 갈등이 도사리고 있음을 알 수 있다. 어쩌면 어떤 국가든 종교가 근인이 된 물리적 또는 정서적 전쟁은 표면에 드러나지 않을 뿐이지 언제 터질지 모르는 시한폭탄과 같은 존재다. 종교가 개인과 집단의 신념체계를 형성하는 결정적 요인이면서 자신이 믿는 교리가 유일무이하고 절대 진리라고 믿는 종교의 배타적 특성 때문이다. 그래서 다문화사회에서 다양한 종교에 대한 이해와 존중은 매우 중요하다.

한 국가에서 다문화사회의 성숙도를 나타내는 정도를 다문화수용성 지수라고 부른다. 쉽게 말하면 우리 사회에서 나와 다른 인종과 다른 문화를 지닌 사람들을 사회 구성원으로 받아들이는 데 어느 정도 준비가 되어있는지에 대한 의사 표현이다. 두 가지 사례를 들어보자.

우리나라 대학에도 많은 외국 유학생이 수학하고 있다. 지방 소재 대학일수록 외국 유학생이 더 많은 분포를 차지한다. 2023년 3월 기준 21만 4,000여 명의 유학생이 우리나라 대학의 학위 또는 비학위 과정에 등록하여 수학하고 있다. 국적별로는 베트남이 7만 3,800여 명으로 가장 많고 중국이 6만 7,451명으로 다음을 차지했다. 중동이나 우즈베키스탄 등 중앙아시아에서 온 이슬람문화권 학생들도 눈에 띈다.

국내 대학 중에는 인구감소로 한국인 신입생 모집이 어려워지자 아예 외국 유학생만으로 학과를 만드는 대학도 있다. 군장대학교는 현대삼호중공업과 외국인기술인력양성 협약을 체결하여 전체 신입생을 외국 유학생으로 선발한다. 졸업 후 취업연계프로그램이다. 심각한 인구감소를 겪고 있는 지역 소재 실업계 고등학교에서도 외국인 학생 유치를 위해 발 벗고 나서고 있다. 국내 대학 입학 전 외국 현지 고등학교에서 예비 유학생들에게 미리 한국어를 교육하고 입도선매(立稻先賣)하는 풍경도 본다. 앞으로 확 달라진 입학 풍속도를 빈번하게 보게 될 것이다.

외국 유학생은 대학 기숙사에서 생활하는 경우가 많은데 한국 학생을 룸메이트로 묶어주는 대학도 있다. 서로 다른 문화권에서 온 학생이 생활하면서 다양한 문화의 이해를 돕기 위해 배려하는 차원일 것이다. 어느 날 한밤중에 한국인 학생은 검은 그림자가 방 안에서 움직이는 것을 보고 깜짝 놀랐다. 그는 도둑이나 강도로 알고 기겁을 했지만 알고 보니 자신의 룸메이트였다. 룸메이트는 중동에서 온 친구로 밤중에 성지 메카를 향해 기도를 드리고 있었다. 이슬람교인은 하루에 다섯 번 (새벽, 정오, 오후, 일몰, 밤) 예배를 드려야 하는데, 예배를 드리는 방향을

'끼블라'라고 하며 세계 어느 곳에서든 사우디아라비아의 메카에 있는 '까아바'라는 옛 신전을 향하여 예배를 드린다. 우리나라에서 메카 방향은 서서남으로 약 260도로 알려져 있다. 이렇게 모두 한 방향을 향하는 것은 모든 무슬림이 하나의 형제로 통일되어 있음을 뜻한다고 한다.

바레인에서 런던으로 가는 걸프에어(Gulf Air) 좌석에는 TV 모니터가 하나씩 장착되어 있다. 이 모니터에는 이슬람교의 성지인 메카를 알려주는 표시가 나온다. 위치인식위성(GPS)이 비행기에 달린 안테나와 교신하면서 메카의 위치를 알려준다. 무슬림 신자는 비행기 안에서 모니터가 알려주는 방향에 기도용 융단을 깔고 기도를 올릴 수 있다. 항공사에서 최첨단 기술을 활용하여 무슬림 신자들의 종교에서 요구하는 교리를 실천하도록 돕는 것이다.

두 사례는 매우 상반된 다문화 수용성을 나타낸다. 만약 한국인 학생이 무슬림 학생은 메카를 향해 하루 다섯 번 기도한다는 사전 교육을 받았다든지, 대학에서 무슬림의 종교적 특성을 고려해 기도실을 만들었다면 한밤중에 놀랄 일은 없었을 것이다. 반면에 걸프에어는 사전에 고객의 특성을 파악하여 그들이 종교의식을 행사할 수 있는 조치를 취했다.

한국도 다문화사회로 급격히 이동 중이다. 경제협력개발기구(OECD)는 외국인과 이민 2세, 귀화자 등 이주배경인구가 총인구의 5%를 넘으면 다문화·다인종 국가로 분류한다. 2021년 11월 기준 국내 거주 외국인 주민은 2,134,569명으로 총인구(51,738,071명) 대비 비율은 4.1%를 나타냈다. 이 중 168만여 명은 결혼이민자다. 결혼이민자의 국적은 중국 35.4%, 베트남 24.6%, 일본 8.9%, 필리핀 7.1% 순으로 많다. 오대

양 육대주에서 이주한 다양한 배경의 사람이 우리나라에 거주하고 있다. 농촌에서는 외국인 근로자가 없으면 농사를 지을 수 없을 정도다.

현실을 직시하면 우리나라 인구 구조는 매우 심각한 수준이다. OECD 38개 국가 중에서 '인구소멸국가' 제1호로 한국을 지목했다. 우리나라는 2020년부터 인구 데드크로스(Dead Cross), 즉 출생자보다 사망자 수가 더 많은 인구 구조다. 인구구조모형이 피라미드에서 역피라미드(역삼각형)의 물구나무를 서고 있는 모형으로 바뀌었다. 더 큰 문제는 역삼각형을 받치고 있는 꼭짓점의 힘, 즉 출산율이 점점 떨어지고 있다는 것이다. 우리나라 출산율(가임 여성 1명당 평균 출생아 수)은 1965년 6명, 1970년 4.07명, 1983년 2.08명, 2003년 1.19명, 2022년 0.78명으로 떨어졌다. 저출산 정도가 아니라 초저출산이다. 2021년 기준으로 프랑스 1.83명, 미국 1.6명, 영국 1.56명, 독일 1.53명, 일본 1.3명과 비교하면 매우 낮다. 우리나라와 같은 초저출산 현상은 전쟁과 기아 같은 재난 시기에나 나타난다. 이러한 초저출산 추세가 이어진다면 우리나라 인구는 2100년에는 반 토막이 되고 2300년에는 0이 될 것이다. 우리나라는 경제적 활로를 개척하기 위해서라도 적극적으로 이민을 받아들여야 할 상황이다. 15~64세 생산가능인구가 이미 2017년을 정점으로 줄어들었고, 앞으로 50년 후면 절반이 된다. 매해 평균 3% 안팎의 경제성장을 유지하기 위해서는 2050년까지 500만 명가량의 외국인 노동자가 필요하다(임현진, 2023).

2021년 기준으로 전국 17개 시/도 중 경기도와 충청남도는 외국인 주민 비율이 5%를 넘어 다문화사회의 척도가 되는 OECD 기준(5%)을 충족시켰다. 2022년 5월 기준으로 다문화마을특구로 지정된 경기도 안산시 원곡동에는 무려 111개 국적의 외국인 26,021명(전체 인구의 81.1%)이 거주하고 있다. 2023년 3월 기준 안산시 전체 주민 약 64만 명 중 외국인이 9만여 명으로 약 14%를 차지한다. 국내 지방자치단체 중 외국인 비율이 가장 높다. 이곳에서는 순찰하는 경찰도 현지어로 소통이 가능한 외국인 출신이다. 안산시청은 11개국으로 상담이 가능한 시스템도 갖췄다. 역동적인 코리아의 모습이다. 우리나라에 거주하는 외국인은 단순한 소비자를 넘어 지역 경제의 한 축이 되었다. 지금부터 40, 50년 전 미국으로 건너가 세탁소나 잡화점을 하며 '아메리칸 드림'을 꿈꿨던 한국인들처럼 우리나라를 찾아온 외국인들도 '코리안 드림'을 꿈꾸고 있는 것이다(강다은, 2022).

이주자가 국경을 넘어 타국으로 이주할 때는 신봉하는 종교도 함께 갖고 온다. 다양한 국가에서 다양한 종교를 가진 외국인이 우리나라에 이주하면서 우리 사회에는 종교의 종류도 다양해지고 있다. 정현종 시인은 〈방문객〉에서 이주민에 대한 특성을 잘 보여주었다. "사람이 온다는 건/ 사실은 어마어마한 일이다/ 그는/ 그의 과거와/ 현재와/ 그리고/ 그의 미래와 함께 오기 때문이다/ 한 사람의 일생이 오기 때문이다." 사람을 바늘(몸통)로 비유하면 그 사람이 국경을 이주하게 되면 실(문화)도 함께 따라오는 것은 자연스러운 현상이다.

인류 역사는 이주와 교류의 역사라고 해도 과언이 아니다. 이주와 교류의 과정에서 지역과 국가의 문화는 이합집산을 거쳐 또 다른 문화를 만든다. 오늘날 인류는 교통과 통신의 발달로 그 어느 때보다 이종번식의 문화가 발달하고 있다. 과수원에서 일어나는 이종번식의 원리도 다문화사회에 의미심장한 함의를 제공한다. 요즘 기후변화로 꿀벌이 실종

되어 꽃가루를 나르는 꿀벌의 몸값이 천정부지라고 한다. 예전 같으면 과수원의 수분(受粉)은 계절의 변화에 따라 바람, 새, 꿀벌 같은 곤충 등 자연 수분으로 진행될 터이지만 수분을 위해 절대적인 역할을 하는 꿀벌의 집단 폐사로 사람이나 기계가 수분을 해야 한다고 한다(전 세계 식량의 90%를 차지하는 100대 농작물 중 70% 이상이 꿀벌의 수분으로 생산된다). 과일나무의 수분 과정에서 알게 된 놀라운 사실은 과일나무는 자기 꽃가루를 거부하는 성질이 있어 다른 나무의 수술에 있는 꽃가루를 암술머리로 옮겨줘야 한다는 것이다. 열매를 맺는 생명은 동종번식을 거부하고 이종번식을 선호한다. 지속적인 종의 번식을 위한 생태계의 원리다. 이 생태계의 원리가 과일나무에게만 적용되겠는가.

한국은 세계에서 보기 드물게 기독교, 불교, 가톨릭은 물론 여러 소수 종교가 공존해 왔다. 이제 다문화사회로의 잰걸음을 옮겨가는 한국 사회는 다양한 종교와 종파를 수용해야 하는 과제를 안게 되었다. 2021년 대구 대현동 경북대 인근 주택가에 이슬람 사원(모스크)을 건축하려는 건축주(무슬림 유학생)와 지역 주민 간의 갈등은 대법원 판결로도 해결의 실마리를 찾지 못하고 있다. 대법원은 건축주의 손을 들어주면서 공사 재개를 판결했지만, 지역 주민의 반대로 공사가 중단된 상태다. 건축허가를 내준 관할 구청은 주민의 반대가 거세지자 건축주에게 공사 중지를 통보하고, 건축주는 구청에 맞서 소송을 제기했다. 주민들은 건축될 모스크가 사방이 주택으로 둘러싸인 곳인 데다 담 하나를 두고 붙어있어서 생활에 불편이 커 공사 중단을 해야 한다고 주장한다. 건축주는 주택 사이에 위치한 교회는 괜찮고 왜 모스크는 안 되냐고 불평을 털어놓는다. 대구 시민사회는 유엔에 긴급구제요청 서한을 보내기도 했다. 심지어 모스크 건축에 반대하는 주민들이 건축현장에서 이슬람교에서 금지하는 돼지고기 음식을 나누며 일종의 혐오 퍼포먼스를 벌인 일도 있었다.

이번 기회에 외국 유학생을 유치하고 있는 우리나라 대학의 다문화 수용성을 재고할 필요가 있다. 어디 경북대만의 문제이겠는가. 우리나라에서 학령 인구감소에 따른 대학입학정원 감소는 심각한 사회적, 교육적 문제가 되었고 이를 해결하기 위해 외국 유학생을 유치하는 것은 대학의 생존 문제로 직결되고 있다. 대학의 자구 노력에는 유학생의 문화적, 종교적 배경을 존중하여 그들에게 적합한 제도와 시설을 구비하는 것도 포함되어야 한다. 외국인 유학생 유치의 선결 요건은 선(先) 교육적, 문화적 환경조성, 후(後) 유학생 유치가 맞다.

요즘 글로벌 기업에서는 해당 국가의 문화적 특성을 고려해 개발된 맞춤형 서비스를 제공한다. 삼성과 LG는 중동 지역 시장을 공략하면서 출시한 제품에는 무슬림 기도 시간이 되면 사용자의 워치에 알람이 오고, 기도에 집중할 환경이 조성된다. 스마트 블라인드가 작동되고 조명의 조도가 낮아지며 TV 전원이 꺼진다. 경전 '쿠란'의 디지털 버전이 스마트폰에 내장되었고, 케밥 같은 지역 특화 메뉴에 적합한 조리 기능을 갖춘 오븐도 출시했다(이해인, 2023). 종교적 다원성과 문화적 다양성에 대한 존중과 배려에 기반한 기업의 지역 특화 전략은 대학과 지역사회에서도 주목할 만하다.

📖 염철현. (2033). 《인문의 마음으로 세상을 읽다》. 서울: 박영스토리.

강다은. (2022). 《조선일보》. 〈다문화 특구 원곡동 "여긴 빈 상가가 없어요"〉. 8월 3일.

이해인. (2023). 《조선일보》. 〈기도 시간에 꺼지고, 케밥 척척 … 삼성·LG "이젠 중동"〉. 5월 31일.

임현진. (2023). 《매일경제》. 〈서기 2300년, 한국은 세계지도에서 사라진다 … "이민은 필수"〉. 4월 19일.

최은경. (2023). 《조선일보》. 〈외국 학생으로 99% 채운 지방대〉. 5월 2일.

〈2021년 국민 다문화수용성조사〉. (2022). 여성가족부.

〈킹덤 오브 헤븐〉. (2005). 영화.

다문화사회의 성공 요건
② 문화에 대한 역지사지(易地思之)

1980년대 초 저자의 서울 유학 생활은 경제적으로 무리였다. 전두환이 쿠데타로 정권을 빼앗은 뒤 신군부 독재가 기승을 부렸고 사회 분위기는 암울했고 대학가에는 민주화 쟁취를 위한 시위가 계속되었다. 등록금 조달은 물론 생활고를 감당하기에도 벅찼다. 대학생 과외금지조치는 저자와 같은 처지의 대학생의 경제적 숨통을 끊었다. 그렇다고 면학에 정진한 것도 아니었고 시국만 탓하고 있을 때가 아니었다. 군복무라도 빨리 마치자는 생각이 들었다. 무항산(無恒産)이면 무항심(無恒心)인 법이다. 우연히 광주지방병무청 앞을 지나다 카투사 시험 공지를 봤다. 카투사에 대해서는 장밋빛 이야기만 전해 들었고, 그것도 군대냐는 비아냥을 들을 정도로 편한 군 생활을 할 것으로 생각했다. 한동안 카투사는 논산훈련소에서 차출하는 제도를 시행해 왔지만, 배경 좋은 사람들의 입김이 작용하는 부작용을 방지하기 위해 공개시험으로 변경했다. 운 좋게 카투사 시험 2기로 합격하였다.

카투사 시험을 볼 때만 해도 카투사는 소설이나 노래에 등장하는 인물로 생각했다. 실제 톨스토이의 소설 《부활》에는 청년 귀족 네프류도 프의 하녀로 있다가 그에 의해 순결을 잃고 집에서 쫓겨난 '카츄샤'라 는 인물이 있었다. 우리나라에서도 영화 〈카츄샤〉가 제작되었다. 알고 보니 군인 카투사는 극 중의 인물도 노래에 등장하는 주인공도 아니었 으며 단지 발음이 비슷했을 뿐이었다. '카투사(KATUSA)'는 미군을 지원 하는 한국군을 뜻하는 'Korean Augmentation Troops to the United States Army'의 두문자였다. 카투사는 한국전쟁 중이던 1950년 7월 창 설되었다. 당시 이승만 대통령과 더글러스 맥아더 사령관의 협의로 창 설되었는데 미군은 우리나라 지리에 대한 지식과 미군과 한국군 간의 소통이 필요했기 때문이다.

논산훈련소에서 5주간의 기초훈련을 마친 후 평택(캠프 험프리스)에서 3주 동안 미군에서 생활하는 데 필요로 하는 미국 문화와 미군 시스템 을 공부했다. 마지막 주에는 배치고사를 토대로 전국 각지의 부대로 배 치되었다. 평택에서는 저자를 판문점 공동경비구역(JSA) 근무 부대로 차 출한다는 말을 들었지만, 바로 옆 동기를 데려갔다. 저자는 또래 중에 서도 키도 크고 미군과 비교해도 뒤떨어지는 체격이 아니었기에 JSA와 같은 특수부대에서 욕심을 낼만 했을 것이다. 저자는 부천 캠프 머셔 (현재는 한국군 주둔)에 배치를 받았다. 부대 선임자의 인솔에 따라 트럭 을 타고 부대로 들어가면서 눈을 의심했다. 부대 정문에 걸린 부대 마 크는 삽자루와 곡괭이가 X자를 모양을 하고 있었다. 배치된 부대는 전 투공병(Combat Engineering)이었다. 일하면서 싸우고 싸우면서 일하는 부대다. 카투사라고 하면 용산에서 사무를 보고 외박이나 휴가를 자주 사용하는 군인으로 알고만 있었는데, 카투사에도 공병부대가 있는 줄은 생각도 못했다. 평택에서 치른 영어 시험 점수에 따라 배치되었는데, 중위권에 해당하는 병사들이 공병으로 배치되었다고 전해 들었다. 상위권은 용산 8군 본부에 배치되었고, 나중에 알고 보니 용산에 근무하는 동기들은 그야말로 말로 듣던 카투사 생활을 하고 있었다. 세상 사람은 일부에서 벌어지는 일을 전체인 양 이야기하기 마련이다.

부대는 대대급으로 전투공병답게 공사에 필요한 중장비부대부터 지원부대가 있었는데 저자는 지원부대에 배치되어 전투공병으로 군 생활을 했다. 공사 장비와 기계를 다루는 일을 해서 그런지 군기도 셌다. 카투사 내무반이 따로 있어 근무 후에는 자체 집합이 있었다. 낮에는 미군과의 소통 문제와 문화 갈등으로 시달리고 밤에는 한국군 선임들에게 시달렸다. 차라리 한국군에 입대했으면 좋았을 걸 하는 후회도 많이 했다. 미군 상관의 지시에 따라 다리를 놓고, 창고와 BOQ(장교막사)를 지으면서 망치질을 하고 콘크리트를 치고 페인트를 칠했다. 말이 카투사지 미군복을 입은 토목건설공사의 노동자였다. 전시에 전투공병의 임무를 위해 부대 작전에 동원되고 한미연합훈련(Team Spirit)에서는 철제 부교(浮橋)를 놓고 비행장을 깔았다. 그때만 해도 미군 장비는 제2차 세계대전에서 사용하던 것들이 많았다. 한겨울 경기도 여주에서 몇 날 며칠 밤을 새우며 축구장 두세 배 면적에 비행장을 놓았는데 수송기가 한번 착륙과 이륙을 하고 나면 다시 원상복구 해야 했다. 저자의 군대 생활을 주변에 이야기하면 지금도 믿지 못하는 사람들이 많다. 편하게 군 생활을 하는 것으로 알려진 카투사에 대한 고정관념에서 쉽게 벗어나기 어려울 것이다.

다행히 저자는 농촌 환경에서 성장하면서 흙도 만져보고 삽이나 곡괭이를 잡아봐서 공병이 하는 일에 그나마 적응이 빨리 되었지만, 도회지 출신의 카투사는 새로운 환경에 적응하는 데 애를 먹었다. 그들도 이런 카투사 부대가 있는 줄 몰랐다고 한다. 미군 공병부대에서 생활하는데 어려움 중 하나는 도구를 사용하는 방식과 문화가 달랐다. 우리나라에서 톱질이나 대패질은 앞에서 끌어당기는 형식이지만, 미군의 톱은 밀어내는 방식이었다. 미군 톱을 사용하여 나무를 자를 때는 팔의 힘이 강해야 했다. 미군 톱에 익숙하기 전까지는 팔 힘이 약해 톱날이 휘어지곤 했다. 삽의 구조와 사용 방식도 달랐다. 우리나라 삽의 구조는 길이가 성인 키보다 작고 끝부분에 삼각형의 손잡이가 있지만, 미군 삽은 손잡이가 없는 대신 성인 키보다 더 길었다. 삼각형의 손잡이에 의지해 삽질을 하던 습관에서 일자형의 삽을 사용하기란 여간 불편한 것이 아니었다.

숙소는 2인 1조로 배정되었는데 카투사 1명과 미군 1명을 묶어 방을 쓰게 했다. 문화가 다른 병사들이 서로를 이해하도록 하는 물리적 배치였다. 한국군끼리 방을 쓰게 되면 운이 좋은 것으로 생각했다. 문화적 동질성이라는 것이 얼마나 중요한지에 대해 직접 경험하였다. 흑인 병사와 방을 같이 쓰게 되었을 때의 경험이다. 당시만 해도 흑인에 대해 가지고 있는 고정관념이 있었지만 웬만한 것은 이해하고 인내하면서 근무하려고 노력했다. 물론 인내심에 한계를 느끼는 적이 한두 번이 아니었다. 제일 견디기 어려운 문화는 흑인 병사가 사용하는 독한 향수와 시끄러운 헤비메탈 음악이었다. 향수는 흑인 피부에서 풍기는 고약한 냄새를 중화시키기 위한 노력이라고 생각하면 이해할 수 있지만, 음악을 시끄럽게 틀고 마치 혼자 방을 쓰는 것처럼 동료를 배려하지 않는 것에 대해서는 참기 어려웠다. 정중하게 부탁도 하고 원만하게 잘 지내보려고 했지만 막무가내일 때가 많았다. 비뚤어진 우월의식을 가진 흑인 병사들이 한국을 무시한 결과다. 카투사는 한국 주둔 미군 증원군이지만, 미군 병사가 보았을 때는 미군에 고용된 용병에 불과했다. 미군 병사들도 한국군을 얕잡아 보고 남한을 지키는 미군에게 감사해야 한다는 논리로 무장하고 있었다.

미군은 카투사들에게 화가 난 것처럼 보였는데 그 이유를 알 것 같았다. 미군은 직업군인으로 각각 특기가 있어 제 몫을 하고 있는데 카투사는 제 몫을 하지 못한다고 생각했다. 차라리 논산훈련소에서 차출된 카투사가 훨씬 더 일을 효율적으로 잘했다는 주장이었다. 특히 공병 업무는 신체를 움직여 과업을 수행하며 업무 성과가 눈에 보이기 때문에 잘 훈련된 미 공병과 카투사는 비교 불가였다. 서로 큰소리를 치며 말싸움 끝에는 소대장이나 선임하사에게 진술서를 써야 하는데, 문법 위주의 시험 준비를 위한 영어공부는 많이 했지만 논리적으로 주장을 펼치는데 한계가 있었다. 한국의 고학력 징집병과 미국의 직업군인 간에 벌어진 문화 충돌의 양상을 일일이 소개하기란 지면이 부족할 지경이다. 양 문화를 매개하는 도구는 영어라는 언어인데 그 도구가 제대로 작동하지 않으면서 불필요한 문화적 충돌까지 겪게 된 것이다.

저자가 다문화사회를 성공시키는 요소로서 다문화수용성지수를 키우자고 주장하게 된 결정적인 순간이 있었다. 아침에 공사 현장으로 가기 전에 세면실에서 면도를 하는데, 옆에서 면도하던 흑인 병사가 면도날로 얼굴에 상처를 냈다. 저자는 무의식적으로 흑인의 피는 검은색일 것이라는 막연한 생각을 하고 있었나 보다. 흑인 병사의 얼굴에서 흐르는 피가 저자의 피색과 같은 선홍색이었다. 저자의 얼굴이 부끄러움으로 붉게 달아올랐고 나 자신을 진지하게 돌아보는 순간이었다. 저자 나름대로 피부색이나 인종에 따라 상대를 폄하하고 무시하는 생각을 가지고 있었던 것이다. 저자 스스로가 그를 흑인이라는 이유로 무시하고 있었다. 내로남불 식의 사고체계였다. 흑인 병사도 나와 똑같은 사람인데 말이다. 단지 서로 다른 것이 있다면 문화일 것이다.

문화는 사람이 만든 모든 생활양식과 상징체계라고 한다. 국가마다 민족마다 다양한 문화가 존재하고 서로 독특한 자기 문화를 공유한다. 인디언 속담에 다른 사람을 비판하려면 '그 사람의 신발을 신고 1마일을 걸어 보라'고 한다. 나와 다른 문화권에 사는 사람에 대해 함부로 이야기할 것이 아니다. 다문화수용성을 향상하는데 저자처럼 다른 문화권의 사람과 직접 부딪히며 생활하는 방식도 있겠지만 다문화교육으로 간접적인 경험을 하는 것도 그에 못지않게 효과적인 방법이다.

2021년 우리나라 성인의 다문화수용성은 52.27점으로 71.39점인 청소년에 비해 19.12점 낮게 나타났다. 2018년과 비교하면 청소년의 다문화수용성은 0.17점 상승하였으나, 성인은 0.54점 하락한 것으로 나타났다. 청소년 가운데에서도 연령이 낮을수록 다문화수용성은 더 높게 나타났다. 성인과 청소년 사이에 다문화수용성에 차이가 나는 것은 다문화교육에 대한 참여 정도와 다문화 구성원과의 접촉과 교류 여부가 주된 변인으로 꼽히고 있다.

일례로 우리나라 국민은 "이민자와 외국인 노동자를 이웃으로 삼고 싶지 않다"라는 설문 문항, 즉 이웃으로서 이민자와 외국인 노동자에 대한 거부 비율에 대한 조사결과에서 대폭 감소하는 수치를 나타냈다.

1990년에는 53.4%, 1999~2001년에는 46.8%, 2010~2013년에는 40.6%, 2017~2018년에는 22%를 나타냈다. 불과 20년 사이에 두 배 이상 감소했다. 독일과 미국의 경우에는 1990년대 이후 10%대를 유지하고 있다. 교육과 교류의 효과다. 앞으로도 이주자에 대한 무시와 차별을 극복하기 위해 다문화교육을 지속적으로 활성화하고 지역 공동체에서 이주민과 함께 부딪히며 인간적인 교류를 하게 되는 기회가 많아지게 되면 다문화수용성지수는 올라가게 될 것이다. 한창 혈기 왕성한 20대에 겪은 문화충돌은 저자에게 다문화수용성을 키울 수 있는 기회가 되었던 것 같다. 아픈 만큼 성숙하고 나와 다른 타자를 이해하는 계기가 되었다. 다양한 피부색을 가진 미군과의 생활에서 얻은 다문화적 감수성 훈련과 시행착오는 학교에서 다문화 관련 교과목을 가르치고, 관련 문헌을 집필할 수 있는 소중한 경험이 되었다. 다문화사회를 이끄는 힘은 문화적 다양성이고, 그 다양성은 창의성으로 이어진다는 것을 기억하면 좋겠다. 문화에 대한 역지사지(易地思之)야말로 다문화사회를 성공으로 이끄는 중요한 요인일 것이다.

다문화사회의 성공 요건
③ 타자에 대한 편견 혹은 고정관념과의 싸움에서 승리하는 것

광의적으로 볼 때 우리나라에서 다문화사회를 구성하는 사람들은 결혼이민자, 이주노동자, 북한이탈주민, 외국 유학생, 재외동포 등 우리나라 사람과는 다른 문화적 배경을 가진 사람들이다. 이들은 우리나라에 거주하는 소수집단으로 대한민국의 문화적 배경색을 다채롭게 꾸며주고 있다. 오천 년 장구한 역사적 뿌리를 가진 한민족은 그동안 '단일민족'이라는 혈통 이데올로기를 통해 숱한 국난(國難)을 극복했고, 일제에 의한 식민통치기에는 민족의 독립 투쟁을 위한 구심점으로서 단결과 응집의 근원이 되었다. 역사학자 손진태는 1948년 발간된《조선민족설화일연구(朝鮮民族說話─研究)》에서 "엄밀한 의미에서 단일민족은 사실상 존재하지 않지만 한 민족 중에 어떤 종족의 혈액이 8, 90%를 점유한다면 단일민족이라 하여도 결코 과오가 아니다. 이러한 의미에서 나는 조선민족을 단일민족이라고 하는 것이다. 우리의 혈액 중에 한족(漢族), 몽고족, 남방족, 중세 여진족, 기타 백인종의 혈액까지도 혼류해 있는 것은 사실이나 그 비율은 전체에 대하여 문제가 되지 않는다"라고 주장

하였다. '단일민족은 사실상 존재하지 않는다'라고 단정하면서도 굳이 우리 민족을 단일민족이라고 주장하는 것은 어불성설이 아닐 수 없을 것이다.

이동과 교류가 일상화되고 개방성과 다양성의 가치를 중시하는 글로벌 세계에서는 단일 또는 순수 혈통이라는 주장은 자칫 폐쇄성과 배타성을 연상시킨다는 점에서 용어 사용에 신중을 기할 필요가 있을 것이다. 엄밀히 따지자면 지구상의 약 80억 인구 중에 순수혈통이 어디 있겠는가 싶다. 한국인의 몸에 흐르는 피의 성분을 현대의 과학기술을 이용하여 분석하면, 한국인, 일본인, 중국인, 동아시아인, 아메리칸 인디언의 피가 섞여 있다고 하지 않는가.

바야흐로 우리나라는 인구수 대비로 보면 국제기준(전체 인구 대비 외국인의 비율이 5%)에 맞는 다문화사회로 이행되고 있다. 우리나라에서 급격한 다문화사회로의 이행 현상은 저출산, 고령화에 따른 사회경제적 문제, 산업구조 변화에 따른 고용문제 등 국내외적인 복합적인 요인이 작용한 자연스러운 사회변화라고 생각한다. 지금부터는 거역할 수 없는 대세가 된 다문화사회를 성공적으로 정착하기 위해 어떻게 해야 할 것인가에 대해 머리를 맞대어야 할 때이다. 성공적인 다문화사회를 구축하기 위한 요건들을 일일이 거론하기 어려울 정도로 많은 요소가 산재하고 있지만, 무엇보다 개인이나 사회가 나와 다른 타자에 대한 고정관념이나 편견과의 싸움에서 승리하는 것이 최우선적인 과제가 아닐까 싶다.

고정관념과 편견은 실과 바늘처럼 병렬적으로 사용되기 일쑤지만, 두 개념 사이에는 차이가 있다. 고정관념(stereotype)이란 특정 집단의 사람이 공통으로 가지고 있다고 생각되는 전형적인 특성에 대한 기대나 신념을 가리킨다. 예컨대, 흑인은 '폭력적'이라거나 '게으르다'라고 생각하는 것이다. 고정관념은 주로 인지적인 측면의 기대나 신념에 관한 것이다. 편견(prejudice)은 특정 대상에 대한 편향된 정보 수집이나 처리, 회상 등 인지적 측면뿐만 아니라 '좋다' 또는 '싫다' 등의 가치 판단이 포함된 것으로 주로 부정적인 정서적 측면을 동반한다. 고정관념은 성고정관념, 인종고정관념, 직업고정관념 등 대부분 뚜렷한 근거가 없고 감정적인 판단에 의거하고 있는 반면, 편견은 특정 집단에 대해 편향된 사고 또는 부정적 가치 판단을 한다는 것을 알 수 있다.

편견의 유형은 명시적인 편견(공공연한 편견), 잠재적인 편견, 자동적인 편견으로 구분할 수 있다. 명시적인 편견은 특정 집단이나 대상을 그들의 피부색, 언어, 종교, 문화 등을 폄훼하고 차별하는 말이나 행동을 서슴지 않고 하는 것이다. 잠재적(암묵적)인 편견은 겉으로는 편견을 갖고 있지 않은 것처럼 숨기고 있다가 결정적인 순간, 예컨대 직장에서 승진을 위한 인사고과, 은행의 대출 심사 등에서 특정 집단을 차별하는 것이다. 자동적인 편견은 뇌와 지각의 차원에서 자동적으로 편견이 드러나는 것이다. 예컨대 미국 경찰은 흑인에 대해 가지고 있는 자동적인 편견으로 흑인이 갖고 있는 물건을 총으로 오인하여 총을 쏘는 경우가 빈번하다.

저자는 인류역사에서 고정관념과 편견이야말로 개인 혹은 국가를 대립과 분열로 내몰고, 급기야는 전쟁 발발의 원인까지 제공하는 파괴력이 엄청난 핵폭탄이라고 생각하고 있다. 히틀러가 제2차 세계대전 중에 수백만의 유대인을 학살하고 홀로코스트의 악명을 떨친 것도 인종적 편견과 고정관념에서 비롯되었다.

흥미로운 연구 결과에 주목한다. 2008년 우리나라에서 초·중등학생, 학부모, 교사를 대상으로 국내에 거주하는 소수집단에 대한 '우리 집단의식'에 대한 우선순위를 조사했다. '우리 집단의식(group consciousness)'이란 다문화사회를 구성하는 다양한 집단 가운데 우리나라 사람이 공통으로 느끼는 '우리는 동일집단의 성원'이라는 의식이다(한국인의 '우리 의식'은 유달리 강하다. 나의 가족은 '우리 가족'이고 나의 남편까지 '우리 남편'이라고 말할 정도다.)

순위 결과에 놀라지 마시라. 전체 순위는 국제결혼가정자녀, 결혼이주자, 탈북자, 조선족, 중국인, 백인, 동남아시아인, 일본인, 몽골인, 흑인이었다. 우리 집단의식은 한국인과 피로 맺어진 소수집단(국제결혼가정자녀, 결혼이주자, 탈북자, 조선족)이 앞 순위를 차지했다. 일본인과 몽골인이 후순위가 된 것은 역사적으로 우리 민족을 침략하고 온갖 만행을 저지른 국가라고 생각하면 이해가 된다. 이해가 되지 않은 점은 왜 흑인이 마지막 순위를 차지하고 있느냐이다. 초등학생을 제외한 중학생, 고등학생, 학부모, 교사는 모두 흑인을 우리 집단의식에서 마지막으로 생각했다.

왜 그럴까? 우리나라 초중등학생과 학부모 그리고 교사는 왜 흑인에 대해 점수를 박하게 주는 것일까? 우리 민족이 역사적으로 흑인으로 인해 국난의 위기를 당했거나 국익의 손해를 당했던 기억은 없다. 굳이 그 이유를 생각해 보면 흑인은 검은 피부색을 가지고 있기 때문이 아닐까 싶다. 유일하게 초등학생은 흑인, 일본인, 몽골인 순서로 꼽았다. 한국인은 피부가 하얀(?) 백인에 대해서는 후한 점수를 주는 경향이 있는 것은 아닌가 싶다. 피부색에 따라 특정 인종에 대해 부정적으로 낙인을 찍은 결과일 것이다.

낙인효과(labeling effect)처럼 무서운 결과를 초래하는 것은 없다. 일종의 심리적 저주에 가깝다. 부정적으로 낙인찍히면 실제로 그 대상이 점점 더 나쁜 행태를 보이고, 또한 대상에 대한 부정적 인식이 지속되는 현상이다. 어린아이를 보고 주위에서 '바보'라고 낙인찍다 보면 이 아이는 갈수록 의기소침해지면서 자신이 진짜 바보인 줄 의심하게 되어 결국은 진짜 바보가 될 수도 있다. 흑인들에 대한 부정적인 낙인의 책임은 백인들의 탓이 크다. 백인은 흑인들을 아프리카에서 유럽과 아메리카 대륙에 강제로 데려와 그들을 짐승만도 못한 노예로 부렸다. 다분히 흑인에 대한 고정관념과 편견은 역사적 소산이라고 해도 억지 주장은 아닐 것이다.

특정대상이나 특정집단에 대해 한 줌의 고정관념이나 편견이 없다고 자신할 수 있는 사람이 있겠는가. 정도의 차이는 있겠지만 인간이면 나와 다른 타자에 대해 조금이라도 고정관념 혹은 편견을 가지고 있다고 말하는 것이 솔직한 표현일 것이다. 문제는 영향력이 큰 리더가 고정관념이나 편견을 일반화하여 마치 사실인 양 호도하면서 대중을 선동하여 특정집단이나 특정대상을 희생양으로 삼는 것이다. 오늘날 지구상의 대표적인 다문화국가인 미국에서 도널드 트럼프 전 대통령처럼 영향력이 막강한 사람이 특정인종에 대해 혐오를 부추기거나 차별하는 발언이나 행동을 한 결과, 미국 사회는 과거보다 더 인종차별이 심각해졌다고 한다. 코로나19 바이러스에 대한 백신은 접종하면 면역력이 생기지만 편견이나 고정관념을 가지고 특정대상이나 집단을 낙인찍는 것은 백신조차 구할 수 없을 것이다.

어떻게 하면 편견이나 고정관념과의 싸움에서 승리할 수 있을까? 저자가 생각하는 가장 좋은 방법은 나와 다른 타자와 접촉을 통해 서로가 인간적인 상호작용을 하는 것이다. 인간 대 인간으로서 만나 서로 다른 문화적 배경에 대해 알고자 하는 노력이 중요하다. 그러나 우리가 의도적으로 노력하지 않는다면 다문화구성원과 직접 접촉할 기회를 쉽게 갖지 못할 것이다. 현실적으로 실현가능한 방법은 다문화교육에 참가하는 것이다. 우리나라 청소년이 성인보다 다문화수용성지수가 높게 나타났는데 이는 청소년이 성인보다 다문화교육에 참여할 기회가 많기 때문이라고 한다. 제도권 교육에서 다문화교육을 공식 교육과정으로 편성하고 지역사회에서 평생교육기관 등을 통해 다문화교육을 활성화하게 된다면 자신과 다른 타자에 대한 막연한 편견이나 고정관념은 상당 부분 줄어들게 될 것이다. 다문화사회의 도래는 우리나라가 직면한 도전이자 기회이기도 하다.

📖 염철현. (2023). 《인문의 마음으로 세상을 읽다》. 서울: 박영스토리.
　　크로스비, 페이. (2004). 《끝나지 않은 논쟁 차별철폐정책》. 염철현 옮김. 파주: 한울.
　　〈언제부터 우리를 단일민족이라 불렀는가?〉. http://inmun360.culture.go.kr

제3부

온고지신(溫故知新)
옛것을 익혀서 새것을 안다

평생학습사회의 롤모델, 공자
호학(好學)의 아이콘

인류 역사에 큰 족적을 남긴 위인 가운데 평생학습사회의 롤모델로 공자를 꼽고 싶다. 공자(BC 551 – BC 479)는 일흔셋으로 생을 마감할 때까지 부단히 배우고 또 배웠다. 논어 공야장편에는 교만을 경계하고 겸양을 강조했던 공자가 자신을 자랑삼아 한 말이 있다. "열 집 남짓의 마을이라면 반드시 나만큼 충성과 신의가 있는 사람이 있겠지만, 나만큼 배우기를 좋아하는 사람은 없을 것이다(十室之邑 必有忠信如丘者焉 不如丘之好學也.)." 저자는 공자의 태산같이 높고 많은 어록 중에 이 말을 가장 좋아한다. 나라를 위한 충성도 중요하고 사람 간의 관계에서 신의도 필요하지만, 적어도 배움에 대해서만큼은 누구에게도 지기 싫어했던 공자야말로 호학(好學)의 대명사로 불릴 만하다. 오늘날로 비유하자면 공자는 제일 먼저 책을 읽고 먼저 깨닫는 'first reader'였다.

또 공자는 자신이 배우기를 좋아하지만 노력하여 배운다고 했다. "나는 태어나면서 알았던 사람이 아니다. 옛것을 좋아하여 부지런히 구한 사람이다(我非生而知之者好古敏以求之者也.)." 태어나면서부터 아는 생이지

(生而知)가 아니라 배워서 아는 학이지(學而知)다. 공자의 공부법은 간단하다. 배우는 것을 좋아하고, 배우기 위해 부지런히 노력하는 것이다. 호학과 근면이 합쳐지면 큰 학자, 즉 석학(碩學)이 되는 것은 시간문제일 것이다.

누구보다 배움에 대한 자긍심이 컸고 솔선수범했던 공자가 예(禮)에 대해 묻기 위해 노자(老子)를 찾아 나선 것은 역사적인 사건이다. 예는 공자의 핵심 사상 중 하나라고 할 수 있다. 그는 당대의 대 석학으로 명성이 높았던 노자를 만나 예에 대해 가르침을 받고 싶었다. 지금부터 2,500년 전의 도로와 교통수단을 상상해 보라. 공자와 일행은 원시 수준의 교통을 이용하여 수천수만 리에 이르는 길고 험한 여정을 견뎌내며 노자를 찾아갔다. 호학의 아이콘, 공자의 배움에 대한 진정성이 묻어난다. 이 정도면 단순한 지적 호기심을 넘어선다.

공자는 자신보다 연배가 높은 노자에 대해 깍듯한 예를 갖추는 뜻에서 비둘기 두 마리와 비둘기가 조각된 구장(鳩杖)을 준비했다. 조선 시대에 임금은 70세 이상 되는 공신이나 원로대신에게 구장을 하사했는데 손잡이 꼭대기에 비둘기 모양을 새겼다. 중국《속한서(續漢書)》에는 "황제는 매년 8월에 나이 80세가 된 백성에게 옥으로 만든 지팡이를 내리는데 끝에 비둘기 모양을 장식했다"라고 기록하고 있다. 비둘기는 목이 메지 않는 새라는 점에서 노인이 음식을 삼키면서 목이 막히지 않기를 바란 것이다. 서양에서 비둘기는 평화를 상징하지만, 동양에서 비둘기는 음식물을 삼키기 어려운 노인들의 건강을 지키는 것으로 비유된다. 예를 인간 행동의 기본으로 생각하는 공자는 최선의 예를 갖춰 노자에게 배움을 청했다.

공자: "선생님, 예에 대해 가르침을 주십시오."

노자: "예에 대해서라면 나는 할 말이 없네."

공자: 그렇지만 선생님 같은 분이 할 말이 없으시다니요."

노자: "잠깐만 기다려보게나. 딱 한 가지 해줄 말이 있기는 있네
만." (중략) "이를테면 훌륭한 장사꾼은 물건을 깊숙이 감추
고 있어 얼핏 보면 점포가 빈 것처럼 보이듯 군자란 많은 덕
을 지니고 있으나 외모는 마치 바보처럼 보이는 것일세. 그
러니 그대도 제발 예를 빙자한 그 교만과 그리고 뭣도 없으
면서도 잘난 체하는 말과 헛된 집념을 버리라는 말일세."

공자: "그것이 예입니까?"

노자: "그런 건 나도 몰라. 다만 예를 묻는 그대에게 내가 할 수 있는
말이란 이것뿐일세. 자, 이제 그만 가보게나."(최인호, 149−157
재인용)

인류가 낳은 위대한 사상가인 두 사람이 선문답을 하고 있는 듯하지
만, 노자는 자신의 사상을 장사꾼과 군자를 비유로 들어 설명했다. "훌
륭한 장사꾼은 물건을 깊숙이 감추고 있어 얼핏 보면 점포가 빈 것처럼
보이듯 군자란 많은 덕을 지니고 있으나 외모는 마치 바보처럼 보이는
것일세."

저자는 노자 사상의 근원을 이루는 두 가지는 유약겸하(柔弱謙下)와
상선약수(上善若水)로 이해하고 있다. "부드러움이 강함을 이기고, 겸손
함이 오만함을 이긴다"는 유약겸하의 유래는 대강 이렇다. 중국 전한
말기의 학자 유향(劉向)이 편찬한 것으로 알려진 《설원(說苑)》〈경신(敬
愼)〉편에 스승 상용과 제자 노자 간에 오간 대화가 전해진다. 노자에게

는 스승 상용(商容)이 있었다. 상용은 은나라의 신하로 주나라 무왕이 존경했던 인물이라고 알려져 있다. 노자는 스승이 병들어 죽게 되었을 때 임종을 지켜보면서 마지막 가르침을 달라고 했다.

> 상용: 한참 노자를 쳐다보다가 갑자기 입을 쫙 벌리더니 "내 혀가 있는가?"
>
> 노자: "네, 있습니다."
>
> 상용: "그럼, 내 이는?"
>
> 노자: "다 빠지고 없는데요."
>
> 상용: "그렇지, 다 빠지고 없지. 그런데 내가 왜 묻는지 알지?"
>
> 노자: "혀와 이를 보고 배우라는 것 아닙니까?"
>
> 상용: "뭘?"
>
> 노자: "혀가 그대로 있는 건 부드럽기 때문이고, 이빨이 다 빠져 없는 건 건강하기 때문이라는 걸 배우라는 말씀 아닌가요?"
>
> 상용: "그렇지, 바로 그거야. 그대가 제대로 알고 있으니, 나는 이제 가겠네. 그대에게 천하의 일을 모두 다 일러줬으니, 내가 있을 필요가 없지. 잘 있게!"(원한식 교수의 블로그에서 재인용)

노자 사상의 근원을 알게 하는 대화다. 사나운 것은 오래가지 못하고 온유하고 부드러운 것이 오래간다는 가르침이다. 유이제강(柔以制强)이다.

상선약수는 노자의 사상을 물로 비유하여 설명한다. 《도덕경》 8장에서는 "가장 좋은 것은 물(水)과 같다. 물은 온갖 것을 이롭게 하면서도 다투지 않고, 모든 사람이 싫어하는 낮은 곳에 머문다. 그러므로 도에 가깝다. 물은 만물을 도와 생육케 하지만 자기주장을 하지 않고 누구나 싫어하는 낮은 곳으로 내려간다. 물은 뭔가 한다는 자의식 없이 자연을 돕고 만물을 소생시킨다. 따라서 무엇인가 작위(作爲) 하려는 자기 욕망을 끊고 물처럼 무위의 경지에 도달하는 것이 도(道)다"라고 기술하고 있다. 인위(人爲)가 없는 무위의 자연을 추구하는 노자에게 예에 대해 개념을 내리고 규정짓고자 하는 공자의 인위적인 행동(有爲)은 도에 어긋난 것으로 보일 것이다.

공자는 목숨을 걸고 천신만고 끝에 만난 노자에게 제대로 한 방 먹은 셈이다. 그때 공자의 예가 형식주의라는 비판을 받고 있었지만, 당대 최고 사상가인 노자로부터 받은 비판은 충격의 강도가 훨씬 더 컸을 것이다. 한편으로 노자가 공자의 어리석음을 조롱하고 신랄하게 비판한 것은 이해가 된다. 형식적, 인위적인 행동을 지양하고 무위자연(無爲自然)을 강조하는 노자는 세속적인 규범에 따른 교화적, 실천적 성격을 강조하는 공자와는 맞지 않았을 것이다. 배움은커녕 비아냥과 수모를 겪었던 공자지만 비판에도 아랑곳하지 않고 배움의 여정을 포기하지 않았다. 오히려 그의 사상과 철학은 더 정교해지고 체계적으로 담금질 된다.

공자는 자신의 사상과 철학을 알아주는 주군을 찾아다니면서 이른바 주유천하 13년 만에 고향 노나라로 귀향했다. 천하를 여행하면서 배가 고파 상갓집에서 주린 배를 채우던 때도 있었고, 비전이 없어 보이는 스승 공자를 떠난 제자도 많았다. 오죽했으면 사람들은 공자와 일행에게 '초상집의 개(喪家之狗)'라는 욕을 해대며 빈정댔겠는가.

공자는 예순 여덟부터 배우고 익혔던 자신의 학문 세계를 기록으로 남기기 시작했다. 평생 배우고 익히는 데 게을리하지 않았던 공자의 놀라운 뒷심이다. 현대인에게는 68세가 사춘기에 해당할 만큼 젊은 나이겠지만, 기대수명이 40세 정도였던 당시의 연령으로는 많은 나이다. 그는 68세부터 생을 마감하는 73세까지 저술에 몰입하면서 유교의 기본이 되는 시경, 서경, 예기, 악경, 역경, 춘추 등 육경(六經)을 지어 학문으로서 유학을 집대성했다. 대기만성(late bloomer)의 모범사례를 보여준 것이다.

공자와 그 자손의 무덤은 공림(孔林), 공자를 제사 지내는 사당은 공묘(孔墓), 공자의 직계 자손이 대대로 살아온 생활 주거 공간을 공부(孔府)라고 한다. 공림, 공묘, 공부를 삼공(三孔)으로 부르는데 삼공은 1994년 유네스코 세계문화유산으로 등록되었다. 개인과 후손의 무덤, 사당, 생활공간이 세계문화유산으로 지정된 것은 세계적으로 드문 일일 것이다. 그만큼 공자를 인류의 영원한 스승으로 흠모한다는 뜻이다. 공림의 현판에는 만세사표(萬世師表)라고 적혀있다. 공자를 지칭하는 대표적인 수식어로 청나라 강희제가 쓴 글씨다. "만세토록 모범이 될 위대한 스승."

공자는 제자가 자신보다 먼저 세상을 떠나자 "하늘이 나를 버렸다"라면서 몇 날 며칠 통곡했다. 유학을 집대성한 대학자 공자는 사제의 정을 하늘이 맺어준 관계로 본 영원한 휴머니스트다. 관계는 하늘이 내리고 그 관계에 대한 책임은 사람에게 있다는 말이 맞는 것이다. 저자는 평생 배우고 또 익히는 것에 모든 것을 바쳤고, 말년에 저술을 통해 후세에게 인류의 보편적 사상과 철학을 남긴 공자의 생애를 보면서 진지한 평생학습자의 자세를 되새겨보게 된다. "배우고 때때로 그것을 익히면 이 또한 기쁘지 아니겠는가!"

📖 최인호. (2007). 《유림 2》. 서울: 도서출판 열림원.
_____. (2012). 《소설 공자》. 서울: 도서출판 열림원.
https://blog.naver.com/wonhansik/222678116007

호남 3대 명촌

① 전남 나주시 노안면 금안동(金安洞)

광주－무안 고속도로에서 나주 톨게이트를 지나 좌회전 신호등을 기다리다 보면 정면에 '호남 3대 명촌 금안동'이라는 안내 표지판이 눈에 들어온다. 명촌(名村)이라는 말도 낯설지만 호남 지역 마을 중 세 개 마을을 명촌으로 부른다고 한다. 호남 3대 명촌은 전북 정읍시 칠보면 원촌(院村)마을, 전남 영암군 구림(鳩林)마을, 전남 나주시 노안면 금안동(金安洞)을 말한다(저자는 타 지역에도 '명촌'이라는 수식어를 붙인 마을이 있는가를 확인하기 위해 사이트를 검색했지만 찾지 못했다).

어떤 마을이 '명촌(名村)'이 되는 것일까? 전통 사회에서는 명촌을 이야기할 때는 우선으로 풍수지리에 근거한 지리적 조건을 따졌다. 풍수지리에서 명촌이란 실개천과 냇물이 마을을 감아 돌고 산봉우리가 병풍처럼 마을을 둘러싸 논밭이 넓어 먹고사는 데 걱정이 없는 마을을 말한다. 명당자리가 곧 명촌에 필요한 중요한 입지조건이다. 그 마을에서 걸출한 인물이 나오고 대대손손 명성을 이어나가는 것도 명당자리이기 때문이다. 숙명론적인 환경결정론이다.

전통 사회에서 풍수지리가 차지하는 비중은 상상할 수 없을 정도로 컸다. 풍수지리는 집터나 묏자리를 정하는 것은 물론이고 국가의 수도를 정하는 데도 결정적인 역할을 하였다. 명당자리를 차지하기 위해 엄청난 국가의 에너지를 쏟아부었다. 조선은 수도를 정할 때 계룡산으로 할 것인가, 한양으로 할 것인가를 놓고 풍수지리에 근거하여 논쟁을 벌였다. 한양을 수도로 결정한 뒤로는 좌청룡 우백호를 어느 쪽으로 할 것인가에 대해서도 많은 논쟁을 필요로 했다.

풍수지리에서 말하는 명당자리는 '후손에게 장차 좋은 일이 많이 생기게 되는 묏자리나 집터'인데 누가 이 좋은 자리를 마다하겠는가. 명당자리는 풍수지리설에서 이상적 환경으로서 길지(吉地)를 가리키는 지리 용어이지만, 음과 양의 조화에 따라 자연의 질서가 변화한다는 사고체계를 가진 전통 사회에서는 논리적 합리성을 갖춘 '과학'에 해당했다. 풍수지리는 사람이라면 살아서는 좋은 환경을 갖춘 집터에서 살고 싶고, 죽어서는 땅의 기운을 얻어 영원히 살기를 원했던 사람들의 땅에 대한 논리화된 사고체계다(한국민족문화대백과사전). 풍수지리설은 땅의 해석학이라고 할 수 있다. 영화 〈명당〉은 '땅의 기운이 인간의 운명을 바꿀 수 있다'라는 왕조시대 풍수지리설에 입각한 시대극이다.

현대 사회에서 명촌의 개념은 전통 사회와는 판이하다. 명촌은 교통의 접근성이 쉽고, 문화 및 여가 생활이 편리하며, 자녀의 교육환경이 잘 갖춰진 곳이면 명촌의 반열에 들어갈 것이다. 역세권, 초역세권이라는 용어가 유행하는가 싶더니 요즘엔 '슬세권'이라는 신조어가 생겼다. 슬리퍼와 역세권의 합성어로 슬리퍼 차림과 같은 편한 복장으로 카페나 편의점, 쇼핑몰 등의 편의시설을 이용할 수 있는 주거권역을 뜻한다. 풍수지리를 따지는 것보다 실용성을 강조하는 현대인의 특성을 잘 나타낸 것이라 하겠다.

저자는 명촌이 되기 위한 조건으로 다섯 가지를 제시하고 싶다. 5대 조건은 지리적 조건, 인물, 마을공동체 의식, 전통의 현대적 계승, 마을의 지속가능성이다. 먼저, 조선시대에 호남 3대 명촌 중 한 곳인 나주시 노안면 금안동을 사례로 들어보자.

첫째, 지리적 조건으로서 금안마을은 금성산(해발 451m)이 병풍처럼 둘러싸고 있고 실개천과 냇물이 막힘없이 사시사철 흘러내려 논밭을 축축하게 적신다. 심한 가뭄이 닥쳐도 물이 마르지 않는다. 장마철에 몇 날 며칠 장대비가 내려도 수해 걱정이 없다. 대개 마을에는 한두 개 정도의 저수지가 있는 법인데 금안동에는 저수지가 곳곳에 있고 냇물과 실개천이 논과 밭에 핏줄처럼 이어져 있다. 금성산 주변의 산봉우리가 마을과 논밭을 보호하는 형세다. 전통적인 기준에서 명당자리다.

둘째, 금안동은 역사적으로 많은 인물이 배출된 고장이다. 금안동에는 유독 서원, 사당, 공덕비가 많다. 그만큼 걸출한 인물이 많이 배출되어 마을의 이름을 빛냈다는 뜻이다. 금안동에는 고려시대 정가신의 학문과 덕행을 추모하는 설재서원, 나주 출신으로 영의정을 지낸 청백리 박순을 모신 월정서원, 동방오현(東方五賢, 정여창, 김굉필, 조광조, 이언적, 이황 등 조선 성리학의 대가를 가리킴) 중 한 사람인 김굉필을 추모하는 경현서원이 있다. 마을마다 한 개의 서원이 있을까 말까 하지만 무려 세 개씩이나 있다고 하여 '서원 동네'라고도 불린다. 금안동 출신 인물들을 이곳 지면에 모두 나열하기는 어려울 정도다. 인물 중 대표적인 몇 사람들만 소개해보자.

고려시대 설재(雪齋) 정가신(1224~1298)은 명문장가에 명망 높은 정치가였다. 설재가 충렬왕 때 세자와 함께 원나라에 사신으로 가 세조 쿠빌라이(칭기즈칸의 손자)에게 바친 고향집을 그리워하며 지은 사향시(思鄕詩) 두 수를 감상해 보자.

고국의 남쪽에 금성산이 있고
그 산 밑에 내가 살던 초가삼간 있네.
골목과 뒤안의 버들과 복숭아는 내가 친히 심었으니
봄이 오면 응당 주인 오기를 기다리겠지

내 집은 머나먼 삼천리 밖에 있고
내 몸은 화려한 십이제왕성에서 놀고 있구나
옥통소를 불며 고향 생각을 달래는데
창밖의 무심한 달은 벌써 새벽녘을 알리고 있구나.

고향에서 삼천리 떨어진 멀고 먼 타국에서 고향을 그리워하는 소박한 감정을 담은 시다(이 시는 마을 담장이나 나주시의 카페 등에서 쉽게 볼 수 있다). 이 시에 감동 받은 쿠빌라이는 설재에게 금으로 된 말안장과 백마, 옥대를 선물로 주었다. 원래 금안동은 숲이 우거진 날짐승의 낙원이란 뜻의 금안동(禽安洞)이었으나, 쿠빌라이가 설재에게 선물한 '황금안장' 곧 '금안(金鞍)'을 받고 돌아왔다고 해서 금안동(金鞍洞)으로 불리게 되었다(오늘날 금안동의 한자 이름은 금안동(金安洞)으로도 부른다. 중국 원나라 세조 쿠빌라이가 설재에게 선물한 황금 안장(金鞍)에서 유래된 '금안동(金鞍洞)'이라는 마을 이름을 한때 사용했지만 사대주의적 발상이라는 생각에서 '금안동

(金安洞)'이라는 마을 이름을 사용한 것이 아닌가 싶다. 원주민은 금안리를 '기말리'라고도 부른다).

　고려 말 정지(鄭地) 장군은 호남과 남해안에서 활개 치던 왜구를 물리쳐 크게 이름을 떨쳤다. 정지 장군은 동시대의 명장으로 이름을 날렸던 최영, 이성계와 더불어 고려 말 3대 무신 중 한 사람으로 관음포대첩을 이끌었다. 관음포대첩은 최영의 홍산대첩, 이성계의 황산대첩, 최무선의 진포대첩과 함께 고려말 왜구를 격퇴한 4대 대첩 중 하나이다. 우리나라 해군의 정지함은 바로 정지 장군의 공적과 충절을 기리는 함선이다. 금안동의 경열사(景烈祠)는 정지 장군을 추모하는 사당이다.

　금안동 출신으로 조선시대 대학자 보한재(保閒齋) 신숙주(1417~1475)를 빼놓을 수 없을 것이다. 금안동은 신숙주의 친가가 아닌 외가다. 보한재는 금안동 외가에서 태어났다. 설재 정가신이 외조부다. 조선시대 인물 중 더 언급이 필요하지 않을 정도의 인물이 바로 신숙주일 것이다. 보한재는 세종의 총애를 가장 많이 받은 집현전 학사 중 한 명이었지만 불사이군(不事二君)의 의리를 저버리고 수양대군을 세조로 옹립하는 데 가담하면서 의리를 배신한 인물로도 기록되고 있다. 대의명분과 의리를 목숨보다 중요하게 여기는 조선에서 그는 배신과 변절의 아이콘이 되었다. 사람들은 여름철 쉽게 변하는 녹두나물을 '숙주나물'로 부른다. 다른 유래도 전해온다. 신숙주는 숙주나물을 좋아했다. 함길도 체찰사로 여진족을 정벌할 때, 여진족이 숙주나물을 순식간에 길러 군량으로 쓰는 걸 보고 숙주의 종자를 가져와 보급했다. 세조는 보한재가 숙주나물을 유난히 좋아하고 잘 먹는다고 하여 '숙주나물'이라고 불렀다고 한다.

보한재는 지조가 없는 나약한 선비라는 평판을 얻었지만 그가 남긴 공적은 변절과 배신이라는 낙인을 지우고도 남을 정도다. 한글은 세종 혼자만으로 창제될 수 없었다. 세종은 유능한 참모들의 도움을 받았고, 그중에 보한재는 세종이 훈민정음을 창제하는데 가장 큰 공을 세웠다. 그는 일본어, 중국어, 여진어, 몽골어 등 다국어에 능통하여 여러 언어의 음운과 어휘 등 언어학에 탁월한 능력을 지녀 한글을 창제하는 데 꼭 필요한 인재였다. 보한재는 요동(遼東)에 귀양 온 명나라 한림학사(翰林學士) 황찬(黃瓚)을 찾아 열세 번이나 요동으로 왕래하여 음운에 관해 토론하면서 한글 창제에 모든 노력을 쏟았다.

명촌의 조건으로서 지리적 조건과 인물로만 따지면 명촌의 반열에 들어갈 마을이 많을 것이다. 명촌 금안동에는 다른 마을에서 쉽게 찾아볼 수 없는 것이 있다. 결정적 한 방이랄까. 고방(告榜)터. 고방터는 조선시대 과거급제를 알리는 임금의 교지를 수령하는 장소이다. 이 마을에서 많은 인물이 배출되었음을 짐작케 하는 곳이다.

명촌의 세 번째 조건으로서 마을공동체의식에 대해 살펴보자. 금안동에는 하동 정 씨, 나주 정 씨, 풍산 홍 씨, 서흥 김 씨가 자자손손(子子孫孫) 거주하고 있다. 각 성씨는 인천, 천변, 반송, 광곡, 수각, 원당, 송대, 영안, 구축, 월송, 송정, 금곡 등 12개 자연마을을 형성하였다. 마을 주민은 마을의 자치규약인 대동계를 통해 마을의 중요한 사안을 풀어왔다.

이 대동계는 임진왜란 때 나주 출신 김천일(1537~1593) 장군의 진중에서 활약했던 홍천경 장군 등이 황폐해진 마을을 다시 일으켜 세우자는 뜻에서 결성했다고 한다. 쌍계정(雙溪亭)은 대동계가 개최되는 곳이

다. 쌍계정은 설재 정가신이 1280년 세운 정자로 '사성강당(四姓講堂)'이
라는 현판이 보인다. '사성'이란 나주 정 씨, 하동 정 씨, 풍산 홍 씨, 서
흥 김 씨 등 네 성씨 문중을 말한다. 쌍계정은 신숙주, 신말주 형제와
마을을 대표하는 학자들이 마을 공동의 자치규약인 대동계를 결성하여
미풍양속의 전통을 실현하고 학문을 토론한 명소로 잘 알려졌다. 쌍계
정 용마루 창고에는 대동계의 규약집이 보관되어 있는데, 회의를 열 때
마다 열람한다. 전통 사회에서는 마을에 인물이 많다 보면 사회경제적
지위가 높은 사람이 중심이 되어 일방적으로 마을 일을 끌어가는 경우
를 보게 된다. 그러나 명촌 금안동에서는 오늘날 지방자치의 뿌리가 되
는 자치규약을 만들어 대동(大同)이라는 기치 아래 주민 간에 우애하고
화목하게 지내는 것을 알 수 있다.

　명촌의 조건으로서 네 번째는 전통의 현대적 계승이다. 금안동 진입
표지판을 보면 '한글마을'이라는 안내가 나온다. 영어마을, 정보화마을
에 대해서는 들어보았지만, 한글마을은 생소하다. 조선시대 신숙주와
연결된다. 신숙주의 후손은 금안동에서 출생하여 '훈민정음' 창제에 크
게 기여한 신숙주의 생가를 복원하여 공원으로 가꾸고 한글창제의 교
육장으로 활용하였으면 하는 바람으로 나주시청 등 관계 기관에 문중
의견을 지속적으로 제출하였다고 한다. 훈민정음은 세종을 중심으로 많
은 학자가 참여하여 완성된 국가프로젝트였다는 점에서 그때 참여했던
신하의 생가터를 한글마을로 짓는 것은 무리일 수 있다. 그러나 금안동
주민이 과거의 자랑스러운 전통을 현대적으로 계승한다는 측면에서는
가치 있는 노력이라고 생각한다(매년 10월 9일 한글날에는 한글백일장을 개
최한다).

2023년부터 나주시에서는 명실상부 명촌의 위상을 되찾기 위한 노력으로 막대한 예산을 투입하여 금안동을 전통역사문화센터로 만드는 사업에 착수했다. 이뿐 아니다. 나주시는 명촌 금안동을 중심으로 뛰어난 자연환경을 보존하고 많은 사람과 공유하기 위한 노력도 아끼지 않고 있다. '금성산 생태숲'이 조성되어 많은 사람이 금성산의 생태특성을 보고 느낄 수 있다.

다섯 번째 명촌의 조건은 우리나라 모든 농촌 마을이 직면하고 있는 문제이기도 하다. 바로 마을의 지속가능성(sustainability)이다. 농촌 마을 지속가능성의 핵심 변수는 인구다. 금안동이 속한 나주시는 2022년 소멸위험지역(2022년 3월 기준 소멸위험지수 0.465)으로 진입했다(소멸위험지수는 20~39세 여성인구수를 65세 이상 고령인구로 나눈 값으로 0.5 미만이면 소멸위험이 크다). 마을에서는 갓난아기 울음소리를 들어볼 수가 없다. 인구 문제는 명촌 금안동의 아킬레스건이다. 마을 경로당 앞 공간에는 유모차가 줄지어 있다. 고령의 할머니들은 안전을 위해 유모차를 밀고 다니신다. 마을을 떠난 사람을 어떻게 돌아오게 할 것이며, 젊은이가 귀농, 귀촌할 수 있도록 할 방안은 무엇인가? 저출산·초고령 사회에 직면한 대한민국에서 이 과제를 해결하는 마을이 곧 명촌이다. 금안동에 적정 인구가 전제되지 않고서는 명촌이라는 수식어를 유지할 수 없을 것이다. 나주시가 2023년부터 시작하는 귀농·귀촌인 유입을 위한 키움하우스 조성 사업이 명촌 금안동의 지속가능성을 위한 중요한 발걸음이 되길 기대한다.

명촌이란 수식어를 달기보다 그 명성에 금이 가는 것은 더 쉽다. 창업보다 수성이 어렵다고 하지 않던가. 명촌이 대대손손 그 이름값을 하려면 명촌으로서 지속 가능한 노력을 부단히 해야 할 것이다. 저자가 명촌의 조건으로 제시했던 지리적 조건, 인물, 마을공동체 의식, 전통의 현대적 계승을 위한 노력, 마을의 지속가능성 등 다섯 가지 조건 중에서 지리적 조건은 현대 사회에서 가변적인 요소가 되었다. 명당자리를 찾아 매장하는 풍습에서 화장장(2021년 기준 화장률 90.5%)이 대안으로 자리 잡았다. 바다와 사막에도 고층빌딩을 짓는 시대가 아니던가. 마을의 지리적 조건이 하드웨어의 물리적 환경이라면 나머지 네 가지는 마을 주민의 노력으로 만들 수 있는 소프트 파워다. 오늘의 명촌은 내일 소멸될 수 있다는 경각심을 가지고 노력해야 한다. 가수 이선희의 노래 '아, 옛날이여'에는 이런 가사가 있다. '아 옛날이여, 지난 시절 다시 올 수 없나 그 날 ~' 명촌 금안마을 주민의 '일 금안 이 회진'이라는 자부심이 지속적으로 계승되기 바란다(회진은 나주군 다시면 회진마을을 가리킨다).

📖 김선기. (2003). 《호남정신 뿌리깃든 전라도 정자 기행》. 파주: 보림.

김준태. (2014). 《동아비즈니스리뷰》. 〈탁월한 실력의 신숙주가 '배신의 아이콘(?)'이 된 이유〉. 9월.

박용수. (2022). 《무등일보》. 〈좋은 환경에서 훌륭한 인물이 나는 것은 당연한 일이다〉. 6월 8일.

손영철. (2014). 《광주일보》. 〈'호남 명촌' 꿈꾸는 신숙주의 고향〉. 6월 19일.

송형일. (2022). 《연합뉴스》. 〈'호남 3대 명촌' 나주 금안동 귀농·귀촌 메카 조성〉. 10월 21일.

이돈삼. (2022). 《전남일보》. 〈[이돈삼의 마을 이야기] 돌담골목 … 금성산 생태숲 … 정겨운 '한글 마을'〉. 10월 6일.

이승준. (2022).《한길타임스》.〈[한국의 서원 80] 정가신을 기리기 위
  한 나주 '설재서원(雪齋書院)'〉. 9월 20일.

〈금안리〉. 나주시청. https://www.naju.go.kr/

〈명당〉. (2018). 영화.

호남 3대 명촌

② 전북 정읍시 칠보면 원촌(院村)마을

전북 정읍시 칠보면 원촌마을은 칠보산(해발 469m)과 성황산(해발 125m) 사이에 위치하며 필수(泌水, 지금의 칠보천)와 고운천(孤雲川)이 마을을 안팎으로 감싸며 동진강으로 흐른다. 안산(案山) 즉, 풍수지리에서 집터나 묏자리의 맞은편에 있는 산과 물의 기운이 마을을 보호하고 먹고 살기에 부족함이 없는 지형이다. 건국대 조용헌 석좌교수는 "원촌에서 물이 흐르는 방향이 서출동류(西出東流), 즉 서쪽에서 출발하여 동쪽으로 흘러가는 물은 '똥물도 약이 될 만큼' 좋은 물로 본다"라고 강조한다. 이 세상에 이보다 더 좋은 물이 있을까 싶다. 원촌은 풍수지리적으로 탁월한 입지를 가지고 있다.

호남의 명촌으로 꼽히는 전남 나주시 노안면 금안동과 마찬가지로 원촌마을 역시 서원과 사당이 많다. 지역의 지식인이 백성들을 교화(敎化)하는 데 앞장섰다는 뜻이다. 전통 사회에서 한두 개의 서원이 있는 마을이야 많겠지만, 원촌마을은 '무성서원' 등 큰 서원과 사당이 있어 '원촌(院村)'이라 불린다. 마을 이름이 서원이 있는 마을에서 유래했다고 하니 마을의 정체성을 서원으로 정했구나 하는 생각을 하게 된다. 원촌 마을 뒤 성황산에 올라 마을을 바라보면 무성서원(武城書院)을 중심으로 좌우와 중앙 방면으로 마을을 형성했다. 전형적인 배산임수(背山臨水)의 마을이다.

마을의 중심 역할을 하고 있는 무성서원은 다른 지역의 서원과는 위치와 기능에서 차별화되었다. 무성서원은 원촌마을을 호남의 명촌으로 만든 일등공신이라고 생각한다. 무성서원은 다른 서원과 차별화되는 세 가지를 지니고 있다. 첫째, 서원의 위치다. 대부분의 서원은 마을에서 떨어진 경관이 수려한 곳에 있지만 무성서원은 마을 한가운데 위치하고 있다. 서원이 주민 생활의 중심이고 접근성이 좋은 주민 친화적이다. 지역 지식인이 지역민과 함께하면서 지식인의 사회적 역할과 책임을 감당하려는 의미다.

둘째, 서원은 뛰어난 인물이 태어난 지역 또는 그의 묘소가 있는 지역에 위치하는 것이 일반적이지만 무성서원은 그렇지 않았다. 무성서원의 유래는 특별했다. 이곳 지역 주민은 신라 시대 최지원(857~?)과 조선시대 신숙주의 증손자 되는 신잠(1491~1554)이 태인 현감으로 부임하여 선정을 베푼 것에 대한 보답으로 마을 주민이 생사당(生祀堂)을 지어 그들의 공덕을 기렸다. 생사당은 주인공이 살아있을 때 제사를 모시는 사당이다. 1696년 숙종이 두 개의 생사당을 합쳐 무성서원이라는 이름을 내렸다고 한다. 왕이 현판을 하사한 사액(賜額) 서원이다. 서원을 세울 때의 콘셉트가 다르다. 요즘으로 말하면 국가에서 임명한 군수급의 고위 공무원이 마을을 잘 다스려 마을 주민이 그 공덕을 기리고자 자발적으로 지은 두 개의 기념관이 서원의 모태가 된 것이다. 대개는 지역에 크게 영향을 미친 인물이 죽은 다음에 그를 추앙하는 사당을 짓거나 배향 의식을 거행하는데 이 마을은 임명직 관리를 잘 만났다.

셋째, 무성서원은 1905년 을사늑약 이후 항일(抗日) 운동의 본산지가 되었다. 1906년 최익현과 임병찬이 일본에 대항해 의병을 일으켜 창의(倡義) 격문을 선포했다. "아~ 어느 시대인들 난적의 변고가 없겠느냐만, 그 누가 오늘날의 역적과 같을 것인가? 또한 어느 나라엔들 오랑캐의 재앙이 없었겠느냐만, 그 어느 것이 오늘날의 왜놈과 같겠는가? 의병을 일으켜라. 더이상 말이 필요 없다. 살아서 원수의 노예가 되기보다는 죽어서 충의로운 넋이 낫지 않겠는가?" 무성서원 마당에는 병오창의기적비(丙午倡義記蹟碑)가 남아 의병들의 결기와 함성을 기억하고 있다. 무성서원은 위치, 생사당에서 서원으로 변천 과정, 항일 의병의 거병소 등의 역할을 했다는 점에서 다른 서원과 차별화된다.

2019년 무성서원은 다른 8개 서원과 함께 유네스코 세계유산(World Heritage)으로 등재되어 인류 전체를 위해 보호되어야 할 뛰어난 보편적 가치(Outstanding Universal Value)가 있다고 인정받았다. 다른 8개 서원(위치/주향 인물)은 최초의 서원인 소수서원(경북 영주/안향), 안동서원(경북 안동/이황), 병산서원(경북 안동/류성룡), 옥산서원(경북 경주/이언적), 도동서원(경북 달성/김굉필), 남계서원(경남 함양/정여창), 돈암서원(충남 논산/김장생), 필암서원(전남 장성/김인후)이다. 서원의 주향 인물을 보면 이름만 들어도 고개가 끄덕여지는 유학의 대가들이다.

원촌마을 입구에 세워진 '태산선비문화사료관'의 안성열 관장이 저자에게 질문을 던졌다. "유네스코 세계유산으로 선정된 9개 서원의 공통점에 대해 알고 있느냐?" 저자는 향촌의 교화니 유생이 공부하는 곳 등 몇 가지에 대해 언급했다. 관장님의 대답은 간단했다. "모두 사적(史蹟)으로 등록된 서원이다." 우리나라의 그 많은 서원 가운데 어떤 서원을 등재할 것인가는 고민거리였을 것이다. 등재 신청 기준은 바로 사적으로 지정받았느냐의 여부였다. 서원과 같은 유형문화재는 대개 지방문화재 등으로 지정되는 경우가 많다는 것을 생각하면 합리적인 기준이라고 생각한다(참고로 사적은 국가가 법적으로 지정한 문화재를 말하는데, 유형문화재는 가치 정도에 따라서 국보, 보물, 사적, 지방문화재 따위로 지정하여 보호한다).

우리나라 서원의 역사를 보면 서원의 본질적인 기능 외에도 국가재정 낭비와 당쟁의 소굴이라는 비판도 받았다. 흥선대원군은 서원이 노비를 점유하고 면세, 면역의 특전을 누리면서 국가재정에 부담을 주고 정치적 분란을 만든다는 비판을 받게 되면서 서원철폐령을 내렸다. 서원철폐령으로 전국에 산재한 수백 개의 서원이 철폐 또는 훼철되고 47개 서원만이 남겨졌다. 우리나라에는 현재 670여 개의 서원이 남아있는데, 철폐 또는 소실된 서원을 후손이나 후학이 다시 중건한 것이다.

칠보면 원촌마을이 호남 명촌의 반열에 오르게 된 것은 좋은 풍수의 생태적 환경과 서원의 역할도 있지만 향약의 보급과 실천도 빼놓을 수 없는 요소다. '태인 고현동 향약(泰仁古縣洞鄕約)'은 조선 최초의 민간 향약으로 평가받고 있으며 보물로 지정되었다. '고현'은 '칠보'의 옛 지명이다. 고현동 향약은 정극인(1401~1481)이 1475년 처음으로 향촌 사회의 자치규약을 정리한 것으로 퇴계의 예안향약(1556년)과 율곡의 서원향약(1571년)보다 80년 이상 앞섰다고 한다. 태인이 처가인 정극인은 우리나라 최초의 가사작품으로 알려진 상춘곡(賞春曲)을 남겼다.

15~16세기의 향약 자료는 남아 있지 않지만, 선조 35년(1602)부터

1977년까지의 자료가 보존됐다. 향약은 향촌규약(鄕村規約)의 준말로 동약(洞約), 동계(洞契), 동안(洞安)으로도 부르는데, 대개 덕업상권, 예속상교, 과실상규, 환난상휼 등 4대 실천 강목을 강조하면서 지방의 향인이 서로 도우며 살아가자는 약속의 의미이며 유교적 예절과 풍속을 향촌 사회에 보급하여 도덕적 질서를 확립하고 미풍양속을 진작시키며 각종 재난을 당했을 때 상부상조하기 위한 규약이다. 우리의 전통적인 공동체적 상부상조의 정신에 유교적 가치를 더한 것이다. 향약이 주민의 교화를 주목적으로 한다면, 계(契)는 친목과 상부상조가 목적이라는 점에서 다르다. 향약은 조선시대 양반들의 향촌자치규약이자 하층민 통제수단이라는 한계점을 갖고 있지만 오늘날 지방자치의 토대가 되었다고 볼 수 있다.

조선시대 호남 3대 명촌으로 평가받았던 나주 금안동, 영암 구림마을, 정읍 원촌마을은 공통으로 동계를 가지고 있었다. 금안동의 「금안동계」, 태인의 「고현동약」, 구림마을의 「구림대동계」가 그것이다. 예컨대, 나주 금안동에는 후손들 즉, 나주 정 씨(羅州鄭氏), 하동 정 씨(河東鄭氏), 풍산 홍 씨(豊山洪氏), 서흥 김 씨(瑞興金氏) 등 4 성씨가 주축이 된 '4성계(四姓契)'와 '대동계(大同契)'가 마을의 중요한 일을 주관했다. 동계는 마을 공동 재산의 유지, 관리 및 노약자에 대한 경제적 배려, 구황식물의 구비 등 마을 전체의 일을 운영해 나간 공동체였다. 동계는 마을공동체를 유지, 발전시키는 데 필요한 구심점이 되었다.

호남 3대 명촌으로서 원촌마을만의 차별화된 요소가 있을까(굳이 여기서 명촌의 조건을 나열할 필요는 없을 것이다. 풍수가 좋고, 물산이 풍부하고, 인재가 배출되는 지역이면 명촌의 반열에 들어가지 않겠는가). 저자는 원촌마을에서 다른 명촌과 차별화된 두 가지 요소를 발견했다. 첫째는 다른 마을과 달리 서원이 마을 한가운데 위치하여 마을의 구심점이 되었다. 주민 친화적인 서원을 중심으로 지역의 지식인이 지역민과 함께하면서 지식인의 사회적 역할과 책임을 감당하려는 노력을 했다는 의미다. 무지렁이 백성을 교화하면서 마을공동체를 형성하려는 노력이 모여 명촌이 되었을 것이다. 둘째는 후손들의 노력이다. 마을에 들어서면 문화해설사가 안내를 해주고 사료관에 가면 관장이 원촌마을에 대해 장황하게 설명을 늘어놓는다. 선조가 쌓아온 역사를 잊지 않고 현대적으로 계승, 발전시키려는 노력이 아름답다. 역사는 과거와 현재와의 부단한 대화라고 한다. 원촌마을이 명촌으로 지속적으로 계승, 발전하는 이유를 찾았다.

칠보천을 가로질러 내장산 IC를 빠져나오면서 드는 생각이 있었다. 신숙주는 나주 금안동에서 태어났는데 그의 아버지 신장(申檣)은 향약 자치규약인 금안동계를 조직하고 향촌을 발전시켜 금안동을 호남의 명촌으로 만드는데 기여했다. 신숙주의 증손자 신잠은 태인 현감으로 부임하여 백성을 꽃처럼 섬기면서 선정을 베풀어 지역민이 살아있는 현감을 위해 생사당을 지을 정도였다. 태산선비문화사료관의 안성열 관장은 임진왜란을 당하여 전주사고에 보관된 조선왕조실록을 내장산으로 옮겼던 안의의 후손이라고 한다. 역사는 결코 단절되지 않고 긴밀하게 연결되어 있다.

📖　조용헌. (2020).《조선일보》.〈[조용헌 살롱] 호남의 명촌〉. 11월 13일.
　　〈(재)한국의 서원 통합보존관리단〉. (2022).《서원산책》. 제6권.

〈태인 고현동 향약〉. 태산선비문화사료관.
〈향약〉. 한국민족문화대백과사전.

호남 3대 명촌

③ 전남 영암군 군서면 구림(鳩林)마을

적어도 영암(靈岩)을 이야기할 때 월출산(月出山)이 들어가지 않으면 '팥
소 없는 찐빵'이 될 것이다. 영암 월출산(809m)은 소백산맥의 끝자락에
우뚝 솟은 호남의 소금강으로 글자 그대로 '달이 뜨는 산'이다. 삼국시
대에는 '달이 난다'하여 월라산(月奈山)이라고 불렀고, 고려시대에는 월
생산(月生山)이라고 부르다가 조선시대에 와서 월출산으로 불렀다.

역사적으로 영암은 백제시대에는 월나군(月奈郡)이던 것을 통일신라
시대인 757년에 영암군(靈岩郡)으로 개칭하였다. 영암은 고인돌, 청동기
시대의 마을 터 등이 발견돼 이곳이 오래전부터 살기 좋은 고장이었음
을 증명해 준다. 예로부터 강진, 해남 등 남쪽의 선비가 한양으로 과거
시험을 보러 가기 위해 월출산을 넘었고, 유배형을 선고받은 중앙관료
나 사회지도층 인사가 한양에서 삼남대로(三南大路)를 거쳐 월출산을 넘
어 강진, 해남이나 제주도 등으로 귀양을 갔다(삼남대로는 충청도, 전라도,
경상도 지방으로 통하는 대로라는 의미다. 한양에서 월출산으로 오는 길은 한양−
수원−천안−삼례−영암으로 이어지는 도로를 이용했다). 출세를 위해 한양으

로 가던 길이든 유배 생활을 시작하러 제주로 가는 죄수든 월출산의 기암괴석과 수려한 산세를 보며 감상을 남기지 않을 수 없었을 것이다. 대표적으로 월출산의 시 두 편을 감상해 보자.

조선시대 점필재 김종직(1431~1492)은 전라도 관찰사로 영암을 순찰하던 중 월출산 정상을 바라보며 공무에 바빠 오르지 못하는 자신의 처지를 한탄하면서 월출산이 자신의 고향 가야산(伽倻山)과 흡사함을 보고 고향 생각에 잠긴다.

등불 켜고 자리 걷지 않은 채 밥 먹고 서성대기 괴로워라
달이 산꼭대기에서 뜨고 해가 뜨는구나
뭉게뭉게 뜬 구름은 동혈(洞穴)에서 걷히고
뾰족뾰족 가을 산은 기이하고 하늘은 푸르구나
떠도는 인생 반이 넘도록 이름 들은 지 오래이고
정상에 올라가지 못하였으니 세상일 바쁜 탓이라
가야산과 닮아서 참으로 기쁘구나
괜스레 말을 타고 고향 생각에 젖노라

저자는 아직 월출산 정상을 밟지 못했다. 경상도 출신 점필재는 공무에 바쁘다는 핑계라도 대고 있지만, 그에 비하면 저자의 핑계는 부끄러울 지경이다. 남도에서 나고 자라면서 먼발치에서 쳐다만 보고 있으니 말이다.

다산 정약용(1762~1837)도 1801년 유배길에 나주 반남정에서 하룻밤을 지낸 뒤 형 정약전과 이별하고 월출산의 황치(黃峙), 즉 누릿재 또는 누리령을 넘어 강진으로 갔다. 18년의 기나긴 강진 유배 생활을 시작하

기 위해 누릿재를 넘는 다산의 시가 전해지고 있다. 시에 등장하는 월
남리는 강진군 성전면 소재 마을 이름이다. 월출산 누리령에는 형제의
우애가 특별했던 다산의 눈물도 보태졌을 것이다.

누리령의 산봉우리 바위가 우뚝우뚝

나그네 뿌린 눈물로 언제나 젖어 있네

월남리로 고개 돌려 월출산을 보지 말게

봉우리 봉우리마다 어쩌면 그리도 도봉산 같아

다산이 월출산 봉우리를 서울의 도봉산 봉우리로 비유했는데 자세히
보면 월출산의 바위는 금강산에 비유했어야 더 제격일 듯싶다. 괜히 월
출산을 호남의 소금강(小金剛)이라 하겠는가.

현대에 와서 영암 출신 국민 가수 하춘화가 월출산에서 달이 뜨는
광경을 '영암아리랑'으로 대중에게 전달했다. "달이 뜬다/ 달이 뜬다/
영암 고을에/ 둥근 달이 뜬다/ 달이 뜬다/ 달이 뜬다/ 둥근 둥근 달이
뜬다/ 월출산 천황봉에 보름달이 뜬다." 저자는 고향에서 보는 달은 유
달리 더 둥글고 더 불그스레하게 느낀 적이 있다. 그 둥근 달에는 어머
니의 인자하신 얼굴도 들어있고 막내아들의 웃는 모습도 담고 있는가
하면, 우리 가족의 가슴에 대못 자국을 남겼던 반려견 '해피'가 꼬리를
흔들며 반기는 모습도 겹친다. 월출산에서 달이 뜨고 지는 것을 보고
자란 하춘화만큼 월출산의 둥근 달에 감정을 실어 보낼 가수도 드
물 것이다.

월출산 천황봉의 신령스러운 모습, 그 위로 떠오른 보름달의 자태를

상상하면 자다가도 벌떡 일어나 찾고 싶은 영산(靈山)이 월출산이다. 사람들은 월출산을 보면서 기기묘묘한 암봉(巖峰)이 한곳에 모여 마치 수석 전시장을 방불케 한다고 감탄한다. 매우 적절한 비유이고 절대적으로 동감한다. 저자는 월출산의 기암괴석들이 마치 영암과 강진, 해남의 경계를 이루기 위해 설치해 놓은 에지(edge)를 닮았다는 생각을 해본다. 새벽안개가 낀 날 월출산의 에지를 보노라면 신령스러운 기운이 감돌아 금세 산속으로 빨려 들어갈 것 같은 묘한 감정이 들어 오래 쳐다볼 수가 없을 정도다(새벽에 운전하면서 연무로 가린 월출산을 자세히 보지 않도록 해야 한다!). 괜히 영산이라고 부르지 않았을 것이다. 영암(靈岩)의 한자 이름에서도 짐작할 수 있지만 영암의 마을에 가면 '기(氣)' 찬 마을이라는 단어를 많이 접하게 된다. 군청의 캐릭터도 기찬이(Gichani), 기순이(Gisuni)다.

신령스러운 월출산의 기를 받는 영암에 명촌이 있고 그 명촌에서 많은 인걸이 배출된 것은 어쩌면 자연스러운 일일지 모른다. 영산 월출산이 품고 있는 군서면에 위치한 구림마을이 바로 그런 마을이다. 구림마을은 전남 나주 노안 금안동과 전북 정읍시 칠보면 원촌마을과 함께 호남 3대 명촌으로 꼽히는데 역사와 전통으로 보면 가장 오래되었다.

조선 후기의 지리서 택리지(擇里志)에는 "월출산 남쪽에는 월남마을이 있고 서쪽에는 구림이라는 큰 마을이 있는데, 둘 다 신라 때부터 명촌이었다"라고 기록되어 있다. 또한 구림마을의 입지는 영암군에 있는 월출산의 주지봉에서 흘러내린 두 줄기의 낮은 구릉이 마을을 감싸 안고 있는데, 예로부터 '두 마리의 용이 품은 마을'이라 하여 명당 중의 명당이라 하였다. 구림마을은 열두 개의 크고 작은 자연촌으로 구성되어 있는데, 각 마을은 동성동본의 성씨가 정착하여 동족 마을을 형성하였다. 자작일촌(自作一村)이다.

구림마을에는 일일이 거론할 수 없을 정도로 인물이 많다. 대표적으로 두 사람만 소개하고자 한다. 먼저, 구림마을 성기동(聖基洞)에는 백제시대 일본 아스카 문화의 시조로 알려진 왕인(王仁) 박사의 탄생지가 있다. 왕인은 일본에 학문(천자문)과 생활도구(젓가락과 숟가락, 도기 등)를 전파하고 일본 왕의 스승이 되었다. 고려 태조의 탄생을 예언한 풍수지리의 대가 '도선국사(道詵國師)'도 이 마을에서 태어났다. '구림(鳩林)'은 통일신라의 명승 도선국사의 탄생 설화와 관련된다.

통일신라 말엽의 속설에 따르면, "성기동의 한 처녀가 겨울에 우물로 빨래를 하러 나왔다가 파란 오이가 물 위에 떠 있는 것을 발견하고 건져서 먹었다. 몇 달 후 처녀의 배가 아기를 밴 것처럼 점점 불러왔다. 열 달이 되자 처녀는 우람하고 잘생긴 아들을 낳았다. 처녀의 부모는 처녀가 아이를 낳은 것이 부끄러워 아이를 강보에 싸서 대숲 속 바위 위에 버렸다. 며칠이 지나 대숲에 가보니, 수십 마리의 비둘기가 날아와서 아이를 보호하고 있었다. 그 아이가 성장하여 스님이 되었는데, 이름이 도선(道詵, 827~898)이다"라는 이야기가 전해온다. 이 속설에 따라 마을 이름을 비둘기 구(鳩)와 수풀 림(林)을 써서 구림이라 부르게 되었다. 지금도 처녀가 낳은 아이를 버렸던 바위를 '국사암(國師巖)'이라고 부른다. 도선에 대한 설화 또는 전설은 그의 비범함을 설명하는 이야기로 이해하면 될 것이다(저자는 영암 출신 고등학교 선배와 이야기를 나누던 도중 그 선배의 고향이 구림이고 국사암이 집 뜰 안에 있었다는 말을 듣고 세상 인연이란 참으로 기묘하다고 생각했다).

역사는 통일신라 말기의 고승 도선을 풍수지리의 대가로 평가하고 있다. 도선은 이른바 '비보풍수(裨補風水)'의 개념을 정립하였다고 한다. 비보는 글자 뜻대로 결함이나 부족함을 채워 보완하는 것이다. 자연적 여건이나 환경의 흉(凶)한 부분을 인위적으로 보완하여 길(吉)한 여건을 만드는 것이다. 비보풍수를 대중화시킨 도선국사는 수천 년에 걸쳐 우리나라 사람들의 삶에 지대한 영향을 미치고 있는 인물로 평가받는다.

저자는 지금까지 호남 3대 명촌의 특성을 다섯 가지 관점, 즉 지리적 입지조건, 역사적 인물, 마을공동체의식, 전통의 현대적 계승, 마을의 지속가능성의 관점에서 살펴보고자 했다. 이를 위해 명촌을 직접 방문하여 다양한 관점에서 '이 마을은 무엇 때문에 명촌인가?'라는 의문을 가지고 주민을 만나 인터뷰를 하고 문헌 자료를 찾아보고 풍수지리적인 측면에서 현지 산을 올라가 보았다. 사실, 풍수지리에 대해서는 문외한이지만 3대 명촌이 입지한 산에 올라서면 주변 경관이 탁 틔어 눈이 시원하고 뒤에는 산을 배경으로 하고 앞에는 냇물이 흘렀다. 또한 마을 앞 들판에는 넓은 논과 밭이 넉넉하여 먹고 살기에 부족함이 없었다. 광곡(廣谷), 즉 동네 앞에 평야가 넓게 펼쳐진 '너브실'이다. 저자가 전통 사회에서 명촌의 기준이 되는 풍수지리적 입지조건과 먹고사는 문제, 그리고 마을의 역사와 문화, 인물 등을 두루 갖췄지만 이보다 더 중요하게 생각하고 유심하게 관찰한 것은 오늘날 명촌의 정신을 어떻게 계승하고 있느냐이다.

영암 구림마을 역시 두 가지 점에서 명촌의 맥을 잇기 위해 노력하고 있다. 첫째, 마을 의사결정을 위한 결사체로서 대동계를 운영하였다. 자작일촌의 마을 주민이 결사체를 유지하면서 민주적인 의사결정시스템을 통해 마을의 대소사를 처리했다. 대동계는 "계원을 정할 때도 재산이 아니라 인품과 주민들의 평판과 같은 기준에 따른다"며 "주요 안건에 대해서는 바둑알로 찬반을 가리는 등 민주적 비밀투표를 수백 년 동안 고수해오고 있다"라고 한다. 마을 단위에서 꽃 피운 협치 모델이다. 둘째, 전통문화를 현대적으로 계승, 발전시키기 위해 예산을 확보하고 집중적으로 투자하고 있다. 마을 정자와 고택 등을 정비하고 문화마을로 지정해 황토로 마을 담장과 골목길을 정비하였다. 또한 왕인축제를 비롯해 지역의 상징성, 역사성, 정체성을 활용한 전통문화 마을 만들기 프로젝트를 진행하고 있다. 지역의 전통과 문화유산을 결합한 이러한 노력의 결과는 2006년 한국내셔널 트러스트 보전대상지 시민공모전에서 '잘 가꾼 자연, 문화유산'으로 선정되었다. 주민이 합심하여 현대적 의미의 명촌으로 탈바꿈시킨 것이다.

지금까지 호남 3대 명촌이라 불리는 마을의 역사와 문화, 입지조건, 배출된 대표적인 인물 등에 대해 살펴보았지만, 호남에 명촌이 어디 세 군데뿐이겠는가 싶다. 더 중요한 것은 과거 명촌의 역사에 머물러 있는 것이 아니고 명촌의 역사적 전통과 문화를 어떻게 현대적으로 계승, 발전시키냐이다. 누구나 살고 싶어 하는 오늘의 명촌이 내일에는 떠나고 싶은 기피촌(忌避村)이 될 수도 있다. 현재 거주하는 마을 주민이 어떤 의식을 가지고 어떻게 만들어 가느냐에 따라 명촌이 생성되기도 하고 소멸되기도 한다. 지방소멸시대라는 빨간 경고등이 켜진 현재, 지역마다 자연이 살아있고 역사와 문화가 배어 있고 삶의 수준이 높은 명촌이 많이 생겨 귀농, 귀촌이 활발해졌으면 하는 바람을 가져본다.

구림지편찬위원회. (2006). 《비둘기 숲에 깃든 공동체 호남명촌 구림》. 파주: 리북.

추명희. (2002). 〈역사적 인물을 이용한 지역의 상징성과 정체성 형성 전략-영암 구림리의 도기문화마을 만들기를 사례로-〉. 《한국 역사지리학회지》. 8권 3호.

위클리 공감. (2010). 《대한민국 정책브리핑》. 〈[이야기가 있는 문화생태 탐방로] 정약용의 남도 유뱃길〉. 3월 26일.

〈풍수지리의 대가 도선국사〉. 디지털영암문화대전.

〈호남의 명촌, 구림 마을〉. 디지털영암문화대전.

영암군청 홈페이지. https://www.yeongam.go.kr

엘리자베스 2세
유산과 리더십의 교훈

프로 골퍼 박세리, 프로야구선수 박찬호, 영국 여왕 엘리자베스 2세의 세 가지 공통점은? 한때 유행하였던 유머다. 첫째는 세 사람 모두 '공주' 출신이다. 박세리와 박찬호는 지역적으로 충남 공주 출신이고, 엘리자베스 2세는 여왕에 즉위하기 전의 신분이 공주였다. 두 번째의 공통점은 모두 다리가 튼튼하다는 것이다. 박찬호와 박세리는 운동선수 출신이라는 점에서 탄탄한 근육의 하체를 갖고 있는 것은 모두가 인정할 것이다. 여왕은 어떨까? 여왕도 다리가 튼튼하여 몇 시간이고 선 채로 행사를 치를 수 있었다고 한다. 세 번째는 세 사람 모두 모자를 즐겨 썼다는 점이다. 그럴듯한 유머다. 엘리자베스 2세 영국 여왕의 서거 소식을 듣고 그가 남긴 유산과 리더십의 교훈은 무엇일까를 생각하면서 철 지난 유머를 꺼내 보았다.

엘리자베스 2세(Elizabeth II, 1926~2022)는 영국의 여왕(재위 1952~2022)으로 영국을 포함한 영연방과 기타 국외 영토와 보호령의 군주를 지냈다. 본명은 엘리자베스 알렉산드라 메리(Elizabeth Alexandra Mary)이며,

공식 호칭은 영국 연방의 엘리자베스 2세 여왕 폐하(Her Majesty Queen Elizabeth II of the United Kingdom)이다. 엘리자베스는 어머니, 알렉산드라는 증조모, 메리는 조모의 이름에서 따왔다. 1952년 2월 서거한 부왕 조지 6세의 뒤를 이어 왕위에 올랐으며, 70년 동안 영국을 통치했다. 엘리자베스 1세(재위 1558~1603)와 다스리는 영역은 다르지만, 국가를 승계했다는 점에서 2세라 불렀다. 독일과 프랑스 등에서는 'z' 대신 's'를 써서 Elisabeth로 표기한다.

엘리자베스 2세는 입헌군주제의 군주로서 70년 동안 영국과 연방에 군림했다. 프랑스의 루이 14세(재위 1643~1715)의 통치 기간 72년보다 불과 2년이 부족하다. 루이 14세는 5세부터 왕위에 앉았다는 점에서 26세에 여왕이 된 엘리자베스 2세의 재위 기간에 더 무게감을 느끼는 것은 저자만이 아닐 것이다. 타이의 푸미폰 아둔야뎃 국왕(재위 1946~2016)도 70년을 통치했다. 우리나라 역사에서는 고구려 20대 장수왕(재위 412~491)이 79년으로 역대 최장기 군주로 기록되고 있으며, 조선 제21대 영조(재위 1724~1776)는 54년 동안 권좌에 앉았다. 세계에서 가장 긴 왕조의 역사를 지닌 중국의 역대 왕 중에서도 60년 이상 권좌를 지킨 왕은 고작 2명에 불과하다(강헌, 2022).

한 나라의 군주가 얼마나 오랫동안 권좌에 앉아 있었느냐보다는 그가 재위할 때의 시대적 가치와 도전은 무엇이었고 군주의 자리에서 어떤 역할을 했느냐가 더 중요할 것이다. 엘리자베스 2세의 치세 동안 영국은 사회경제적 불평등, 영연방의 해체 위기, 냉전, IMF 구제금융, 군주제와 왕실의 위상 추락 등 숱한 위기와 도전에 직면했다. 여왕은 영국 근현대사의 숱한 영욕(榮辱)을 겪으면서도 왕실의 권위를 지키면서 국민의 신뢰와 존경을 얻었다는 평가를 받고 있다. 여왕 재위 기간에 영국 총리 15명이 교체되었다고 하니 영국 근현대사의 산증인인 셈이다.

영국의 정치체제를 이해하기 위해서는 입헌군주제에 대해 살펴볼 필요가 있다. 영국의 입헌군주제는 절대왕정, 대헌장(마그나카르타), 권리청원, 청교도혁명, 명예혁명 등 일련의 정치과정을 거쳐 완성된 오랜 역사적 결과물이다. 시민계급은 영국의 정치과정에서 중요한 시점마다 중요한 역할을 담당했다. 영국에서는 일찍이 상공업이 발전하면서 상인과 제조업자 등의 시민계급이 형성되었고 이들은 봉건제와 절대왕정을 반대했다. 그들은 시민 중심의 시민사회를 만들려고 했다. 산업혁명 이후 시민계급은 근대 자본주의 경제체제를 확립하게 되고 산업자본가로 탈바꿈하게 된다. 영국은 일찍이 시민계급의 형성으로 산업혁명을 성공적으로 이행하면서 근대 자본주의 국가로 발돋움할 수 있었다.

절대왕정시대에는 왕권신수설(divine right of kings)을 신봉했다. '왕의 권력은 신이 내린다'라는 것이다. 대관식의 하이라이트는 켄터베리 대주교가 즉위한 왕에게 성유(聖油)를 바르는 도유식(塗油式)을 거행하는 장면이다. 대주교는 왕의 머리, 가슴, 손에 십자가 모양으로 성유를 바른다. 도유식이란 신성한 힘을 주입하는 상징적인 뜻을 지니고 있는데, 성유를 바른 왕이 하느님을 대신하여 국가를 통치한다는 의미다. 왕좌는 아무나 앉을 수 있는 자리가 아니고 신을 대신하는 왕의 말은 곧 법이 되는 것이다. 왕권신수설은 절대군주제의 토대가 되는 강력한 이데올로기였다.

영국은 유럽의 다른 국가들에 비해 일찍 의회 정치가 발전했다.

1215년 귀족은 왕의 권력을 제한하며 "국민의 대표인 의회만 세금을 부과할 수 있다"라는 내용의 대헌장을 채택했다. 이 문서는 귀족들의 강요에 의해 왕이 서명한 문서로, 국왕의 권리를 문서로 명시한 것이다. 왕에게 몇 가지 권리를 포기하고, 법적 절차를 존중하며, 왕의 의지가 법에 의해 제한될 수 있음을 인정할 것을 요구했다. 국왕이 할 수 있는 일과 할 수 없는 일을 문서화하기 시작하여 전제 군주의 절대 권력에 제동을 걸기 시작했다는 점에서 의의를 찾을 수 있다. 역사가들은 대헌장을 영국 민주주의의 시발점으로 평가한다.

대헌장 채택 이후 의회와의 약속을 지키는 왕도 있었지만 그렇지 않은 왕도 있었다. 대표적으로 제임스 1세와 찰스 1세는 왕권신수설을 다시 꺼내 들면서 의회의 동의를 받지 않고 세금을 부과하는 등 대헌장을 위반했다. 의회도 가만히 있지 않았다. 의회는 "의회의 승인 없이는 세금을 부과할 수 없고, 법에 의하지 않으면 누구도 체포할 수 없다"라는 내용의 문서를 왕에게 서명하라고 했다. 권리청원(1628년)이다. 찰스 1세는 의회의 기세에 눌려 억지로 권리청원에 서명했지만 1년 후 의회를 강제로 해산했다. 이후 의회를 지지하는 의회파와 왕을 지지하는 왕당파로 나뉘어 권력 쟁탈전이 시작되었다. 시민계급과 청교도를 중심으로 한 의회파가 왕당파를 제압하였다. 시민혁명인 청교도혁명(1642년)이다. 이 내전은 영국이 의회민주주의로 가는 중요한 분수령이 됐다.

이때 등장한 희대의 혁명가가 올리버 크롬웰(1599~1658)이다. 9년간의 내전을 종식시키고 권력을 잡은 크롬웰은 찰스 1세를 처형하고 공화정을 수립했다. 영국연방공화국(1649~1660)이다. 영국은 유혈 내전을 겪으면서 전체 인구 650만 명 중 3%가 넘는 거의 20만 명이 죽었다(권석하, 2020). 군주제를 무너뜨리고 공화정을 세운 크롬웰은 군주 이상의 독재 권력을 휘두르며 영국을 강한 국가로 만들기 위해 항해법 등 일련의 개혁을 단행하지만 민심을 얻는 데 실패했다. 크롬웰이 죽자 영국인들은 찰스 1세의 아들 찰스 2세를 왕으로 추대했다. 영국인들은 독재에 대한 불만과 공화정에 대한 회의(懷疑)를 가졌다. 시민혁명으로 공화정을 만들었던 영국이 다시 왕정으로 복귀한 것이다. 역사는 반복된다고 했던가. 좋은 역사보다 나쁜 역사가 반복되는 경향이 더 많은 듯싶다.

왕정으로 복귀한 뒤 왕들이 의회를 무시하고 절대 권력을 휘두르게 되자 의회는 제임스 2세를 쫓아내고 네덜란드에 살던 제임스 2세의 딸 메리와 그녀의 남편 윌리엄 3세를 공동 왕으로 추대했다. 이때 메리와 윌리엄 3세는 "의회가 법을 만들고 세금을 부과하는 등 의회의 권리를 모두 인정한다"라는 내용의 권리장전(1689년)에 서명했다. 공동 왕 추대 과정에서 제임스 2세가 아무런 저항도 하지 않고 도주하게 되면서 한 방울의 피도 흘리지 않은 무혈 명예혁명(Glorious Revolution)이 되었다. 이 말을 의역하면 "왕은 군림하지만 통치하지 않는다"라는 말이 된다. 권리장전은 영국 의회정치 확립의 기초가 되었을 뿐 아니라 국왕과 의회가 절대왕정을 종식시키고 입헌군주제로 가는 합의였다. 이를 계기로 왕은 존재하지만 실제 통치는 의회가 하고 왕의 권력을 법적으로 제한하였다.

드라마 〈더 크라운〉(2016년)을 보면 입헌군주제를 묘사하는 짧은 대사가 나온다. 조지 6세는 1951년 윈스턴 처칠(재임 1940~1945/1951~1955)이 총리로 재선되어 버킹엄 궁전을 방문했을 때, 축하 인사와 함께 이런 말을 건넨다. "내가 얼마나 기쁜지 얘기하면 엄청난 위헌이 되는 건가?"

국왕에게는 엄격한 정치적 중립이 요구된다는 것을 알 수 있다. 국왕이 정치적 표현을 하는 것은 곧 정치에 개입하는 것이므로 엘리자베스 2세의 경우에는 패션을 통해 정치적인 표현을 대신했다는 주장이 있다. 예를 들어, 2014년 4월 마이클 히긴스 아일랜드 대통령이 영국을 처음 국빈 방문했을 때, 여왕은 녹색 에메랄드가 박힌 왕관과 목걸이를 착용했다. 녹색은 아일랜드 국가의 상징이다. 사람들은 포용과 통합의 메시지를 내포하는 것으로 해석했다(염철현, 2021). 여왕이 2017년 파란색 정장과 모자를 쓰고 의회 개원 연설 단상에 섰을 때, 사람들은 파란 바탕 속 모자 장식이 유럽연합 깃발을 연상하면서 '여왕이 브렉시트에 반대한다'라는 메시지로 해석했다. 여왕이 2019년 도널드 트럼프 미국 대통령을 만났을 때, 파란색 재킷을 입고 모자에는 브로치를 달았다. 이 브로치는 버락 오바마 전 대통령 부부가 선물한 것으로 사람들은 '트럼프에 대한 반감을 표시한 것'으로 분석했다(이혜운, 2022).

영국사를 살펴보면 오랜 기간에 걸쳐 국왕 중심의 왕당파와 의회 중심의 의회파가 권력을 놓고 유혈 참극을 벌이는 극단적인 갈등과 대립을 보였지만, 결국 국왕의 존재를 인정하면서 의회가 통치권을 장악하는 절충안을 채택했음을 알 수 있다. 국민의 대표기관인 의회가 국가를 경영하도록 하고 국왕은 군림만 하는 새로운 세력균형을 이뤄냈다. 오늘날 영국의 입헌군주제는 어느 날 갑자기 만들어진 통치체제가 아니라 대헌장, 청교도혁명, 명예혁명을 거치는 대장정의 결과물이라는 것을 알 수 있다. 이렇듯 영국은 유럽의 다른 국가들보다 일찍 통치체제와 권력 균형을 이룬 덕분에 세계강대국으로 부상할 수 있었다(레이, 2022).

2022년 9월 8일 서거한 엘리자베스 2세는 전임 국왕들처럼 입헌군주제의 취지를 존중하면서 영국과 영연방의 구심점 역할을 톡톡히 한 것으로 평가받는다. 저자는 지난 70년간 '군림하되 통치하지 않는다'라는 입헌군주제의 기본 원리를 견지하면서 국왕으로서 역할을 성공적으로 수행했다고 평가받은 엘리자베스 2세가 남긴 유산과 리더십의 교훈을 네 가지로 정리해보았다.

첫째, 자신의 삶을 사랑했고 역지사지(易地思之)의 마음을 가졌다. 공주 시절 엘리자베스는 미래의 남편이 된 필립(1921~2021)에게 푹 빠졌던 것 같다. 그때 필립은 소녀의 마음을 사로잡은 아이돌이었다. 필립은 180cm가 넘는 훤칠한 키와 금발에 다부진 체구를 지녔다. 영국인은 필립에게 호감을 갖지 않았다. 필립은 몰락한 그리스 왕실의 왕자였지만 양차 대전으로 영국과 원수지간이 된 독일인의 혈통을 가졌기 때문이다. 실제 필립의 누이 3명은 독일 왕족과 결혼하여 독일에서 살았다. 필립은 20살의 엘리자베스에게 청혼을 했는데 그녀는 부모와 상의조차 하지 않고 그 자리에서 바로 승낙했다. 왕실에서는 결코 생각하기 어려운 사건이 아닐 수 없다고 할 것이다. 아버지 조지 6세(재위 1936~1952)는 이듬해 4월 그녀가 스물한 살 생일이 될 때까지 비밀로 한다는 조건 하에 동의했다(스미스, 2013: 46－67).

필립은 직설적이고 개방적인 성격의 소유자였고, 여왕을 위해 모든 것을 포기하고 사는 것에 대해 화를 낸 적도 있었다. 조지 6세(영화 〈킹스 스피치〉에서는 말을 더듬는 장애를 가진 조지 6세가 언어치료사의 도움으로 대중 앞에서 성공적인 연설을 한 과정을 그리고 있다)가 폐암 수술 후 완전히 건강을 회복하지 못한 1952년에 엘리자베스 공주는 부왕을 대신하여 영연방을 순회하게 되었을 때, 필립은 공주에게 이렇게 말했다. "내가 해야 할 역할은 무엇인가? 공주 옆에서 그저 원숭이처럼 히죽거리는 거야." 조지 6세는 그런 사위에게 조용히 조언했다. "자네의 역할은 공주를 사랑하고 보호하는 것이네. 그것이야말로 최고의 애국이라네." 1953년 6월 여왕 대관식에서 필립은 아내이자 여왕인 엘리자베스 2세에게 무릎을 꿇고 충성을 맹세하는 것이 맞는가에 대해 고민했다. 자신은 아내와 결혼했지 여왕과 결혼하지 않았다는 주장이다. 남성 중심의 권위주의적인 사회에서 젊은 남자가 아무리 아내이면서 여왕이라고 할지라도 평생 외조만을 한다는 것은 인간적으로 쉽지 않은 일이었을 것이다. 필립공은 내면의 갈등을 잘 극복하고 70년 넘게 여왕의 곁을 지키며 의무를 다했다는 평가를 받는다. 여왕에게 직언을 할 수 있는 유일한 사람이었고, 그리스 왕실의 몰락을 목격한 탓에 국민의 눈높이에 맞춰 영국 왕실의 현대화를 위해서도 애썼다. 여왕의 대관식을 텔레비전으로 생방송한 것도 필립의 아이디어였다. 무수한 행사에도 빠지지 않았다. 2017년 한 행사에 참석한 필립공은 자신을 두고 "여러분은 이제 세상에서 가장 경험이 풍부한 현판 제막 기계(plaque-unveiler)를 보게 될 것"이라는 농담을 남겼다(정은혜, 2021).

젊은 시절 여왕과 필립공도 부부싸움을 했다. '부부싸움은 칼로 물 베기'라고 하지만 여왕 부부도 칼로 물 베기를 꽤 했나 보다. 필립공도 여왕에게 마음고생을 꽤 시켰다. 해외 순방 중 방송국에서 여왕 부부의 일상에 대해 촬영을 하고 있었다. 집안에서의 말다툼이 집 밖으로 확대되었다. 고성이 오가고 물컵을 던지기까지 했다. 고스란히 필름에 담겼다. 여왕은 촬영담당자를 찾아가 "부부 사이에는 늘 있는 일이죠. 미안

합니다. 필름을 돌려받을 수 있을까요?"라고 정중하게 요청했다. 담당자는 당혹해하다 "폐하께 드리는 선물입니다"라고 전해주었다.

한번은 부부싸움을 한 끝에 여왕이 남편에게 화해를 청하기 위해 방문을 노크했다. "누구시오?" 필립공이 물었다. "엘리자베스 여왕이에요." 필립공은 아무 말도 하지 않았다. 여왕이 다시 문을 두드렸다. "누구시오?" 필립공이 물었다. "엘리자베스예요." 이번에도 필립공은 아무 말도 하지 않았다. 여왕은 무언가 생각을 하고 다시 문을 두드렸다. "누구시오?" 필립공이 물었다. "당신 아내예요." 그제야 필립공은 문을 열고 엘리자베스를 안아주었다. 집안에서 부부는 군주와 신하의 관계가 아니라 대등한 존재여야 한다는 메시지다.

여왕은 1999년 4월 김대중 대통령의 초청으로 한국을 방문해 안동 하회마을에서 73세 생일상을 받았다. 여왕은 풍산 류씨 문중의 고택 충효당을 방문했을 때 신발을 벗고 방 안으로 들어가는 등 한국의 예법을 존중하였다. 우리나라 사람이야 남의 집 방안을 들어갈 때는 당연히 신발을 벗고 들어가지만 문화가 다른 유럽의 군주가 신발을 벗는다는 것은 쉽지 않은 일이다. 아무리 여왕이라도 타문화를 존중하고 인정하는 마음이 있지 않으면 힘든 일이다. 그런 문화와 의식 때문에 방문지를 바꾸는 경우도 있다.

더 흥미로운 점은 엘리자베스 2세는 1952년 2월에 왕위를 승계했는데 16개월이 지난 1953년 6월에 대관식이 열렸다는 점이다. 당시 영국 총리는 보수당의 윈스턴 처칠이 두 번째 총리직을 수행하고 있었는데 보수당 내부에서 사임 압력을 받고 있었다. 여왕은 제2차 세계대전에서 총리로서 탁월한 리더십을 발휘하여 영국을 구한 처칠이 위기에 처하자 대관식을 미루면서까지 그를 지원했다. 반대파들도 대관식을 준비하는 총리를 자리에서 끌어내리지 않을 것이라는 판단에서였다.

둘째, 개방적이고 탈권위적인 리더십으로 영국과 영연방의 구심점이 되었다. 여왕은 '군림하되 통치하지 않는다(reign but not rule)'라는 입헌군주제의 작동원리에 따라 현실 정치에 직접적인 의견 표명을 하지 않았다. 1953년 6월 2일 여왕이 즉위 5년 후 성탄절에 행한 여왕의 연설은 그가 입헌군주제에 대해 얼마나 잘 이해하고 있는가를 나타낸다. "옛날엔 군주가 병사들을 이끌고 전쟁터로 나섰습니다. 리더십은 비밀스러우면서도 사적이었습니다. 나는 여러분을 전쟁으로 이끌 수 없습니다. 법률을 만들 수도 집행할 수도 없습니다. 하지만 난 다른 걸 할 수 있습니다. 내 마음과 헌신은 이 오래된 섬(영국)에 바칠 수 있습니다." (고정애, 2022) 여왕은 입헌군주제에서 자신이 무엇을 해야 하는가를 잘 알고 있었다. 군주제가 국민으로부터 절대적인 지지를 받지 못한다는 사실을 직시하고 왕실 가족이 국민으로부터 신뢰를 받기 위해 노력했다. 여왕은 공주 시절 21살 생일이 되던 1947년 4월 21일 남아프리카 공화국에서 행한 연설, 즉 "나의 앞으로의 생애가 길건 짧건 간에 나는 여러분과 또 우리 모두가 속하는 제국의 가족들을 위해 헌신할 것입니다"라는 선서를 지키는 데 노력했다(스미스, 2013: 60).

여왕은 무엇보다 국익을 위해서는 군주의 존엄과 권위를 과감히 내려놓을 줄도 알았다. 1960년대 영국의 국제적인 영향력이 약해지면서 아프리카 영연방국가들이 가나의 콰메 은크루마(1909~1972) 대통령을 중심으로 한 '사회주의 아프리카'를 주장하며 소련에 기울어졌다. 영국은 아프리카 영연방국가들이 연방에서 탈퇴 또는 독립하려는 움직임을 차단하는 것이 급선무였다. 여왕은 테러 우려와 영국 의회의 반대에도 가나를 방문하고 은크루마 대통령에게 춤을 먼저 제안했다. 군주인 백인 여성과 탈식민지 운동을 주도한 흑인 남성이 손을 잡고 춤을 추는 장면은 한 마디로 충격 그 자체였다. 외신은 "여왕의 춤이 아프리카를 홀렸다"라고 보도했다.

1945년 여왕의 부친이었던 부왕 조지 6세가 아프리카를 방문했을 때만 해도 국왕이 백인하고만 악수를 했다는 점을 상기하면 엄청난 변화가 아닐 수 없다고 할 것이다. 백인은 흑인을 보균자로 간주하고 피부를 접촉하면 병을 옮긴다고 생각했다. 여왕의 개방적이고 탈권위적인 행보 덕분에 소련으로 기울던 제3세계 아프리카 국가들을 연방에 잔류시키는 데 결정적인 역할을 했다(선우정, 2022).

2011년 여왕은 아일랜드를 방문했는데 아일랜드가 독립한 뒤 양국 간 깊은 갈등을 씻어내는 화해의 계기가 됐다는 평가가 나왔다. 당시 BBC는 닐 암스트롱의 달 착륙에 빗대 "여왕에게는 작은 발걸음이지만 두 나라의 역사에는 위대한 순간"이라고 찬사를 보냈다(홍정수·조은아, 2022). 군주로서 여왕은 영국과 연방의 분열과 갈등을 봉합하고 국가 정체성을 확립하는 접합제로서 역할을 했다(채인택, 2022). 여왕에게는 영국과 영연방이라는 두 가족이 있었다. 여왕은 두 가족을 돌보면서 가족 간의 화합을 최우선순위에 두었다.

셋째, 왕실 가족의 비리에 대해서는 단호했다. 여왕은 3남 1녀를 두었다. 찰스 3세, 앤 공주, 앤드루, 에드워드. 2019년 차남 앤드루 왕자가 미성년자 성매매 의혹에 휩싸이게 되었을 때 여왕은 그의 왕실 직함(전하)을 박탈하고 왕실의 일체 후원을 끊으며 왕실의 모든 생활에서 그를 배제시켰다. 여왕은 왕실 구성원의 비행과 비리에 대해 단호했다. 입헌군주제에서는 여왕이라 할지라도 국민의 눈치를 볼 수밖에 없다. 여왕은 시대변화를 누구보다 민감하게 인식하면서 왕실의 운영을 살얼음을 걷듯 조심했으며 국민의 신뢰를 얻고 통합을 위해 각별한 노력을 기울였다.

여왕의 왕실 운영에 대한 신중함은 다산 정약용이 유배에서 풀려나 남양주에 기거할 때 사용한 호(號) 여유당(與猶堂)을 생각나게 한다. '신중하기(與)는 겨울에 내를 건너는 듯하고, 삼가기(猶)는 사방의 이웃을 두려워하듯 한다.' 왕실의 재정은 국민의 혈세로 운영되는 상황에서 왕실 가족의 일탈은 자칫 거센 저항을 불러올 수 있다는 것을 너무나 잘 알기 때문일 것이다. 영국 역사가 증명하고 있지 않던가. 군주를 포함한 왕실 가족의 재정 운영은 영국 재무부가 지급하는 교부금으로 이뤄지는데 재정 규모는 얼마나 될까? 2021~2022 회계연도 왕실 교부금은 약 8,600만 파운드(약 1,380억 원)에 이른다. 2021년 기준으로 영국 왕실 소유 총자산은 약 280억 달러(약 39조 원) 정도로 추정된다. 법에 따라 국왕과 그 승계자는 상속세를 면제받는다.

넷째, 노블레스 오블리주를 실천하는 데 앞장섰다. 전통적으로 영국 왕실의 남자는 거의 전원이 군 복무를 했다. 여왕도 공주 시절이던 제2차 세계대전 중 여성 예비 국토방위단에 소위로 임관해 운전병 및 차량정비 등의 임무를 수행하였다. 여왕의 남편 필립공은 해군대학을 졸업한 뒤 제2차 세계대전 중 시실리 상륙 작전 등 여러 전투에 참여한 뒤 중령으로 전역하였다. 아르헨티나와의 포틀랜드 전쟁(1982년 4월 2일~1982년 6월 14일)에서는 왕위 계승 2인자였던 앤드류 왕자가 영국 해군의 항공모함 인빈시블호의 헬기 조종사로 근무했다. 대처 수상이 앤드류를 후방의 행정 요원으로 옮기려 하였으나 여왕이 반대하여 전투에 투입되었다. 찰스 왕세자와 다이애나 왕세자비 사이에 태어난 여왕의 손자 해리 왕자는 영국 육군사관학교를 졸업, 장교가 된 뒤 주로 공격용 헬기 근무자로 아프가니스탄에서 전투에 참여하였다. 탈레반이 공개적으로 해리를 죽이겠다고 위협하기도 했다. 새 국왕 찰스 3세가 왕세자로 임명한 윌리엄은 2006년부터 2013년까지 군 복무를 했는데, 공군의 구조 헬기 조종사 등으로 150회가 넘는 수색과 구조 작전에 투입됐다(김나영, 2022). 여왕의 아버지 조지 6세도 왕자 시절에 해군대학을 졸업하고 제1차 세계대전을 맞아 1916년에 있었던 유틀란트 해전에 함포 담당으로 참전하였다(윤상용, 2014).

영국의 입헌군주제가 국민으로부터 지지를 받고 그 명맥을 유지하게 된 가장 큰 원동력은 국난을 당할 때마다 왕실 가족이 솔선수범하여 노블레스 오블리주를 실천한 것도 중요한 요인이라고 볼 수 있다. 여왕 자신부터 국가에 대한 의무를 우선하였으며, 자녀와 손자까지 전쟁터로 참전시키는 것을 주저하지 않았다.

여왕도 군주로서뿐 아니라 인간적으로 시행착오를 겪었고 상황을 오판한 때도 있었다. 여왕은 1966년 10월 20일 웨일스 애버밴의 탄광촌에서 발생한 매몰 참사 현장을 빨리 방문하지 않고 늑장 대응한 것을 후회했다고 한다. 150m 높이로 쌓여 있던 2백만 톤의 석탄폐기물이 이례적인 폭우로 무너지면서 아래에 있던 학교와 인근 주택들을 덮쳤다. 144명이 사망했는데 아이들이 116명이나 되었다. 정부와 참모는 여왕에게 참사 현장을 방문하여 아이들을 잃은 유가족들에게 위로를 했으면 좋겠다는 제안을 했지만, 여왕은 군주는 사고현장이 아니라 병원을 방문하는 것이라고 하면서 차일피일하였다. 군주가 현장에 가게 되면 일하는 사람을 방해하게 된다고 설명했다. 여왕은 참사에 무관심하고 무신경하다는 빗발치는 여론의 뭇매를 맞고서야 현장을 방문했다.

1997년 다이애나(1961~1997)가 찰스 왕세자와 이혼(1996년)한 뒤 교통사고로 사망했을 때 왕실에서는 그녀가 더는 왕족이 아니라는 이유로 조기를 내걸지도 왕실 입장을 내지도 않았다. 많은 영국인은 군주제의 냉혹하고 비인간적인 대응에 왕실에 등을 돌렸다(고정애, 2022). 죽음 앞에 왕후장상이 따로 있을까. 왕족이든 그렇지 않든 죽음 앞에서는 누구나 연민을 실천해야 하는 평범한 진리를 무시했기 때문이었을 것이다. 여왕은 이 두 사건에서 깊은 교훈을 얻었다고 한다.

많은 국가가 영국 식민지배로부터 독립한 후에도 영국과 연방 관계를 유지하고 있는 것에 의아해할 것이다. 영국은 56개 연방국(The Commonwealth)으로 이뤄졌는데 14개 나라는 영국 국왕을 자국의 왕으로 섬기고 있다. 이러니 해가 지지 않는 나라로 불려도 손색이 없을 것이다. 몇몇 나라 국민은 영국 국왕의 얼굴이 실린 지폐를 사용한다. 한국이 식민지배 국가 일본을 생각하면 이를 갈 정도다. 생각하기도 싫다. 영국은 해가 지지 않는 제국을 건설하면서 수백 년 동안 수많은 악행을 저질렀는데도 많은 식민 국가가 영국 연방으로 남아 있다. 영연방국에 부여된 무역, 이주, 노동 분야에서 특권 때문에 연방의 일원이 되려는 의도도 있었겠지만, 이러한 특혜는 1973년 영국이 유럽공동체에 가입하면서 폐지되었다. 영연방의 구심점으로서 엘리자베스 여왕이 아니었다면 영연방은 해체의 수순을 밟았을 거라는 예측을 하는 이유다

(선우정, 2022).

실제, 여왕의 계승자인 찰스 3세가 영국 국왕으로 즉위하면서 영연방국가들의 이탈 조짐이 나타나고 있다고 한다. 영연방의 핵심 국가인 호주는 기존 5달러 지폐에 그려진 엘리자베스 2세 여왕의 초상화 대신 호주 원주민의 예술 작품으로 교체한다고 한다. 왕위 계승자인 찰스 3세로 교체할 것이라는 예상을 뒤엎는 조치였다. 현재 카리브해의 바베이도스와 자메이카가 공화정 전환을 통해 연방에서 이탈할 준비를 하고 있고, 말레이시아에서도 탈퇴를 원하는 목소리가 나오고 있다(김지원, 2023).

여왕은 입헌군주제에서 절대 권력은 내려놓았지만 국민으로부터 권위와 신뢰를 얻었다. 드라마 〈더 크라운〉에서는 입헌군주제에서 세습직 군주와 선출직 정부와의 관계를 잘 묘사한다. 여왕은 윈스턴 처칠 총리와의 대화에서 빅토리아 왕조시대의 저명한 언론인이었던 월터 배젓(1826~1877)의 말을 인용하여 "영국 헌법에는 두 가지 요소가 있습니다. 군주의 위엄과 정부의 효율입니다. 이 둘 사이의 신뢰 관계에서 협력할 때 국가는 효과적으로 운영됩니다"라고 강조했다. 여왕은 군주와 정부 사이에서 신뢰 관계를 유지하면서 군주제 폐지론 대두를 잠재우며 안정적인 리더십을 발휘했다. 세계의 많은 사람이 서거한 여왕을 칭송하고 존경을 표하는 이유이다. 찰스 3세의 왕비가 된 커밀라는 "여왕은 남성이 지배하는 세상에서 고독한 여성 지도자로서 자신의 역할을 정립했다"라는 평가는 의미심장하다(박소영, 2022). 같은 여성으로서 여왕에 대한 적절한 평가라고 생각한다. 여왕이 남성 중심사회에서 고독한 여성 지도자였지만 높은 신뢰와 존경을 받았다고 한다면, 영국과 영연방을 통합하는 구심점이 되었던 여왕 서거 이후 영국과 영연방이 어떤 모습을 보여줄 것이며, 새로 즉위한 국왕 찰스 3세는 어떤 리더십을 보여줄 것인가에 관심이 가는 이유다. 장례식에서 여왕의 의전장이 지팡이를 부러뜨려 관 위에 올리는 것으로 여왕을 위한 복무가 끝났음을 알렸을 때, 여왕의 임무 역시 모두 끝나고 영면에 들어갔다(정철환, 2022). 에마뉘엘 마크롱 프랑스 대통령의 여왕에 대한 평가는 깊은 울림을 준다. "영국인에게 그녀는 한 나라의 여왕이었습니다. 전 세계인에게 그녀는 단 하나뿐인 여왕이었습니다."(볼리, 2022)

저자도 지난 70년 동안 1.06kg에 달하는 왕관(제국관)의 무게를 견뎌내고 놀라울 정도로 한 인간으로서 평정심을 유지하고 군주로서 존엄성을 지킨 여왕에게 작별 인사를 한다. 여왕의 추모 기간에 쏟아지는 뉴스와 기사를 보고, 지나간 드라마와 영화를 보았다. 여왕에 대해 쓴 문헌들도 읽어보았다. 여왕은 현대 사회에서 군주제의 시대적 소명과 한계를 명확히 알고 그 선을 넘지 않으려고 노력했다. 영국과 세계에서 요구하는 시대적 가치와 변화상에 대해서도 무관심하지 않고 법고창신(法古創新)하려고 노력했다. '군림하되 통치하지 않는다'라는 입헌군주제의 기본원칙을 지키면서 정부 뒤에서 국민과 국가를 위해 헌신하였지만 오히려 주연급보다 더 빛이 났다. 영국 헌법이 담고 있는 군주의 '존엄'과 정부의 '효율'이 조화롭게 화음을 낼 수 있도록 기여했다. 전국에서 2분간 묵념과 스코틀랜드 전통악기 백파이프 연주로 여왕을 배웅하는 장례는 막을 내렸다. "그대여, 이젠 고이 잠들게나. 이제는 그만, 꿈을 꿔도 될지니." 생전의 여왕이 자신의 장례식 곡으로 고른 곡이다. 여왕의 명복을 빈다.

📖 달리오, 레이. (2022). 《변화하는 세계질서》. 송이루 · 조용빈 옮김. 서울: 한빛비즈.

모로아, 앙드레. (1999). 《영국사》. 신용석 옮김. 서울: 기린원.

스미스, 샐리. (2013). 《퀸 엘리자베스》. 정진수 옮김. 서울: 알에이치코리아.

염철현. (2021). 《현대인의 인문학》. 서울: 고려대학교출판문화원.

주현성. (2015). 《지금 시작하는 인문학》. 서울: 더좋은책.

강 헌. (2022). 《조선일보》. 〈신이여, 여왕을 지켜주소서〉. 9월 19일.

고정애. (2022). 《중앙일보》. 〈"여왕은 항상 거기에 있었다"〉. 9월 16일.

권석하. (2020). 《주간조선》. 〈사후 360년에도 끝나지 않은 '크롬웰' 논쟁 뒤 광적 추종자들〉. 9월 10일.

김나영. (2022). 《조선일보》. 〈지지율 77% 윌리엄 왕세자 … 영국인들 "아버지보다 낫다"〉. 9월 20일.

김서원. (2022). 《중앙일보》. 〈'여왕의 관' 첫 공개 … 영국인들 8시간 줄서 조문〉. 9월 14일.

김지원. (2023). 《조선일보》. 〈찰스 3세 시대 '英연방'이 흔들린다〉. 4월 18일.

김황범. (2022). 《중앙일보》. 〈왕세자 64년 만에 국왕된 찰스 3세, 국민 다독이기 나섰다〉. 9월 13일.

박소영. (2022). 《중앙일보》. 〈호감도 1%였던 커밀라, 왕비 역할 긍정평가 53%로〉. 9월 19일.

박형수. (2022). 《중앙일보》. 〈[분수대] 왕관의 무게〉. 9월 22일.

볼리, 짐. (2022). 《중앙선데이》. 〈엘리자베스 2세 '배의 닻' 역할, 70년간 순탄한 항해 이끌어〉. 9월 17일-18일.

선우정. (2022). 《조선일보》. 〈[만물상] 英연방의 군주〉. 9월 13일.

윤상용. (2014). 《이코노믹 리뷰》. 〈[윤상용의 밀리터리 노트] '노블레스 오블리주' 영국 왕실의 참전 전통〉. 7월 16일.

이경희. (2022). 《중앙일보》. 〈엘리자베스〉. 9월 13일.

이지영. (2022). 《중앙일보》. 〈안동 하회마을서 73세 생일상 … 신발 벗고 고택 올랐던 '퀸'〉. 9월 9일.

이혜운. (2022).《조선일보》.〈자애로운 할머니에서 군주의 위엄까지 …
英 국민 결집시킨 여왕의 무기〉. 9월 17일.

전수진. (2022).《중앙일보》.〈여왕의 아침 깨운 '백파이프 소령' … 마
지막도 배웅했다〉. 9월 13일.

정은혜. (2021).《중앙일보》.〈"끔찍한 잘생김" 13세 英여왕, 몰락 왕족
필립공에 빠진 순간〉. 4월 10일.

정철환. (2022).《조선일보》.〈"굿바이 퀸 엘리자베스" 열흘간의 장례
마무리〉. 9월 20일.

채인택. (2022).《중앙일보》.〈민주주의 시대의 군주제 … 그 장엄한 '시
대착오'〉. 9월 22일.

홍정수·조은아. (2022).《동아일보》.〈'위기마다 확신 준 퀸' … 나라를
하나로 묶은 겸손－탈권위 리더십〉. 9월 13일.

《BBC 코리아뉴스》.〈엘리자베스 2세 여왕의 관 위에 놓인 눈부신 왕
관〉. 9월 15일.

〈더 퀸〉. (2006). 영화.

〈킹스 스피치〉. (2010). 영화.

〈더 크라운〉. (2016). 드라마.

〈윈저 이야기: 영국 왕실의 비밀〉. (2017). 다큐멘터리.

정치 9단 vs 정치 10단
국민 앞에선 정치 초단

프로 바둑에서 품계는 초단에서 9단까지 구분한다. 입신(入神)의 경지에 도달했다는 의미를 지닌 9단의 품계를 받으면 더는 올라갈 곳이 없다. 2022년 7월 기준으로 한국기원에 등록된 프로기사 406명 중 9단은 98명(24.1%)이었다. 9단을 최종 품계로 하는 것은 십진법상으로 숫자 '10'을 신의 영역에 해당하는 완벽한 수로 신성하게 여겼기 때문에 10에서 1이 적은 9를 인간의 세계에서 이룰 수 있는 가장 완전한 수로 삼았던 것이다(김동선, 2016).

프로바둑에서는 고단자와 저단자 간에 실력 차이가 거의 나지 않는다. 저단이 고단을 이기는 경우는 얼마든지 있다. 1972년 5월 5일, 만 19세의 서봉수 2단이 당시 한국바둑계의 지존 조남철 8단을 꺾고 명인(名人)을 쟁취했다. 냉혹한 프로의 승부 세계에서 욱일승천의 저단 기사가 노회한 고단의 기사를 꺾는 것은 그리 큰 사건은 아닐 것이다. 프로바둑에서 불혹의 나이 40은 2선에서 후배 기사를 양성하는 코치나 지도사범이 되는 것이 현실이 아니던가. 우리나라 프로기사의 승단은 승점제 방식으로 운영되며 일정한 점수를 채우면 승단한다. 특별히 세계대회에서 우승할 때는 9단으로 승단할 수 있는 예외 규정을 두어 동기 부여를 하고 있다.

반면 프로바둑과 아마바둑은 실력 차이가 두드러진다. 아마 최고수도 프로에겐 잘하면 흑 정선으로 두거나 최소한 두 집 이상은 깔아야 균형이 맞는다. 저자도 한국기원에서 인정한 공인 아마 6단이지만 프로 9단과 대국에서 4점을 깔고 간신히 이긴 적이 있다. 프로바둑과 달리 아마바둑은 품계에 따라 실력 차이가 난다. 아마 1단과 아마 6단은 상당한 실력 차이가 나기 때문에 1단이 6단에게 네다섯 점을 깔고 균형을 맞춘다. 아마바둑 실력은 개인마다 고무줄 같아 정확한 측정이 어렵다. 저자는 '아마'의 고무줄 실력을 빗대 농담조로 영어 'maybe(아마도)'를 사용하여 비유하곤 한다.

세상 사람은 어느 분야에서 탁월한 실력을 가진 사람을 지칭할 때 정치 9단, 야구 9단, 요리 9단, 협상 9단 등과 같이 부른다. 우리나라 역대 정치인 중에서도 정치 9단으로 불리던 사람들이 있었다. 물론 그런 호칭은 미디어에서 붙인 이름이다. 대표적으로 3김, 즉 김대중, 김영삼, 김종필이 정치 9단의 시조 격으로 생각된다. 두 사람은 대통령을 지냈고 한 사람은 국무총리를 두 번 역임했다. 이들은 정당 대표가 직업일 정도로 오래 했으며 우리나라 정계에서 막강한 영향력을 행사했다. 요즘에는 목포 출신으로 국회의원을 지냈고 김대중 대통령의 비서실장과 문재인 정부에서 국가정보원장을 지낸 박지원 씨를 정치 9단으로 부른다. 박지원 정치 9단이 방송 등에 출연하여 말하는 것을 보면 거의 정치 예언가 수준이 된 것 같다. 초창기 정치 9단은 대중에게 모습을 자주 드러내지 않으면서 막후에서 영향력을 행사했다면, 요즘 정치 9단은 미디어에 노출이 많이 되면서 대중과 가까이하는 것으로 보인다.

프로바둑 9단의 실력을 정치 9단과 비교하는 것은 무리가 따를 수 있지만, 바둑 품계를 빌려 정치인에게 품계를 붙였으니 비교 불가는 아닐 것이다. 오늘날 우리나라 정치인은 개별적으로 실력은 있지만 정당에 소속되는 순간 그 실력은 집단 논리와 팬덤에 묻혀버리고 만다. 그들은 일반 국민이 수용할 수 없는 이념이나 진영 논리에서 헤어나질 못하고 있다. 그렇다고 80년대 3김처럼 그들만의 독특한 카리스마를 가진 것도 아니다. 오로지 개인 또는 집단의 이해관계와 권력 쟁취에 여념이 없다. 국민의 더 나은 삶이라든지 선진 정치의 구현과 같은 것은 선거 때나 써먹는 약방의 감초가 되었다. 입신 단계에 오른 정치인을 정치 9단으로 부르지만 정치 9단 위에 정치 10단이 있다는 것을 알아야 한다. 정치 10단은 국민을 지칭한다.

저자는 정치 9단의 역할이 정치 판세를 읽어낸다든지 정당 간의 이해득실을 따지는 데 섣부른 판단을 해주는 역할은 아니라고 본다. 국민이 산전수전 공중전까지 겪은 정치 9단에게 기대하는 것은 무르익은 정치적 경험과 정치적 리더십을 발휘하여 집단 간의 갈등을 최소화하고 국익과 국가 통합을 위해 어떻게 어떤 기여를 할 것인가에 대한 지혜를 나누는 것이라고 생각한다. 이른바 정치 9단이라는 명예로운 호칭을 부여받은 자는 'statesman', 즉 경험 많고 존경받는 정치인으로서 원칙과 철학을 견지하면서 대승적인 차원에서 정치를 하는 것이다. "A statesman is always a politician, but not all politicians are statesmen."라는 말이 있다. 모든 정치인이 존경받는 정치인은 아니다. 중요한 것은 모든 정치인이 'statesman'이 되도록 노력하는 것이다.

역사는 설령 정치 9단의 경지에 이른 정치인이라고 할지라도 절대 국민을 이길 수 없음을 증명하고 있다. 그들은 잠시 국민을 호도하거나 속일 수는 있을지 몰라도 결국 정치 10단 국민이 이긴다. 우리나라 현대사가 생생한 증인이다. 60년 4.19, 80년 5.18. 87년 6월 항쟁, 그리고 2016년 겨울과 2017년 봄의 촛불 혁명 등은 참다못한 정치 10단의 국민이 나선 것이다. 정치가 배라면 국민은 깊은 대양이다. 대양이 거센 폭풍을 일으키면 배는 전복되고 만다. 정치 10단 국민은 정치 9단이 국민을 진정으로 위하는 정치를 펼친다는 확신이 서며 그를 위해 홍보하고 투표한다.

우리나라 기업은 일류, 정치는 삼류라고 한다. 작금의 정치를 보면, 삼류 소설도 후한 평가가 아닐까 싶다. 정치인은 후흑학(厚黑學)의 대가다. 낯은 두껍고 양심은 오간 데 없고 심장은 웬만큼 충격을 받아도 빨리 뛰지 않을 정도로 뻔뻔하고 음흉하다. 일반인에게서는 쉽게 찾기 어려운 특이 체질이다. 온갖 특혜를 누리면서 책임감이라든지 노블레스 오블리주를 실천하는 정치인은 매우 드물다. 왜 정치가 중요한가? 미디어에서도 정치뉴스가 왜 1면을 차지하는가? 정치는 개인과 국가와 세계에 커다란 영향을 끼치기 때문이다. 정치가 국민의 삶의 질을 결정하는 가치를 배분한다. 대의민주주의의 산실인 국회는 국민을 대표하는 선량(選良)이 모여 법률을 제정하고 행정부를 견제하고 예산을 심의한다. 민주주의 국가의 통치 근원은 법치이고 법치를 움직이게 하는 것을 예산이라고 할 때 법과 예산의 관리감독권은 국회에 있다. 국회에서 예산이

통과되지 못하면 정부는 셧다운이 되고 만다. 삼권분립 체제가 확립된 미국의 경우만 보더라도 입법부가 행정부의 수반이면서 집권당 소속의 대통령을 식물대통령으로 만들 수 있다. 그래서 집권당 소속의 대통령이 가장 바라는 바는 국회에서 다수당이 되는 것이다. 집권당이 소수당이라면 국정을 뜻대로 이끌어가기란 결코 쉽지 않다.

우리나라 국민은 정치권에 대한 혐오감이 심하다. 정치가 하는 일들을 보거나 그들이 만들어내는 가시적인 지표를 보면 그럴 수밖에 없다. 정치 뉴스만 나오면 채널을 돌린다는 시청자도 꽤 많다. 특히 어린아이들하고 정치 뉴스 보는 것이 교육적으로 부정적이라고 한다. 대통령 선거에서도 많은 비용을 들여 여론조사를 할 필요가 없다고 한다. 할 수만 있다면 초등학생을 모아놓고 집에서 부모가 어떤 후보가 나오는 채널을 관심 있게 시청하는가를 알면 가장 신뢰도가 높은 여론조사 결과가 될 것이라고 한다. 국회의원들끼리 멱살 잡고 고성을 지르며 욕하고 육탄전을 벌이는 광경을 누가 보고 싶겠는가. 그러면서도 국민의 혈세로 책정된 세비는 꼬박꼬박 챙긴다.

우리나라 국민은 정치인들에 대해 관대하고 희망을 버리지 않고 있다. 그러나 우리 역사는 정치 10단에게도 임계치가 있다는 것을 생생하게 보여준다. 제발 미디어가 정치 10단 앞에서 정치 9단 운운하지 않았으면 좋겠다. 국민에 대한 도리가 아니다. 국회의원 배지를 달면 교만이 하늘을 찌르는 형국에 교만을 부채질하는 것이다. 국민 앞에서는 모든 정치인이 정치 초단이고 신인이라는 것을 잊지 말았으면 한다. 그리고 우리나라 정치인 중에서 'statesman'이 많이 배출되었으면 한다.

📖 김동선. (2016). 《아시아경제》. 〈[숫자 9의 비밀] 神앞에 겸손해진 인간의 수 '9'〉. 3월 15일.

무등산 평전
지극히 덕이 높은 산

호남고속도로를 이용하여 장성을 지나 광주톨게이트를 통과할 때면 정면 시야에 펀펀하게 좌우로 퍼져있는 웅장한 산이 눈에 들어온다. 무등산(無等山)이다. 무등산은 두 팔을 크게 벌려 광주로 오는 사람을 맞이한다. 그것도 사시사철 다른 색으로 치장을 하고서 말이다. 무등산은 사람만이 아니라 거대한 도시를 품고 있다. 저자는 그런 무등산(1,187m)을 2020년 4월 18일 처음으로 등정했다. 2013년 3월 4일 무등산이 21번째로 국립공원이 된 후 7년이 지난 뒤였고 생애로는 58년 만이었다. 1,000m가 넘는 산에 오른 것을 '등정'이라고 표현한 것에 거부감을 느끼는 사람도 있겠지만 저자에게 무등산 등정은 유별난 감회를 선사했다.

저자는 광주에서 초·중등학교를 마쳤지만 중요한 뭔가를 빠트리고 산다는 허전한 생각을 하고 있었다. 무등산을 가보지 않고 광주와 호남에 대해 말하는 저자 자신이 좀 우스꽝스럽기도 했다. 본질을 모르고 산다는 그런 느낌이 들었다. 타향에 살다 보면 고향 이야기를 할 때가 있는데 그럴 때는 으레 지역을 대표하는 상징물에 대한 이야기를 하게 된다. '무등산에 가보았느냐'라는 질문에 아직 가보지 않았다고 말할 때는 내심 부끄럽기까지 했다.

무등산에 가보지 않은 것이 뭐 그리 대단한 일이냐고 반문할 수도 있지만 광주에 살아본 경험을 가진 사람들에겐 대단한 일임에 틀림없다. 광주와 전남 지역에서 승용차나 버스를 타고 이동하다 보면 세 개의 큰 산이 보인다. 무등산, 지리산, 월출산이다. 어느 날 화순과 담양 지역을 여행하는 데 하루 종일 무등산 일대를 빙빙 돌았던 기억도 있다. 무등산의 지리적 존재는 넓다. 광주, 화순, 담양, 장성, 나주와 연결된다. 지리산이 전라도와 경상도에 걸쳐 있는 거산(巨山)이라면 월출산은 영암과 강진으로 통하는 바위산으로 마치 병풍처럼 자리 잡고 있다. 지리산과 월출산이 외곽에서 전남을 보호하는 수문장과 같은 형상이라면 무등산은 광주와 전남 일부 지역을 품어 안고 있는 모습이라고 할 것이다. 광주의 어머니 산으로 부르는 이유다.

무등산은 바라보는 각도와 계절에 따라 다양한 자태를 드러낸다. 한겨울 안개 낀 아침 무등산 팔각정에서 바라보면 마치 양파와 같다. 첩첩의 낮은 산들을 덮은 안개가 걷히면서 그 신비한 자태를 조금씩 내비친다. 내 고향 화순에서 바라보면 무등산은 어느새 커다란 원반 모양으로 바뀐다. 담양 추월산 쪽에서 바라보면 말안장이 되어 금세 달려갈 것 같은 동적인 모습에 마치 누군가 편안하게 하늘을 보고 누워있는 정적인 모습이 겹친다. 폭설이 내린 날에는 하얀 망토에 중절모를 쓴 거인을 연상한다. 장성 쪽에서 보면《어린왕자》에서 보아 뱀을 삼킨 코끼리 모양을 닮았다. 그 멋과 맛에 무등산을 바라보고 자주 가는 것 같다.

한 가지 의문이 드는 것은 호남 5대 명산에 무등산이 빠져있다. 5대 명산 중 지리산, 월출산, 내장산이 포함된 것은 쉽게 이해가 되는데 여기에 장흥 천관산과 부안의 능가산이 포함된 것은 의외라고 생각한다. 호남 5대 명산의 유래는 조선 성종 때 문인 성임(1421-1484)이 내장산을 방문하고 남긴 기록《정혜루기(定慧樓記)》에서 비롯되었다고 한다. '정혜루'는 내장산 내장사 앞에 있는 누각 이름이다. "호남에 이름난 산이 많은데, 남원에는 지리산, 영암에는 월출산, 장흥에는 천관산, 부안에는 능가산(변산)이 있으며, 정읍의 내장산도 그중의 하나다"라는 구절이 나온다. 이 내용을 조선 중종 때 완성된 지리서《신증동국여지승람》에서 그대로 인용하면서 호남의 5대 명산이라 불리게 됐다(2020, 박정원). 인물 족보도 그렇지만 산 족보도 처음 누가 기록하여 남기는가에 따라 그대로 전승되는 것이다. 성임이 무등산에 왔다 갔다면 분명 그 평가를 달리 했을 것이다.

무등산은 '비할 데 없이 높고 큰 산' 또는 '등급을 매길 수 없을 정도의 고귀한 산'이라는 의미를 지니고 있다. 무등산의 어원에 대해서는 많은 설이 있지만 '무돌', 즉 '무지개를 뿜는 돌'에서 유래했다는 주장도 있다. '상서로운 돌'이라는 뜻의 서석(瑞石)은 '무돌'의 한자식 표기라는 이야기다(김종구, 2012). 무등의 이름과 관련하여 전해 내려오는 많은 설이 있지만, 저자는 무등산의 의미를 한자 의미대로 '차별이 없는 평등한 산(無等)'으로 이해하고 싶다. 온갖 차별과 불평등으로 굴곡진 세상에 차별하지 않고 평등하게 대해주는 그런 산이 떡하니 버티고 있다고 생각하면 금세 차별 없는 따뜻한 세상이 될 것만 같다. 혹자는 우리나라에서 해발 1,000m가 넘는 산 가운데 100만 명 이상의 인구를 껴안고 있는 산은 무등산이 유일하다고 주장하면서 무등산의 차별성을 말하기도 한다.

무등산의 이름과 관련지어 흥미로운 전설이 있다. 옛날에는 무등산을 서석산(瑞石山)으로 불렀고 '무정산(無情山)'으로도 불렀다. 고려 말 이성계가 왕권을 차지할 마음으로 전국의 영산(靈山)을 찾아다니며 자신을 지지해달라고 했는데, 무등산이 반대하는 바람에 이성계가 '무정(無情)'하다고 생각하여 '무정산'이라고 불렀다고 한다. 산은 그곳에 사는 사람들의 정신과 의식 세계에 영향을 미친다. 사람은 자신도 모르게 산의 정기를 받으면서 살고 그 산을 닮아 가게 된다. 예나 지금이나 불의에 저항하고 대의를 위해 행동하는 광주를 의향(義鄕)으로 부르는 것은 차별 없는 평등한 세상을 갈망하는 무등의 정기를 이어받은 것 때문이 아닐까 싶다.

광주의 주산이자 진산(鎭山)인 무등산을 직접 밟아보고 그 진면목을 직접 확인할 수 있었던 것은 대단한 행운이었다. 저자는 증심사—중머리재—중봉—서석대—입석대—장불재—증심사 코스로 다녀왔다. 4시간 30분 정도의 시간이 소요되었다. 나중에 안 사실이지만 무등산은 광주를 통해서만 가는 것이 아니었다. 내 고향 화순 만연산(668m) 정상에서도 능선을 따라 무등산에 갈 수 있었다. 등잔 밑이 어두웠다. 지리산이 전라도와 경상도 지역을 포함하는 것처럼 무등산도 광주와 화순을 아우르고 있다. 화순에서도 무등산을 갈 수 있다는 정보를 미리 알았다면 좀 더 일찍 도전했을지도 모른다.

무등산은 지리산처럼 높거나 월출산처럼 기암괴석이 있는 것이 아니다. 위압감을 줄 정도의 산세도 아니다. 서석대, 입석대, 광석대(규봉 주상절리)로 불리는 주상절리(갈라진 기둥 모양)의 위용에는 압도될 수밖에 없다(광석대는 규봉암에 있는데 '규봉'은 선친의 이름과 같아 친근감이 들었다). 절리는 군락을 이루며 하늘을 향해 반듯하게 서 있었는데 무려 8,700만 년 전 용암에 의해 형성되었다고 한다(2018년 무등산은 지질학적 가치와 역사문화 요소들의 독창성을 인정받아 유네스코 세계지질공원으로 공식 인증을 받았다). 평평한 산세에 한결같이 단아하고 일정한 크기의 바위들이 줄지어 서 있다. 수백 호의 주민이 사는 마을, 요즘 식으로 말하면 타운하우스 단지와 같은 느낌이다. 그들은 서로를 의지하면서 하늘을 향해 버티다 힘에 부치면 땅으로 떨어져 산화할 것이다. 세월 앞에 장사가 없는 법이다. 제주 바닷가의 주상절리가 안정감 있게 느껴진 반면, 무등산의 주상절리는 웅장하고 고고한 자태를 발산하지만 마치 땅 위에 물구나무를 서고 있는 것처럼 보여, 보는 이에게 불안감이 드는 것은 저자만이 아닐 것이다.

무등산 등정을 마치고 나서야 광주와 화순에 대해 더 당당하게 말할 수 있게 되었다. 광주 소재 학교의 교가 첫 구절에 '무등'이나 '무등산'이 등장하는 것에 대해서도 이해가 되었다. 산 정상을 밟고 내려오는 기분이 얼마나 상쾌한지 몸은 무겁고 다리 관절이 아파도 문제가 되지 않았다. 이제야 무등의 정기를 받은 호남의 아들이 된 기분이었다. 81년 광주를 떠나 서울 생활을 하면서 북한산(해발 836.5m)이 가장 높고 수려한 산으로 알고 살았다. 육신의 어머니를 떠나보낸 저자에게 무등산은 자애로운 어머니로 다가왔다. 틈나는 대로 무등의 편안한 품에 안길 것이다. 무등산 등반으로 버킷리스트가 생겼다. 우리나라에서 국립공원으로 지정된 산들을 등산하고 싶다.

무등산과 다산 정약용(1762~1836)의 인연도 빼놓을 수 없다. 다산은 열일곱 살 때 화순 현감인 아버지 정재원을 따라 화순 동림사(東林寺)에서 공부에 정진하면서 무등산에 오른 적이 있었다. 다산이 무등산에 가게 된 연유가 재밌다. 다산이 화순 적벽을 다녀온 뒤 과거시험에 합격한 화순 사람 조익현(曺翊鉉)을 알게 되었는데 그가 다산에게 무등산 등반을 권유하면서 이런 말을 했다. "적벽의 뛰어난 경치는 여자가 화장을 한 것과 같다. 붉고 푸르게 분을 바른 모습은 비록 눈을 즐겁게 할 수는 있으나 가슴속의 회포를 열고 기지(氣志)를 펼 수는 없는 법이다." 누구보다 호기심이 왕성하고 기개가 컸던 다산이 가만있을 리 없었을 것이다. 다산은 무등산을 다녀와 '무등산에 올라(登瑞石山)'를 남겼다(김종구, 2012). 시의 앞 구절을 음미해보자.

> 무등산은 모두가 우러러보는 곳
> 산꼭대기 험준한 곳엔 해묵은 눈이 있다.
> 태곳적의 모습을 고치지 않아
> 본모습으로 쌓여 있어 의연하구나
> 여러 산들 모두 섬세하고 정교하여
> 깎고 새긴 듯 뼈마디 드러났네
> 오르려 할 때는 길도 없어 멀고멀더니
> 멀리 걸어오니 낮게 느껴지네
> 모난 행실 쉽게 노출되지만
> 지극한 덕 덮이어 분별하기 어렵네…(박석무, 2014: 109)

"지극한 덕 덮이어 분별하기 어렵네." 다산의 눈에 무등산은 덕(德)으로 덮인 태곳적 산으로 보였다. 이 표현은 높은 경지의 산이라서 어떻게 등급을 매길 수 없는 무등의 원래 뜻을 절묘하게 반영하고 있다. 십대의 다산이 지은 무등산에 대한 시는 그의 천재성을 보여준다.

광주 출신 이성부(1942~2012)는 시 '무등산'에서 이렇게 읊고 있다.

콧대가 높지 않고 키가 크지 않아도
자존심이 강한 산이다.
기차를 타고 내려가다 보면
그냥 밋밋하게 뻗어 있는 능선이,
너무 넉넉한 팔로 광주를 그 품에 안고 있어…

저자가 무등산에 대해 가지고 있는 마음을 가장 잘 대변하고 있는 시다. 무등산에 올라 느끼는 것은 밋밋하게 뻗어 있는 능선으로 연결된 산이라는 것이다. 밋밋하지만 넉넉하다. 그 밋밋하고 넉넉한 팔로 광주를 품에 안고 있다. 무등산이 광주를 품고 있다는 표현보다는 광주가 무등산에 안긴 모습이 더 맞을지 모른다. 고산준령으로 콧대 높은 큰 산은 아니지만 자존감이 강한 산이라는 표현에는 무릎을 친다. 그 자존감이 오늘의 광주를 예향(藝鄕)을 넘어 의향으로 부르게 만든 정신적 자양분이 되었을 것이다.

📖 박석무. (2014). 《정약용 평전》. 서울: 민음사.
　　이성부. (1977). 《백제행》. 서울: 창작과 비평사.

김종구. (2012). 《한겨레》. 〈[유레카] 무등산〉. 12월 30일.

박정원. (2020). 《월간산》. 〈[장흥 천관산] 진달래 명산에 호남 5대 명
　　　산〉. 4월 29일.

〈조익현〉. 디지털화순문화대전.

무등산웹생태박물관. http://mountain.witches.co.kr/sub.html?pid＝20
　　　&code＝295

여수 다시 보기

beyond a harbor

70년대 초등학교 시절 수학여행지의 1순위는 여수 오동도였다. 내륙 지방인 화순 지역 초등학교에서는 바다가 있는 여수에 가는 경우가 많았다. 당시 여수는 오늘날처럼 역동적인 도시라기보다는 남쪽 바다의 자연풍경을 뽐내는 조용하고 정적인 항구였는데 그 가운데에서도 오동도가 가장 인기 있는 명승지였다. 부모님도 매년 여름철에는 해수욕장을 갔는데, 검은색 모래로 유명한 여수 만성리 해수욕장은 큰맘 먹고 가곤 했다. 보통은 보성 율포 해수욕장이나 외가가 있는 영광 가마미 해수욕장을 찾았다.

열대야가 막바지 기승을 부리는 8월 어느 날 여수(麗水)를 찾았다. 해수욕장을 가는 대신 바다를 보러 여수를 행선지로 선택했다. 흔히 "여수에 가서 돈 자랑하지 말고, 벌교에 가서 주먹 자랑하지 말고, 순천에 가서 인물 자랑하지 마라!"고 하는 우스개로 여수를 '돈'과 연관 지어 말하곤 한다. 항구 도시 여수에는 돈이 많고 벌교에는 운동 잘하는 사람이 많아 주먹 센 이가 많고, 순천에는 출중한 인물이 많다는 뜻이다.

조정래는 소설《태백산맥》에서 이런 표현을 하고 있다. "언제부턴가 벌교 가서 돈 자랑, 주먹 자랑하지 말라는 말이 순천에 가서 인물 자랑하지 말고, 여수에 가서 멋 자랑하지 말라는 말과 어깨를 나란히 하게 되었는지도 모른다." 그러면서 자신만의 분석을 내놓았다. "벌교는 오래전부터 보성과 순천, 승주와 고흥을 잇는 도로가 있었어요. 여기에다가 철도역이 있는 교통 요충지였어요. 지금은 약간 상황이 달라졌지만 우리 어렸을 때만 해도 역전에는 인근에서 '주먹' 좀 쓴다는 왈패들이 모이잖아. 조선인이 일본인과 주먹싸움에서 거세게 저항하면서 벌교 사람들의 매서움이 알려졌지. 나중에 부정적으로 이야기하는 사람도 있었지만, 일본과 일본인을 때려눕히는 데서 의미를 찾아야 할 거예요." "이에 비해 순천에서는 인물 자랑하지 말라고 했어요. 얼굴 잘생기고 못생긴 것을 기준으로 하는 말은 아니었을 거예요. 순천에는 오래전부터 고흥, 구례, 보성 등 전남 동부 6군의 인재가 모였던 곳이에요. 여기서 말하는 인물은 바로 실력을 겸비한 '인물'을 말하는 거예요." 마지막으로 '여수'와 '돈'에 관한 설명이었다. "여수는 좀 더 명확하지요. 지금도 그렇지만 어촌이 농촌이나 산촌보다는 잘 살 거예요. 배 한 척 있으면 예나 지금이나 부자잖아."(박종현, 2009) 저자는 어릴 적부터 여수, 순천, 벌교에 관한 이야기를 자주 들어서인지 조정래의 분석에 고개가 끄덕여진다. 그렇지만 항구를 낀 어촌이라면 우리나라에도 수십 곳이 해당하고 그 지역을 돈과 연관시키지는 않는데 여수는 좀 특별하다는 느낌이다.

　여수를 돈으로만 연결하는 것은 바람직스럽지 않다고 본다. 어쩌다 한때 그런 소리를 듣게 되었는지는 명확하지 않지만 모든 여수시민이 환영하는 평가는 아닐 것이다. 여수는 '돈'이라는 단일 요소를 대입시켜 평가, 해석하기에는 다양한 역사적, 문화적, 생태적 요소가 어우러진 항구 도시다. 사실 호남에서 항구하면 서해안의 목포 또는 군산을 생각하기 쉽다. 특히 목포는 서남부의 대표 항구 도시로서 1897년 개항하였고 일제강점기에는 목포항과 호남선의 목포역을 중심으로 도시가 번성하였다. 특히 一黑(김), 三白(면화, 쌀, 소금)의 집산지로 널리 알려지게 되었다. 일본은 군산에서는 쌀을, 목포에서는 면을 수탈해 일본으로 가져갔다. 가수 이난영이 1942년 불러 잘 알려진 '목포는 항구다' 노래 또한 항구 하면 목포를 연상시키는 데 기여했다. 영화 〈목포는 항구다〉(2004년)는 노래 제목을 영화 제목으로 그대로 가져왔다.

1923년 개항한 여수는 호남의 대표적인 항구 도시 목포나 군산에 비해 도시 접근성, 사회기반시설, 지역경제 등 여러 측면에서 뒤떨어졌었다. 그러나 60년대 이후 조성된 국가산업단지조성과 여수시의 엑스포 개최 등 관광자원 활성화 노력 덕분에 여수는 교통, 경제, 사회기반시설, 접근성 등에서 목포와 군산을 앞질렀다. 지표가 말해준다. 2022년 7월 기준으로 여수 인구는 275,489명으로 목포 인구 217,470명보다 월등하게 많다. 통계청이 발표한 2019년 지역 내 총생산(GRDP)에서도 여수는 25조 원이 넘는 규모였으며 목포는 4조 3천억 원 규모로 여수가 전남 총생산의 3분의 1을 차지했다. 여수에서 돈 자랑하지 말라는 말이 빈말이 아닌 것 같다. 말이 씨가 되었다. 저자는 여수를 크게 두 가지 관점, 즉 여수의 역사문화적, 생태문화적 가치와 관련 지어 양파 껍질을 벗기듯 속을 파헤쳐 볼 생각이다.

먼저 역사문화적 측면에서 여수를 조명해보자. 여수를 생각하면 오동도(梧桐島)를 떠올린다. 섬 모양이 오동잎처럼 생기고 오동나무가 많아서 붙여졌다고 한다. 오동도가 이름값을 하려면 오동나무가 많아야 하는데 그 많던 오동나무는 어디에 갔을까? 실제 오동도에 가서 오동나무를 찾기란 쉽지 않다. 전설에 따르면 고려 말 오동도에 오동 열매를 따 먹으러 봉황이 날아든다는 소문을 들은 공민왕이 오동도에 있는 오동나무를 베어버리라고 명하였다고 한다(여수시 홈페이지). 봉황은 곧 상서로운 동물로 왕조를 상징한다는 점에서 오동도가 있는 터에서 왕이 태어날지 모른다는 우려 때문이었을 것이다. 유사한 전설이지만 고려 말 공민왕 때의 승려 신돈은 풍수지리설에 따라 고려의 멸망을 불길하게 예견하고 전라도 출신이 왕권을 잡을 것이라 하여 사람인(人) 자 밑에 임금 왕(王) 자를 쓰는 '전'자를 들입(入) 자 밑에 임금 왕(王) 자를 쓰는 '전(全)'자로 쓰도록 하고, 오동나무를 모조리 베도록 하였다고 한다(산림청 참조). 왕권이 탄탄하지 않거나 민심에서 멀어진 왕은 구전되는 소문에 과잉반응을 하기 마련이다.

오동도에서 오동나무를 찾아보기 어렵지만 오동도에서 진즉 관심을 끄는 것은 입구에 놓인 거북선 모형과 함께 '약무호남 시무국가(若無湖南是無國家)'라고 새긴 돌비석이다. "호남이 없으면 국가도 없다." 호남과 국가의 존망이 어떻게 관련될까? 저자 역시 호남출신이지만 호남이 없으면 나라도 없을 것이라는 생각을 한 번도 해보지 않고 살았다. 어떤 맥락에서 저런 말이 나왔지 하는 호기심이 들었다. 왕조시대에 이런 말은 생각하기에 따라 역모죄가 될 수도 있는 말이다. 왜 그런 말이 나왔는지는 맥락을 쫓아가 보아야 한다.

"호남이 없으면 국가도 없다"라는 말은 호남 출신의 인사가 호남에 대한 애정을 담아 한 말일 것으로 추측했지만 아니었다. 이순신 장군의 말이었다. 임진왜란(1592~1598) 중인 1593년(선조 26년) 7월 16일 이순신이 사헌부 지평(정 5품의 관직으로 오늘날 감사원의 역할을 함) 현덕승에게 보낸 편지 내용의 일부이다. 전후 맥락은 이렇다. 같은 해 6월 29일 왜적은 제2차 진주성 전투에서 진주성을 함락하고 육로와 해로를 통해 전라도로 진격할 계획이었다. 이순신은 견내량을 앞에 두고 해로를 막아 전라도로 향한 왜군의 진격을 막을 계책을 세웠다. 이순신은 국왕에게 "호남은 나라의 울타리이므로 만약 호남이 없다면 나라도 없을 것입니다. 호남을 지키기 위해 어제 한산도로 진을 옮겨서 치고 바닷길을 가로막을 계획을 세웠습니다"라고 보고했다.

이순신 장군은 호남의 전략적 가치를 조선의 명운을 좌우하는 것만큼 중요하다는 점을 간파하고 왜적이 여수에 도달했을 때 막는 것이 아니라 전략적으로 유리한 한산도 부근에 매복하여 왜적을 소탕하겠다는 뜻을 밝히고 있다. 이순신 장군은 전라좌수영이 전라도에 주둔하지 않고 왜 경상수군 관할 지역에 주둔하게 되었는가에 대한 이유를 설명하고 있다. 임진왜란 당시 여수는 전라좌수영의 본거지이자 삼도수군의 통제영이 설치된 지역으로서 조선을 지키는 최후의 보루였고 조선 수군의 훈련 및 병참기지였다. 여수가 임진왜란과 정유재란의 위기를 극복하는 데 중심 역할을 했음을 알 수 있다.

그래서인지 여수에는 이순신이나 거북선과 관련된 상징물이 많다. 이순신 대교, 거북선 대교, 진남관, 이순신 장군 자당 기거지, 시내 도처의 거북선 모형 등. 이순신의 어머니와 가솔도 4년여 동안 여수에서 피난 생활을 했다. '이순신 자당 기거지'는 역사유적 문화재로서 가치를 인정받아 전라남도 지정문화재가 되었다(이경기, 2021).

현대사에서 여수는 1948년 여순 사건(麗順事件)과 관련된다. 여순사건은 1948년 10월 19일부터 10월 27일까지 여수시에 주둔하고 있던 제14연대 군인 2,000여 명이 남로당 계열 군인들을 중심으로 '제주 4.3 사건' 진압 명령을 거부하고 무장 반란을 일으켜 이를 진압하는 과정에서 전남 동부 지역의 많은 민간인이 희생된 사건을 말한다. 2021년 정부는 '여수·순천 10·19 사건 진상규명 및 희생자 명예회복에 관한 특별법'을 제정하였다. 이 법의 제정 목적은 정부 수립 초기 단계에서 발생한 민간인 집단 희생 사건인 여순 10·19 사건에 대한 진상을 규명하고 희생자의 명예를 회복시켜 국민 화합의 길을 도모하고자 했다. 73년만이다. 제주 4.3 사건(1947년), 노근리 사건(1950년), 거창 양민학살사건(1951년)의 경우에는 국가폭력으로 인정돼 이미 특별법이 제정되었다는 점에서 늦어도 한참 늦었다. 과거사를 분명하게 밝혀내 진실되게 평가하는 것 역시 후대의 몫이다. 국민 한 사람이라도 억울하게 희생되지 않게 하는 것이 정부의 역할이지만, 혹 억울하게 희생된 일이 있었다면 진실을 밝히고 바로 잡는 것 역시 정부가 할 일이다.

둘째는 여수의 생태문화적 가치에 대해 생각해보자. 여수(麗水)는 한자식 이름에서도 알 수 있듯 곱고 아름다운 천혜의 미항(美港)이다. 한국의 나폴리로 불려도 손색이 없을 정도다. 2012년에는 '여수세계해양박람회(Expo 2012)'가 열려 세계인의 주목을 받았다. 무엇보다 도시가 유명해지려면 볼거리 못지않게 먹거리가 풍부해야 한다. 저자의 경우 여수에 가서 제일 먼저 찾는 것은 게장이다. 게장은 밥도둑이라는 말이 있을 만큼 별미 중의 별미다. 게장은 간장게장과 양념게장이 있는데 개인적으로는 얼큰한 양념게장을 더 좋아한다. 여수 봉산동에는 '봉산게 장거리'가 있다. 또 여수 하면 돌산갓을 빼놓을 수 없다. 돌산읍에 가면 밭이 온통 갓으로 뒤덮여 있다. 처음 보았을 때는 무밭으로 생각했다. 갓은 겨자나 고추냉이와 같은 겨자과의 식물인데 남쪽 바다의 해풍을 맞고 자란 여수 갓은 특유의 향이 일품이다. 영화 〈택시운전사〉(2017년) 에서도 갓김치가 등장하는데 매운 음식을 잘 먹는다는 외국인도 혼쭐 난 장면이 나온다.

저자는 이번 여수 여행에서 오동도를 새롭게 볼 기회를 가졌다. 오동 도가 생태문화적으로 그렇게 빼어난 곳인 줄 미처 몰랐다. 초등학교 시 절 수학여행에서 보았던 오동도의 모습은 전혀 생각이 나지 않았다. 오 동도에는 수목이 빽빽하게 들어차 있는데 유달리 후박나무가 많았다. 후박나무의 목재는 도장재료로 쓰이는데 해인사 팔만대장경판의 상당 수가 후박나무로 만들어졌다고 한다. 동의보감에서는 후박나무의 껍질 이 위장을 따뜻하게 하여 장의 기능을 좋게 하고, 설사와 이질이나 구 역질을 낫게 하는 대표적인 위장병 약재로 기록하고 있다. 잇몸 질환에 도 특효가 있는 것으로 알려졌다. '후박(厚朴)하다'라는 우리말이 있는 데, 이 말의 뜻은 '인정이 두텁고 거짓이 없다'라는 의미를 가지고 있다.

후박나무는 '후박'하다는 나무 이름처럼 자라는데 까다롭지 않고, 나 무의 바깥 모양이 너그럽고 편안하게 보여 옛 시골의 후박한 인심을 연 상하기에 충분하다(박상진, 2011). 사람에게 베푸는 혜택도 후박하다. 후 박나무 군락지에서 태어나 자라고 후박나무 때문에 공부하고 병을 고 치고 가정경제를 일으켰던 지인으로부터 들은 이야기가 있다. 그 지인 은 신안군 가거도 출신인데 어릴 적 용돈이나 학용품 대금, 학비 대신 후박나무 껍질, 즉 후박피(皮)를 받았다고 한다. 후박피를 가지고 목포 시내 한약방에서 높은 가격의 현금과 교환하였다고 한다. 이런 것을 환금성이 뛰어나다고 하던가. 후박나무에 대해 이야기하던 그 지인의 얼굴에서 후박나무에 대한 자긍심과 고마움이 느껴졌다. 가거도산 후박피는 최상품으로 한약재로 귀하게 평가받고 있다. 하기야 저자도 어릴 적 장날에 보리나 쌀을 가지고 다른 물건을 사가지고 온 적이 많았다.

지인이 말하는 가거도와 후박나무 이야기를 듣고 가거도에 대한 호기심이 생겼다. 가거도(可居島)는 우리나라 최서남단에 있는 섬으로 이름 그대로 '가히 사람이 살만한 곳이다'라는 뜻을 가지고 있다. 가거도는 단순한 섬이 아닌 중국과 가장 가까운 곳에 위치한 지정학적 요충지다. 요충지로서 가거도는 기상 악화 때 어선이 긴급대피하고 동중국해를 오가는 어선의 보급기지 역할을 담당한다. 중국과 얼마나 가까운지 '중국의 닭 우는 소리가 들린다'라는 말이 있을 정도다(최경호, 2022). 그런 가거도는 400여 명의 주민이 주인이 아니라 후박나무라고 말할 정도로 후박나무 군락이 많다고 한다. 국내에서 생산하는 양의 70%가 가거도에서 생산된다. 재미있는 사실은 송아지도 후박나무 열매를 좋아한다고 한다. 가거도에는 독실산(犢實山)이 있는데 이는 송아지가 먹는 열매, 즉 후박나무 열매가 있는 산이라는 뜻이다. 그 후박나무가 오동도에도 군락을 이루고 서식하고 있었다. 후박나무는 변산반도가 북방한계선이라고 한다. 오동도에서 후박나무를 보는 순간 저자의 마음은 가거도로 가 있었고 송아지들이 독실산에서 열매를 먹는 그림이 그려졌다.

여수는 오늘날 가장 역동적인 지역으로 떠올랐고 역사, 생태, 문화적 콘텐츠가 풍부한 미항으로 자리 잡고 있다. 시인 정현종은 〈섬〉에서 이렇게 외치고 있다. "사람들 사이에 섬이 있다./ 그 섬에 가고 싶다." 문학평론가 김남호는 이 시에서의 '섬'을 두 가지로 해석한다. 하나는 사람과 사람 사이의 연결고리로서의 '섬'이다. 이때의 섬은 현대인의 단절된 인간관계의 복원을 염원하는 상징적 기호이기도 하다. '그 섬'을 가고 싶어 하는 것은 결국 그런 관계의 회복을 그리워한다는 뜻이다. 다른 하나는 사람들에게 시달리지 않아도 되는 '다락방' 같은 고독한 공간으로서의 '섬'이다. 사람들에게 시달리고 부대끼다 보면 인간에 대한 염증이 짙어져서 무인도 같은 치유의 공간으로서 '섬'이다(김남호, 2021). 시의 위대성이다. 17자로 된 시어(詩語)에 함축된 메타포가 얼마나 강렬한가.

끊어지고 단절된 인간관계를 다시 찾고자 할 때나 지치고 힘들어 몸도 마음도 가누기 어려울 때는 여수에 가보자. 그곳에는 치유의 공간이자 인간으로서 존재감을 확인하는 항구와 섬이 있다. 가수 버스커 버스커가 부른 발라드풍의 노래 '여수 밤바다'에는 "여수 밤바다 이 조명에 담긴 아름다운 얘기가 있어/ 네게 들려주고파 전활 걸어 뭐 하고 있냐고/ 나는 지금 여수 밤바다 여수 밤바다'라는 구절이 나온다. 여수는 이제 과거에 머물러 있지 않다. 국가 경제를 움직이는 동력이 있고 전라좌수영에서는 이순신과 수군들의 기합소리가 하늘을 울리고 생태문화적으로도 풍부한 콘텐츠를 보유한 항구 도시다. 오늘날 여수는 항구 이상의 그 무엇이다. 물론 전해오는 옛말처럼 여수에서 '돈' 자랑을 하지 말아야 하는 것은 여전히 유효한 것 같다.

📖 박상진. (2011). 《우리 나무의 세계 2》. 파주: 김영사

정현종. (2009). 《정현종 시선집》. 서울: 열림원.

김남호. (2021). 《경남일보》. 〈[작가칼럼] 그 섬에 가고 싶다〉. 8월 5일.

김아름. (2021). 《생명의 숲》. 〈자생식물 가득한 원시의 맛, 신안 가거도 독실산 난대수림〉. 2월 23일.

박종현. (2009). 《세계일보》. 〈"'여수에서 돈 자랑하지 말라'는 말 어디에서 나왔나요?"〉. 8월 25일.

이경기. (2021). 《전남일보》. 〈여수 오충사이순신 모친 거처, 전남도 지정문화재 됐다〉. 8월 8일.

최경호. (2022). 《중앙일보》. 〈'2,300억' 가거도 수퍼 방파제〉. 9월 8일.

〈갓김치〉. 한국민속대백과사전.

〈여수 오동도의 활엽수림〉. 산림청.

baker's dozen
세상을 따뜻하게 하는 보너스

어릴 적 어머니를 따라 시골장에 갔을 때 상인과 어머니가 주고받는 말을 잘 알아듣지 못했다. 생선가게에서 사용하는 말과 계란 가게에서 사용하는 말이 달랐다. 나중에 알고 보니 시장에서 물건을 팔 때 물건마다 둘 이상의 단위를 부르는 각각의 이름이 있었다. 시장에서 고등어 한 손은 2마리고, 생선 한 두름은 20마리다. 한약방에서 한약 한 제는 20첩, 바늘 한 쌈은 24개를 뜻한다. 이 밖에도 마늘 한 접은 100개, 달걀 한 꾸러미는 10개다. 이런 용어는 요즘 시골 장터에서 활발하게 사용되고 있다. 사실 일상에서도 무게(g, kg), 양(리터)을 나타내는 단위를 많이 사용하는데 모른다면 이상할 정도다.

문구점에서 연필을 살 때 단위는 다스다. 연필을 주로 사용하면서 몽당연필까지 아껴 쓰던 시절에 연필 한 다스를 사다 놓으면 한동안 마음 놓고 사용할 수 있으니 든든했다. 다스는 영어 dozen의 일본식 발음인데 숫자 '12'를 가리킨다. 연필 1다스(타스)는 12자루다. 오늘날 학교에서는 '다스(타스)'라는 단어를 사용하지 않고 '타'를 쓰고 있다. 한 다스는 '12'를 가리키는데, 빵집의 다스는 '13'을 의미한다. 빵집의 한 다스는 어떻게 숫자 '13'이 되었을까?

빵집의 '13'이라는 숫자에 대해서는 전해오는 이야기가 있다. 가장 그럴싸하게 들리는 이야기는 중세 영국에서 제빵사들이 고객에게 빵을 파는 방식과 관련된다. 당시 빵은 무게 단위로 팔았는데, 빵가게에서 무게를 속이고 폭리를 취하면서 문제가 되었다. 당국에서는 빵의 무게를 속여 파는 업주에 대해서는 벌금형과 채찍형을 가할 정도로 엄격히 단속에 나섰다. 죄질이 나쁜 제빵사에겐 손목을 자르는 형벌을 가하기도 했다. 문제는 제빵사가 치밀하게 계산을 한 뒤 빵을 구워도 모든 빵이 똑같은 무게를 보장할 수 없다는 점이었다. 대다수의 제빵사는 밀가루 반죽 무게를 재는 저울을 가지고 있지 않았기 때문이다. 제빵사들은 함량 미달에 따른 처벌을 받을 것을 두려워하여 고객이 빵 한 다스를 주문하면 한 개를 추가로 더 주었다. 혹시라도 규정을 위반할 것을 두려워한 제빵사들의 선의 아닌 선의로 생긴 용어다. 어떤 빵집은 더 확실하게 처벌을 피할 목적으로 14개를 주기까지 했다.

베이커스 더즌이 미국의 대도시 고층빌딩에도 사용된다. 13번째 층을 '빵집의 한 더즌(Baker's Dozen)'으로 표기한 빌딩도 있으니 말이다. 엘리베이터 안에서 베이커스 더즌 표기를 보면 빌딩 13층에 제과점이 있을 것으로 생각할 수 있을 것이다. 서양인은 '13'이라는 숫자를 불길하게 생각한다. 그것의 정확한 유래는 아직도 논쟁 중이지만, 예수가 십자가 처형을 당한 날이 13일이라고 해서 그렇다고 한다. 13일의 금요일은 더 불길한 날이다. 13을 민감하게 생각하는 빌딩 주인이라면 어떻게 표기할 것인가. 생각해 낸 아이디어가 '베이커스 더즌'이다. 우리나라에서도 빌딩의 4층에는 아라비아 '4' 대신에 영어 'F'를 사용하는 것과 비슷한 맥락일 것이다.

베이커스 더즌은 제빵사가 당국의 처벌을 피하기 위한 임시방편의 고육지책이었지만, 시간이 지나면서 고객에게 선심을 쓰는 엑스트라 서비스로 발전하였다. 이런 비유가 맞을지 모르겠다. 부모님이 살아 계실 때 매일 전화를 걸어 부모님의 목소리를 확인했다. 대부분 전화는 아침에 이루어졌지만 어떤 경우에는 낮이나 밤에도 할 때가 있었다. 매일 한 번 하는 전화지만 간혹 두 번 걸 때가 있었다. "아들아, 무슨 일이 있더냐?"라고 물으시는 어머니에게 "보너스입니다"라고 답하면 좋아하시며 웃으셨다. 내 나름의 해석을 하자면 베이커스 더즌은 고객을 기쁘게 하는 보너스라고 생각하고 싶다.

우리나라에 소개된 일본 소설 《우동 한 그릇》에 나오는 장면이다. 일본판 소설의 제목은 《一杯のかけそば(한 대접의 메밀 온면)》이다. 배경은 홋카이도 삿포르시. 매년 섣달그믐 밤이면 우동 한 그릇을 시켜 세 명의 모자(母子)가 나눠 먹는다. 요즘 세태에서는 세 사람이 우동 한 그릇을 시키면 아예 자리를 내주지 않는 식당도 있다. 그러나 주인은 세 모자를 위해 남모르게 반 그릇 분량을 더 넣어주고 지정석까지 남겨준다. 주인은 매해 그날이 되면 세 모자가 앉았던 자리에 '예약석'이라는 팻말을 올려둔 채 자리를 비워둔다. 세월이 흘러 할머니가 된 엄마와 장성한 두 아들이 가게에 들러 그동안 사정을 얘기한다. 가슴을 훈훈하게 만드는 해피엔딩이다. 베이커스 더즌의 추가 빵 한 개가 우동 반 그릇으로 바뀌었다. 넓은 세상에서 인간관계를 훈훈하게 만드는 베이커리 더즌이 어디 한두 이야기만 있겠는가.

금융권의 베이커스 더즌은 뱅커스 더즌으로 바뀐다. 뱅커스 더즌 (Banker's Dozen)은 베이커스 더즌과는 정반대의 개념이다. 12에서 하나를 보태는 게 아니라 오히려 하나를 빼 11을 주는 것을 말한다. 채무자가 은행에서 12달러를 빌릴 경우 은행에서는 첫 달 이자 1달러를 미리 제하고 고객에게 11달러를 대출한다. 선이자를 제하고 대출금을 주는 냉정한 거래방식이다. 머리로 장사하는 사람과 가슴으로 장사하는 사람과의 차이점이다.

천정부지로 오른 물가 때문에 세상인심이 예전 같지 않다. 식당에는 김치가 사라지고 고추와 된장도 내놓지 않는다고 한다. 김치를 담는 재료비가 너무 올라 식사비를 올리지 않은 대신 아예 진열을 하지 않는다. 항산(恒産)이 있어야 항심(恒心)도 있는 법이다. 광에서 인심이 난다고 하지 않던가. 각박해지는 인심을 누구에게 탓할 수 있을 것인가. 세상을 살다 보면 항상 어려울 때만 있는 것도, 항상 좋을 때만 있는 것도 아니다. 사람의 마음에 어려운 형편이 더 오래 기억에 남기 때문에 좋은 시절이 언제 왔다 갔는지 잘 모를 뿐이다. 아무리 고물가에 인플레이션이 극심해도 베이커리 더즌에 담긴 훈김 나는 정겨움을 잊지 말았으면 한다.

📖 박용필. (2008). 《미주 중앙일보》. 〈빵 한 더즌은 13개?〉. 10월 28일.

진달래꽃
한(恨)을 사랑으로 승화시킨 꽃

우리 민족의 정서를 한마디로 표현할 수 없지만, 굳이 말하자면 한(恨)과 끈기를 간직한 민족이라고 말할 수 있을 것이다. 이 한의 정체에 대해서는 뭐라 딱 잘라 표현하기 어렵다. 오천 년 한민족사에서 켜켜이 쌓아 생성된 그 한의 역사를 어떤 말로 표현할 수 있겠는가. 한은 가장 한국적인 슬픔의 정서로서 한마디로 마음의 '응어리'라고 할 수 있겠다. '가슴에 맺힌 응어리를 푼다'고 말할 때 그 응어리가 바로 한이다. 한과 비슷한 단어에 원(怨)이 있다. 이어령은 한과 원의 차이를 이렇게 설명한다. 원은 외부를 향한 분노, 슬픔이므로 풀 수 있고 진혼(鎭魂, repose of souls)을 할 수 있지만, 한은 내부로부터 점점 쌓여가는 것이라 풀기가 힘들다. 원은 외부를 향하고 불과 같이 활활 타오르기 때문에 없어질 수 있지만, 내부에 똬리를 틀고 있는 한은 사라지기 힘든 성격을 가지고 있다(김형근, 2005). 심지어 죽는 순간까지 그 한의 응어리가 풀리지 않은 탓에 죽은 사람의 넋을 달래 고이 잠들게 하려는 목적으로 진혼굿을 하고 진혼시를 낭독하고, 전쟁 중 사망한 전사자의 영혼을 달래고 명복을 비는 진혼나팔을 분다.

　설명하기 어려운 개념은 상징을 들어 비유하면 쉽게 이해될 수 있다. 우리 민족의 한을 상징하는 꽃을 보기로 들어보자. 많은 꽃 중에 우리 민족의 한을 나타내는 데 가장 적절한 꽃이 있을까? 저자는 단연코 진달래꽃을 꼽고 싶다. 왜 하필 진달래꽃일까? 아마도 김소월의 시 〈진달래꽃〉 때문일 것이다.

　　나 보기가 역겨워

　　가실 때에는

　　말없이 고이 보내드리오리다

　　영변에 약산

　　진달래꽃

　　아름 따다 가실 길에 뿌리오리다

　　가시는 걸음걸음

　　놓인 그 꽃을

　　사뿐히 즈려 밟고 가시옵소서

　　나 보기가 역겨워

　　가실 때에는

　　죽어도 아니 눈물 흘리오리다

　소월은 서글픈 이별의 한을 진달래꽃으로 대신한다. 상상해 보자. 사랑하는 연인이 그만 헤어지자고 한다. 이때 연인은 남녀일 수도 있고 조국이나 민족일 수도 있다. 사랑하는 연인과 이별은 언제나 슬프다. 그것을 모르는 사람은 없을 것이다. 문제는 어떻게 이별하느냐이다. 시인은 연인과 헤어지면서 특별한 의식을 준비한다. 산천에 널린 진달래꽃을 따다 이별의 길에 뿌리겠다고 한다. 헤어지지 않겠다는 반어적인 은유의 행위다. 그 꽃길을 밟고 지나갈 연인이 있을까 싶다. 걷다가 다시 되돌아올 것이다. 그래도 간다고 하면 고이 보내드리고 눈물조차 흘리지 않을 것이라고 입술을 깨문다. 이러니 우리 민족의 정서로 자리 잡은 한(恨)을 잘 이해하지 못하는 서양인이 소월의 시를 완전히 이해하기란 어렵다고 할 것이다. 소월의 시에 곡을 붙여 부르면 애잔함과 소박함이 함께 묻어난다. '엄마야 누나야', '금잔디'도 그렇다. 의식 있는 시인에게서 일제에 나라를 빼앗긴 암울한 시대에 밝고 즐거운 시어가 나올 리 없었을 것이다.

우리 민족의 한을 대변하는 진달래꽃은 끈기까지 있다. 꽃에게 기대하는 끈기란 무엇일까? 주어진 조건에서 악착같이 뿌리를 내리고 줄기를 뻗어 기필코 꽃을 피우는 근성을 말한다. 산에 가서 진달래가 자리 잡고 있는 터를 자세히 살펴보라. 아득하고 평평한 곳에 자리 잡은 야생의 진달래는 거의 없다. 가파르게 경사가 졌거나 주위가 억센 나무들로 둘러싸인 환경에서 자신의 존재감을 드러낸다. 우리 민족의 끈기를 닮았다. 끈기의 한민족이 근대화, 산업화, 민주화를 일궈내고 세계 최빈국에서 원조를 제공하는 공여국(供與國)이 되었다. 우리 민족의 자긍심이고 저력이다.

진달래꽃은 보릿고개를 넘기는데도 기여했다. 저자를 비롯한 형제들은 뒷산에 올라 진달래꽃을 참 많이도 땄다. 진달래꽃이 지천에 널린 시절이었다. 남쪽에선 3월 초부터 피기 시작하는 진달래꽃이 만개하기가 무섭게 따다 그늘진 곳에서 말려 고방의 커다란 항아리에 넣고 술을 담았다. 진달래꽃을 두견화라고 부르니 술은 두견주가 될 것이다. 어디 술뿐이던가. 진달래를 찹쌀가루에 섞어 화전('꽃지지미'라고도 부름)을 부쳐 먹었다.

저자가 진달래꽃에 대해 주저리주저리 이야기를 하는 이유가 있다. 철없던 시절 진달래꽃을 보기가 무섭게 죄다 따다 술을 담거나 전을 부쳐 먹었던 생각을 하면 요즘엔 진달래꽃을 보기 민망하다. 저자는 산속의 진달래꽃을 보면 마음속으로 미안하다는 말을 한다. 누군가 진달래꽃을 따거나 나무를 꺾으려고 하면 굳이 말리는 이유다. 꽃은 따거나 꺾는 것이 아니라 보는 것이다. '봄'의 동사형은 '보다'라고 하던가. 꽃이 타고난 자연수명을 다하도록 지켜보는 것이다.

진달래꽃의 꽃말은 '사랑의 기쁨'이다. 진달래꽃은 가녀린 꽃처럼 보여 애수의 상징 같지만, 꽃말은 예상외로 밝고 기쁜 뜻을 담고 있다. 그래서인지 저자는 프랑스의 가수 나나 무스꾸리(Nana Mouskouri)가 부른 '사랑의 기쁨(Plaisir D'amour)'을 즐겨 듣는다. '사랑의 기쁨은 한순간이지만, 사랑의 슬픔은 영원하다'라는 요지의 노래다. 우리나라 가수 마야가 부른 록 스타일의 노래 '진달래꽃'도 좋아한다. 마야의 노래는 이별의 아픔과 슬픔을 빠르고 파워풀한 음색으로 승화시켜 낸다. 진달래꽃을 위한 진혼곡 같다.

하루도 빠짐없이 내리던 서리가 주춤하고 산에서 불어오는 바람에 온기가 느껴지는 3월 초 뒷산에 오른다. 누구보다 먼저 진달래꽃과 인사를 나누기 위해서다. 해가 저편으로 넘어가고 땅거미가 지는 시간에 산을 내려오면 마치 홍사초롱에 불을 켠 것처럼 분홍빛 진달래꽃이 이구동성으로 불을 밝힌다. 저자에겐 일 년 열두 달 중 3월이 가장 기다려지고 그 많은 꽃 중에 진달래꽃을 제일 기다린다. 진달래꽃은 저자에게 한을 기쁨으로 승화시켜 주는 꽃일 뿐만 아니라 사랑의 기쁨과 슬픔이 서로 맞닿아 있음을 깨닫게 해준 고마운 꽃이기도 하다.

📖 김형근. (2005). 《사이언스타임스》. 〈세기의 대담, 야마오리 데스오 vs 이어령〉. 3월 3일.

참고자료

책

구림지편찬위원회. (2006).《비둘기 숲에 깃든 공동체 호남명촌 구림》. 파주: 리북.

김선기. (2003).《호남정신 뿌리깃든 전라도 정자 기행》. 파주: 보림.

노대환. (2007).《조선의 아웃사이더》. 서울: 도서출판 역사의 아침.

다나카 게이코. (2004).《내 남편 역도산》. 한성례 옮김. 파주: 자음과 모음.

달리오, 레이. (2022).《변화하는 세계질서》. 송이루 · 조용빈 옮김. 서울: 한빛비즈.

로샤브스키, 헨리. (1990).《대학, 갈등과 선택》. 이형행 옮김. 서울: 삼성경제연구소.

린버그, 마이클. (2001).《너만의 명작을 그려라》. 유혜경 옮김. 서울: 한언.

모로아, 앙드레. (1999).《영국사》. 신용석 옮김. 서울: 기린원.

무라카미 하루키. (2017).《달리기를 말할 때 내가 하고 싶은 말》. 임홍빈 옮김. 서울: 문학사상.

박상진. (2011).《우리 나무의 세계 2》. 파주: 김영사

박석무. (2014).《정약용 평전》. 서울: 민음사.

셰익스피어, 윌리엄. (2000).《원어와 함께 읽는 셰익스피어 명언집》. 이태주 옮김. 서울: 범우사.

스미스, 샐리. (2013).《퀸 엘리자베스》. 정진수 옮김. 서울: 알에이치코리아.

염철현. (2021).《현대인의 인문학》. 서울: 고려대학교출판문화원.

_____. (2022).《인문의 눈으로 세상을 보다》. 서울: 박영스토리.

이성부. (1977).《백제행》. 서울: 창작과 비평사.

이을호. (2015).《국역 간양록》. 파주: 한국학술정보(주).

이희수 외. (2004). 《이슬람》. 파주: 청아출판사.

정현종. (2009). 《정현종 시선집》. 서울: 열림원.

주삼환. (2021). 《감동의 영화로 배우는 교육》. 파주: 교육과학사.

주현성. (2015). 《지금 시작하는 인문학》. 서울: 더좋은책.

최인호. (2007). 《유림 2》. 서울: 도서출판 열림원.

_____. (2012). 《소설 공자》. 서울: 도서출판 열림원.

_____. (2012). 《소설 맹자》. 서울: 도서출판 열림원.

크로스비, 페이. (2004). 《끝나지 않은 논쟁 차별철폐정책》. 염철현 옮김. 파
　　주: 한울.

논문

김경옥. (2010). 〈수은 강항의 생애와 저술활동〉. 《도서문화》 제35집.

박맹수. (2010). 〈수은 강항이 일본 주자학 발전에 끼친 영향〉. 《도서문화》
　　제35집.

이한우. (2006). 〈한국이 보는 베트남전쟁: 쟁점과 논의〉. 《동아연구》 51호.

(재)한국의 서원 통합보존관리단. (2022). 《서원산책》 제6권.

추명희. (2002). 〈역사적 인물을 이용한 지역의 상징성과 정체성 형성 전략:
　　영암 구림리의 도기문화마을 만들기를 사례로〉. 《한국역사지리학회
　　지》 8권 3호.

신문 및 잡지

《BBC 코리아뉴스》. 〈엘리자베스 2세 여왕의 관 위에 놓인 눈부신 왕관〉. 9
　　월 15일.

《경남포커스뉴스》. (2019). 〈남명 조식 선생과 실천하는 知性〉. 11월 24일.

강 헌. (2022). 《조선일보》. 〈신이여, 여왕을 지켜주소서〉. 9월 19일.

강다은. (2022). 《조선일보》. 〈다문화 특구 원곡동 "여긴 빈 상가가 없어
　　요"〉. 8월 3일.

고정애. (2022). 《중앙일보》. 〈"여왕은 항상 거기에 있었다"〉. 9월 16일.

국가보훈처. (2022).《대한민국정책브리핑》.〈고 리차드 위트컴 장군, 국민훈장 무궁화장 추서〉. 11월 8일.

권경률. (2021).《월간중앙》.〈왜란·호란으로 생이별 수난, 조선 민초들 극복사〉. 10월 17일.

권석하. (2020).《주간조선》.〈사후 360년에도 끝나지 않은 '크롬웰' 논쟁 뒤 광적 추종자들〉. 9월 10일.

권홍우a. (2016).《서울경제》.〈중동 비극의 씨앗, 벨푸어 선언〉. 11월 2일.

권홍우b. (2016).《서울경제》.〈'초대 대통령' 바이츠만〉. 11월 9일.

김 권. (2004).《동아일보》.〈'주인 찾아 삼만리' 진도에 백구상 건립〉. 10월 3일.

김가연. (2022).《조선일보》.〈충성스러운 中반려견 … '개물림' 공격당한 아이 구했다〉. 8월 9일.

김경미. (2021).《중앙일보》.〈고령화 속도 가장 빠른 한국 … 노인빈곤율도 OECD 1위〉. 2월 1일.

김나영. (2022).《조선일보》.〈지지율 77% 윌리엄 왕세자 … 영국인들 "아버지보다 낫다"〉. 9월 20일.

김남중. (2009).《국민일보》.〈위트컴희망재단 한묘숙 이사장〉. 7월 16일.

김남호. (2021).《경남일보》.〈[작가칼럼] 그 섬에 가고 싶다〉. 8월 5일.

김동선. (2016).《아시아경제》.〈[숫자 9의 비밀] 神앞에 겸손해진 인간의 수 '9'〉. 3월 15일.

김명섭. (2023).《조선일보》.〈진짜 전쟁 막지 못한 가짜 평화 … 임란 이후 호란 시작됐다〉. 6월 22일.

김병기. (2022).《중앙일보》.〈한자로 보면 전통문화가 보인다〉. 8월 4일.

김서원. (2022).《중앙일보》.〈'여왕의 관' 첫 공개 … 영국인들 8시간 줄서 조문〉. 9월 14일.

김석동. (2021).《인사이트코리아》.〈고구려 왕가 후예가 터키 제국의 뿌리〉. 2월 1일.

김선미. (2023).《중앙일보》.〈11세에 말문 연 자폐소년 케임브리지대 교수 되다〉. 7월 13일.

김소정. (2022). 《조선일보》. 〈몸 불편한 주인 위해 휠체어 민 반려견 … 전 세계 네티즌 울렸다〉. 8월 5일.

김아름. (2021). 《생명의 숲》. 〈자생식물 가득한 원시의 맛, 신안 가거도 독 실산 난대수림〉. 2월 23일.

김연주. (2022). 《조선일보》. 〈"그래도 학원 보내야" … 더 커진 사교육 의존 증〉. 1월 18일.

김종구. (2012). 《한겨레》. 〈[유레카] 무등산〉. 12월 30일.

김종회. (2019). 《전북도민일보》. 〈1894 우금치전투는 학살이었다〉. 7월 11 일.

김준태. (2014). 《동아비즈니스리뷰》. 〈탁월한 실력의 신숙주가 '배신의 아이 콘(?)'이 된 이유〉. 9월.

김준태. (2019). 《중앙일보》. 〈치욕적 왜군 포로의 삶, 강항이 한 죽음보다 중요한 일〉. 2월 13일.

김지원. (2023). 《조선일보》. 〈찰스 3세 시대 '英연방'이 흔들린다〉. 4월 18 일.

김진태. (2016). 《경북일보》. 〈[김진태의 고전시담] 조식(曺植) 제덕산계정주 (題德山溪亭柱)〉. 11월 21일.

김진호. (2017). 《경남일보》. 〈[가고파] 거창고 직업선택 10계명〉. 2월 2일.

김태우. (2021). 《자유아시아방송》. 〈이스라엘-하마스 충돌과 이어언돔〉. 5 월 19일.

김태훈. (2022). 《조선일보》. 〈[만물상] '파란 눈의 聖者' 위트컴 장군〉. 11월 17일.

김현민. (2019). 《아틀라스》. 〈로스차일드의 비밀⑨ 팔레스타인 건설하다〉. 12월 1일.

김형근. (2005). 《사이언스타임스》. 〈세기의 대담, 야마오리 데스오 vs 이어 령〉. 3월 3일.

김황범. (2022). 《중앙일보》. 〈왕세자 64년 만에 국왕된 찰스 3세, 국민 다독 이기 나섰다〉. 9월 13일.

김황식. (2023). 《조선일보》. 〈전쟁은 총칼로만 하는 것이 아니다〉. 6월 3일.

남성숙. (2013). 《광주매일신문》. 〈임란 포로로 끌려가 日에 유학 전파 '제2의 왕인박사'〉. 7월 19일.

농림축산식품부. (2021). 〈전국 638만 가구에서 반려동물 860만 마리 키운다〉. 4월 23일

박소영. (2022). 《중앙일보》. 〈호감도 1%였던 커밀라, 왕비 역할 긍정평가 53%로〉. 9월 19일.

박용수. (2022). 《무등일보》. 〈좋은 환경에서 훌륭한 인물이 나는 것은 당연한 일이다〉. 6월 8일.

박용필. (2008). 《미주 중앙일보》. 〈빵 한 더즌은 13개?〉. 10월 28일.

박정원. (2020). 《월간산》. 〈[장흥 천관산] 진달래 명산에 호남 5대 명산〉. 4월 29일.

박종현. (2009). 《세계일보》. 〈"'여수에서 돈 자랑하지 말라'는 말 어디에서 나왔나요?"〉. 8월 25일.

박형수. (2022). 《중앙일보》. 〈[분수대] 왕관의 무게〉. 9월 22일.

박형숙. (2015). 《오마이뉴스》. 〈"우린 안 하는 걸 잘한다", 놀면서 성공한 학교〉. 7월 20일.

박홍수. (2014). 《프레시안》. 〈자본주의의 '장자', 1차 세계대전〉. 12월 28일.

보건복지부. (2022). 〈2021 자살예방백서〉.

볼리, 짐. (2022). 《중앙선데이》. 〈엘리자베스 2세 '배의 닻' 역할, 70년간 순탄한 항해 이끌어〉. 9월 17일-18일.

서 현. (2023). 《중앙일보》. 〈아야소피아와 초승달〉. 3월 2일.

선우정. (2022). 《조선일보》. 〈[만물상] 英연방의 군주〉. 9월 13일.

선정민. (2022). 《조선일보》. 〈장수의 저주? … 한국인 병든 채로 17년, 건강수명은 66세〉. 7월 27일.

소정현. (2021). 《해피우먼 전북》. 〈일본에 성리학을 전수해 준 '강항 선생'〉 (상편)〉. 4월 28일.

손영철. (2014). 《광주일보》. 〈'호남 명촌' 꿈꾸는 신숙주의 고향〉. 6월 19일.

손원천. (2012). 《서울신문》. 〈'박치기왕' 김일의 고향 전남 고흥 거금도〉. 8월 23일.

송기동. (2022). 《광주일보》. 〈생생한 조선시대 역사 '타임캡슐'이 열리다. 〈제3부〉 전라도, 문화예술 꽃 피우다⑤ 조선왕조실록〉. 11월 8일.

송의호. (2021). 《월간중앙》. 〈[선비 정신의 미학] 임금에게 직언한 선비 남명(南冥) 조식〉. 1월 17일.

송형일. (2022). 《연합뉴스》. 〈'호남 3대 명촌' 나주 금안동 귀농·귀촌 메카 조성〉. 10월 21일.

신성식. (2022). 《중앙일보》. 〈작년 노인(65세 이상) 진료비 41.5조 … 치매는 여성, 뇌졸중은 남성이 많아〉. 10월 4일.

신지호. (2010). 《조선일보》. 〈애완동물을 키워야 하는 3가지 이유〉. 1월 5일.

안남식. (2019). 《시사인》. 〈중동 분쟁의 뿌리, 사이크스-피코 비밀협정〉. 2월 21일.

양상훈. (2020). 《조선일보》. 〈우리 대통령이 "칸 카르데시!" 할 차례〉. 8월 20일.

오상준. (2022). 《국제신문》. 〈[우리가 꼭 알아야 할 위트컴 장군] 장군의 유언〉. 11월 20일.

_____. (2022). 《국제신문》. 〈[우리가 꼭 알아야 할 위트컴 장군] 한복 차림으로 시내 활보한 이유는〉. 11월 16일.

위클리 공감. (2010). 《대한민국 정책브리핑》. 〈[이야기가 있는 문화생태 탐방로] 정약용의 남도 유뱃길〉. 3월 26일.

윤상용. (2014). 《이코노믹 리뷰》. 〈[윤상용의 밀리터리 노트] '노블레스 오블리주' 영국 왕실의 참전 전통〉. 7월 16일.

윤희영. (2023). 《조선일보》. 〈세계 각국의 신기하고 별난 법률들〉. 1월 19일.

이경기. (2021). 《전남일보》. 〈여수 오충사 … 이순신 모친 거처, 전남도 지정문화재 됐다〉. 8월 8일.

이경희. (2022). 《중앙일보》. 〈엘리자베스〉. 9월 13일.

이돈삼. (2022). 《전남일보》. 〈[이돈삼의 마을 이야기] 돌담골목 … 금성산 생태숲 … 정겨운 '한글 마을'〉. 10월 6일.

이승준. (2022). 《한길타임스》. 〈[한국의 서원 80] 정가신을 기리기 위한 나주 '설재서원(雪齋書院)'〉. 9월 20일.

이종문. (2019). 《매일신문》. 〈[이종문의 한시산책] 하늘이 운다 해도 조식〉. 7월 18일.

이지영. (2022). 《중앙일보》. 〈안동 하회마을서 73세 생일상 … 신발 벗고 고택 올랐던 '퀸'〉. 9월 9일.

이춘근. (2014). 《미래 한국》. 〈참호전, 인류 최초 과학전쟁이 시작되다〉. 5월 22일.

이해나. (2020). 《조선일보》. 〈매일 약물 10개씩 '꿀꺽' … 국내 200만 명 넘는다〉. 10월 20일.

이해인. (2023). 《조선일보》. 〈기도 시간에 꺼지고, 케밥 척척 … 삼성·LG "이젠 중동"〉. 5월 31일.

이혜운. (2022). 《조선일보》. 〈자애로운 할머니에서 군주의 위엄까지 … 英 국민 결집시킨 여왕의 무기〉. 9월 17일.

임현진. (2023). 《매일경제》. 〈서기 2300년, 한국은 세계지도에서 사라진다 … "이민은 필수"〉. 4월 19일.

장세정. (2020). 《중앙일보》. 〈100세 철학자 김형석 "살아보니 열매 맺는 60~90세 가장 소중"〉. 9월 28일.

장일현. (2015). 《조선일보》. 〈[Why] 3년간 거창高 졸업생 인터뷰 … '직업의 十誡(십계)' 깨달은 어머니〉. 2월 7일.

전수진. (2022). 《중앙일보》. 〈여왕의 아침 깨운 '백파이프 소령' … 마지막도 배웅했다〉. 9월 13일.

정영재. (2022). 《중앙선데이》. 〈'역도산 사단' 룸메이트 김일과 혈전, 알리와 세기의 대결도〉. 10월 15일-16일.

정영재a. (2018). 《중앙선데이》. 〈종합격투기 원조는 프로레슬링 … 지금 환생하면 UFC에 적수 없을 것"〉. 1월 7일.

정영재b. (2018). 《중앙선데이》. 〈박치기왕 임종 이틀 전 … "내 머릿속 큰 돌멩이 좀 빼줘"〉. 1월 28일.

정유진. (2019). 《남도일보》. 〈수은 강항 선생의 간양록과 韓·日 선양사업〉. 6월 2일.

정은혜. (2021).《중앙일보》.〈“끔찍한 잘생김” 13세 英여왕, 몰락 왕족 필립 공에 빠진 순간〉. 4월 10일.

정진홍. (2022).《조선일보》.〈카카오 사태와 조선왕조실록〉. 10월 19일.

정채빈. (2022).《조선일보》.〈“보고 싶었어요” … 반려견도 ‘기쁨의 눈물’ 흘린다〉. 8월 24일.

정철환. (2022).《조선일보》.〈“굿바이 퀸 엘리자베스” 열흘간의 장례 마무리〉. 9월 20일.

정하종. (2017).《연합뉴스》.〈[아나톨리아 연대기④] 중국을 떨게 한 고구려·돌궐 연대〉. 7월 30일.

정해숙. (2011).《한겨레》.〈[길을 찾아서] “학교 문닫아도 학생지킨다” 희망 보여준 경남 거창고〉. 7월 10일.

조 현. (2020).《한겨레》.〈전성은 거창고 이사장 “도그마로부터 독립하라”〉. 10월 28일.

조용헌. (2020).《조선일보》.〈[조용헌 살롱] 호남의 명촌〉. 11월 13일.

조홍복. (2021).《조선일보》.〈‘박치기왕’ 김일 동상, 고향 고흥 거금도에 세웠다〉. 12월 30일.

채인택. (2022).《중앙일보》.〈민주주의 시대의 군주제 … 그 장엄한 ‘시대착오’〉. 9월 22일.

최경호. (2022).《중앙일보》.〈‘2,300억’ 가거도 수퍼 방파제〉. 9월 8일.

최은경. (2023).《조선일보》.〈외국 학생으로 99% 채운 지방대〉. 5월 2일.

최지원. (2021).《한국경제》.〈근육은 기억한다 … “소싯적에 운동 좀 했지”〉. 9월 4일.

하채림. (2017).《연합뉴스》.〈‘이스라엘 건국 실현 방아쇠’ 밸푸어 선언 100년, 극과 극 평가〉. 11월 1일.

한예나. (2023).《조선일보》.〈한국 노인 빈곤율 40% ‘OECD 1위’는 통계의 착시〉. 7월 1일.

홍익희. (2022).《조선일보》.〈1차 대전 때 영국 구하고, 이스라엘 건국 지원 받아냈다〉. 10월 4일.

홍정수·조은아. (2022).《동아일보》.〈‘위기마다 확신 준 퀸’ … 나라를 하나로 묶은 겸손－탈권위 리더십〉. 9월 13일.

인터넷 사이트

〈2021년 국민 다문화수용성조사〉. 여성가족부.
〈갓김치〉. 한국민속대백과사전.
〈거창고등학교〉. https://geochang－h.gne.go.kr/geochang－h/main.do
〈고령인구비율〉. 통계청.
〈금안리〉. 나주시청. https://www.naju.go.kr/
〈김만덕〉. 한국민족문화대백과사전.
〈동양의 양 끝, 한－터키 왜 형제의 나라인가?〉. 국가기록원.
〈사단법인 수은 강항 선생 기념사업회 설립취지문〉
〈생명표〉. 통계청.
〈여수 오동도의 활엽수림〉. 산림청.
〈일본의 정권 교체와 조·일 국교 재개〉. 동북아역사넷.
〈임진왜란피로인(壬辰倭亂捕虜人)〉. 한국민족문화대백과사전.
〈재한유엔기념공원〉. https://www.unmck.or.kr/kor/main/
〈전영창〉. 디지털무주대전.
〈조선왕조실록은 어떻게 보존되었나〉. https://www.archives.go.kr
〈조익현〉. 디지털화순문화대전.
〈태인 고현동 향약〉. 태산선비문화사료관.
〈풍수지리의 대가 도선국사〉. 디지털영암문화대전.
〈한국애견협회 애견정보〉. 네이버 지식백과.
〈향약〉. 한국민족문화대백과사전.
〈호남의 명촌, 구림 마을〉. 디지털영암문화대전.
무등산웹생태박물관. http://mountain.witches.co.kr/sub.html?pid＝20&co
      de＝295
영암군청 홈페이지. https://www.yeongam.go.kr
원한식 블로그. https://blog.naver.com/wonhansik/222678116007

기타 자료

〈더 퀸〉. (2006). 영화.

〈명당〉. (2018). 영화.

〈반칙왕〉. (2000). 영화.

〈블랙〉. (2009). 영화.

〈서부 전선 이상 없다〉. (2022). 영화.

〈아라비아의 로렌스〉. (1998). 영화.

〈아일라〉. (2017). 영화.

〈역도산〉. (2008). 영화.

〈참호전〉. (2014). 영화.

〈킹스 스피치〉. (2010). 영화.

〈킹덤 오브 헤븐〉. (2005). 영화.

〈간양록〉. (1980). 드라마.

〈녹두꽃〉. (2019). 드라마.

〈더 크라운〉. (2016). 드라마.

〈이상한 변호사 우영우〉. (2022). 드라마.

〈간양록〉. (2021). 다큐멘터리.

〈윈저 이야기: 영국 왕실의 비밀〉. (2017). 다큐멘터리.

〈임란포로 '진주시마'의 후예들〉. (2021). 다큐멘터리.

〈조선성리학의 라이벌, 퇴계 이황과 남명 조식〉. (1995). 다큐멘터리.

〈책을 뚫고 현실로 나아가라, 남명 조식〉. (2012). 다큐멘터리.

〈코레 아일라〉. (2010). 다큐멘터리.

염철현

고려대학교를 졸업하고 동 대학원에서 교육행정 및 (미국)교육법 전공으로 박사학위를 취득하고 현재 고려사이버대학교(www.cuk.edu) 인재개발학부 교수로 재직하고 있다. 교육자는 '먼저 읽고 깨닫는 사람'이라는 신념으로 다양한 분야의 독서를 하고 이를 자신의 성찰로 연결시키려는 부단한 노력을 하고 있다. 주된 학술적 관심 분야는 역사, 문화, 인권, 리더십 등이며 대표적인 저역서는 《교육논쟁 20》, 《다문화교육개론》, 《차별철폐정책의 기원과 발자취》, 《평생학습사회와 교육리더십》, 《학습예찬》, 《현대인의 인문학》(세종도서) 등이 있으며, 2022년부터 <인문의 힘 시리즈>의 일환으로 《인문의 눈으로 세상을 보다》, 《인문의 마음으로 세상을 읽다》를 출간하였다.
hyunkor@cuk.edu

인문의 귀로 세상을 듣다

초판발행	2023년 9월 25일
지은이	염철현
펴낸이	노 현
편 집	전채린
교정·교열	박신아
표지디자인	이은지
제 작	고철민·조영환
펴낸곳	㈜ 피와이메이트
	서울특별시 금천구 가산디지털2로 53 한라시그마밸리 210호(가산동)
	등록 2014. 2. 12. 제2018-000080호
전 화	02)733-6771
f a x	02)736-4818
e-mail	pys@pybook.co.kr
homepage	www.pybook.co.kr
ISBN	979-11-6519-440-6 94370
	979-11-6519-292-1(세트)

정 가   16,000원

박영스토리는 박영사와 함께하는 브랜드입니다.